CORPORATE COMPLIANCE

企业合规建设全指引

张志华　王灿林　主编

中国检察出版社

图书在版编目（CIP）数据

企业合规建设全指引 / 张志华，王灿林主编 . —北京：中国检察出版社，2021. 12

ISBN 978 - 7 - 5102 - 2651 - 9

Ⅰ. ①企… Ⅱ. ①张… ②王… Ⅲ. ①企业管理 – 研究 – 中国 Ⅳ. ①F279. 23

中国版本图书馆 CIP 数据核字（2021）第 220895 号

企业合规建设全指引

张志华　王灿林　主编

责任编辑：俞　骊
技术编辑：王英英
封面设计：天之赋设计室

出版发行：中国检察出版社

社　　址：北京市石景山区香山南路 109 号（100144）

网　　址：中国检察出版社（www. zgjccbs. com）

编辑电话：（010）86423751

发行电话：（010）86423726　86423727　86423728

　　　　　　（010）86423730　86423732

经　　销：新华书店

印　　刷：河北宝昌佳彩印刷有限公司

开　　本：710 mm × 960 mm　16 开

印　　张：23. 75

字　　数：334 千字

版　　次：2021 年 12 月第一版　　2023 年 3 月第二次印刷

书　　号：ISBN 978 - 7 - 5102 - 2651 - 9

定　　价：79. 00 元

《企业合规建设全指引》编委会

编委会主任 张志华

编委会副主任 王灿林

编委会成员（按姓氏笔画排序）

王　鑫　王成荣　王家源　白玉蓉

刘心怡　李晨露　吴士江　张志华

陈镜州　陈鑫媛　胡春燕　贺诗岚

郭垒洋　黄　何

本书献给：

政策研究者、合规标准制定者、合规第三方监管人、律师、企业管理人员等为促进企业合规建设作出努力的人们

前　言

　　本书编写目的在于为企业建设合规管理体系提供指引。全书分为上篇和下篇两部分。上篇分四章主要介绍企业合规的概念、意义以及在国内外的发展，并从律师实务经验角度出发，分析企业合规管理体系如何构建；下篇分三章主要介绍工具类规范，包括建设企业合规管理体系制度模板、分项合规制度规范文本以及企业合规管理体系流程规范文本，旨在为律师、企业及其他读者选择使用提供便利。合规管理体系建设应符合企业自身经营状况和面临的特定风险，没有通用皆准的方案。本书介绍的企业合规管理体系构建方法以及各项管理制度模板，是从普遍性、公认性、实用性的角度出发，为企业建设合规管理体系提供指引。各企业还应当根据实际情况构建与企业规模、经营背景、风险类别等影响因素相适应的合规管理体系。

　　我们编写这本书是出于偶然也是必然。偶然因素是，我们的合规团队在为企业建设合规管理体系的过程中，想参考借鉴一些合规体系标准和合规考察标准，但遗憾的是，目前并无相关部门颁发标准文本，市面上也没有操作性强、体系完整的参考书籍。必然因素是，我们的合规团队凭着职业敏感度和对企业合规建设支持政策的理解，较早地介入企业合规管理体系建设，编写此书时已经为十余家企业做过企业合规建设，希望通过一定途径把我们的经验分享给大家。

　　本书偏重业务，主要从我们的合规团队在帮助企业构建完整有效的合规管理体系中独创的"345合规管理体系"展开讨论。希望能通过此书，帮助律师和企业家或者管理者快速了解企业合规体系建设如何去做、做到什么程度，并通过实用表格和报告范本控制合规管理体系建设流程。

　　限于合规经验、调研范围、政策理解，书中的观点难免会存在不足，请大家批评指正。

张志华

2021年9月于南京

目　　录

上　　篇

下　　篇

上 篇

第一章　企业合规概述

概　要

　　企业合规是全球企业和监管部门持续关注的重点领域，也是我国当前法律界与企业经营界的探讨热点。本章主要介绍企业合规的起源，以及在国内外的发展，主要涉及企业合规从一个经营领域到多个经营领域、从概念范畴到体系建设、从单个国家实施到达成国际共识的发展过程。经过本章的介绍，可以比较系统地了解企业合规的概念、产生的背景和发展演变，以及通过构建合规管理体系实现企业合规的重要意义。

第一节　企业合规在国内外的发展

一、企业合规在国外的发展

（一）美国《反托拉斯法》

　　现代企业合规规则正式出现于 20 世纪 60 年代初的美国，最初是企业为避免垄断处罚而实施的合规措施。当时众多美国电气设备行业的龙头企业及其高管遭遇反垄断指控，其中某知名电气公司以已经进行了必要且适当的合规计划为由进行无罪辩护，以此事件为契机，美国法律实践领域开始关注如何有效预防和惩罚企业犯罪。

（二）1977 年美国《反海外腐败法》

1977 年美国国会通过了《反海外腐败法》，经过 1988 年、1994 年、1998 年三次修改。该法旨在对商业贿赂行为进行约束和限制，而且明确规定合规管理体系的完整性决定了结案方式，企业能否与司法部达成认罪协议、延期追诉协议、暂不追诉协议，甚至获得不予追诉处理，与企业自身反腐败合规管理体系运行的有效性以及对执法机关案件调查配合的有效性密切相关。该法促使海外美资企业或在美国上市的企业设立合规管理体系和采取合规措施，以免承担刑事责任和公司商誉受损，预防海外贿赂行为的发生。

（三）1991 年美国《量刑指南》

1991 年美国联邦量刑委员会制定的《联邦量刑指南》第八章"组织量刑"中规定，企业建立有效的合规管理体系可以减轻刑罚，以此作为法院对构成犯罪的企业进行量刑的依据，确立了有效合规计划的一般标准，为评估企业合规管理体系提供了标准。《量刑指南手册》是对《联邦量刑指南》做的评注，其中明确规定有效的合规管理体系应当具备两个条件：第一，为了预防和制止违法行为，企业合理设计合规管理体系，并且落实和执行合规管理体系；第二，企业应当尽到必要的注意义务防止违法，并且促进企业合规文化的发展。确立的有效合规计划包含以下几项要素：合规标准和程序、监管、与有效道德和合规计划一致的组织机构、教育与培训、审查与监控、激励与纪律处分机制、违规应对与预防等。

（四）2002 年美国《萨班斯法案》

2002 年美国颁布的《萨班斯法案》对美国《1933 年证券法》《1934 年证券交易法》作出大幅修订，在公司治理、会计职业监管、证券市场监管等方面作出了新的规定。《萨班斯法案》对在美国上市的公司提出了合规性要求，规定了公司治理、内部控制和风险管理方面的措施。该法第 404 条规定上市公司年度财务报告中应当包括内部控制体系报告，第 301 条规定了独立审计师的任职要求和公司职工匿名举报制度。

（五）2005 年巴塞尔银行监管委员会《合规与银行内部合规部门》

2005 年巴塞尔银行监管委员会发布了《合规与银行内部合规部门》，对银行必须遵循的有效合规政策和程序确立了一般性的原则。该文件要求，合规应从银行高层做起，董事会和高级管理层作出表率。合规与银行内部的每一位员工都相关，应被视为银行经营活动的组成部分。合规应成为银行文化的一部分，合规并不只是专业合规人员的责任，银行应当设立符合"合规部门原则"的合规部门。合规部门应该是独立的，并有足够的资源支持。合规部门的职责应有明确的规定，内部审计部门应定期、独立地审查合规部门的工作。文件还明确合规法律、规则和准则通常涉及如下内容：遵守适当的市场行为准则，管理利益冲突，公平对待消费者，确保客户咨询的适宜性等。同时，还包括一些特定领域，如反洗钱和反恐怖融资，也可能扩展至与银行产品结构或客户咨询相关的税收领域。如果一家银行故意参与客户用以规避监管或财务报告要求、逃避纳税义务等的交易或为其违法行为提供便利，该银行将面临严重的合规风险。

（六）2010 年英国《反贿赂法》

2010 年英国通过了《反贿赂法》，确立"合规抗辩"制度。明确规定在没有采取合规措施时，企业应当对其员工实施贿赂的行为承担刑事责任。如果企业建立适当有效的合规管理体系，即使企业员工实施贿赂行为，也可以减轻或者免除企业责任。该法明确规定有效的合规管理体系应当符合以下六个基本原则：（1）清楚、可操作、可获得和有效执行的程序。（2）企业管理层防止贿赂行为的承诺，并且在企业内部建立反腐败文化。（3）风险评估。（4）采取适当的方法进行尽职调查程序。（5）反腐败政策内外信息沟通机制。

（七）2010 年经济合作与发展组织①《内部控制、企业道德及合规最佳实践指南》

2010 年经济合作与发展组织发布了《内部控制、企业道德及合规最佳实践指南》，对成员国和跨国企业提出了预防腐败行为的要求，并确立了有效合规的十二项准则。这些准则主要包括：企业高层管理人员对于合规计划的支持；企业政策对于贿赂行为的禁止；所有员工对于遵从内部控制和合规计划的共识；合规工作向董事会直接汇报，由专职高管负责，并确保合规机构的独立性、权威性和充足资源；有针对性的企业道德与合规措施；将合作第三方纳入合规计划；确保会计账簿和记录的准确性；对全体员工的合规培训；鼓励全体员工对合规计划的支持；鼓励员工举报违规行为；对合规计划的有效性进行定期评估，等等。

（八）2013 年国际商会②《国际商会反垄断合规文件包》

国际商会于 2013 年颁布《国际商会反垄断合规文件包》，指导企业完善反垄断合规管理体系，帮助企业建立和强化可靠的反垄断合规方案。该文件手册包含以下几个方面：（1）反垄断合规管理技巧（制定手册与指南、反垄断培训、寻找刺激员工积极参与的途径、关于反垄断调查的信息）。（2）反垄断关注处理制度（认可反垄断关注处理机制的价值、各类内部报告制度、检举、通过交流与教育创造畅所欲言的文化、禁止报复及保密性、企业对反垄断关注及时及公正的回应、处理机制的有效性评价标准）。（3）反垄断尽职调查（新员工背景调查、评估实质性合规中的尽职调查、行业协会尽职调查）。（4）纪律处分，等等。该文件同时指出，文

---

① 经济合作与发展组织（简称 OECD），是由 38 个市场经济国家组成的政府间国际经济组织，旨在共同应对全球化带来的经济、社会和政府治理等方面的挑战，并把握全球化带来的机遇。成立于 1961 年，目前成员国总数 38 个，总部设在巴黎。

② 国际商会（简称 ICC），是国际民间经济组织。它是由世界上一百多个国家参加的经济联合会，包括商会、工业、商业、银行、交通、运输等行业协会。它也是联合国经社理事会的一级咨询机构。

中所提出的一系列因素不是为了给反垄断合规方案提供必须包含的规范性清单，而是要反映公认的良好实践。没有能通用皆准的方案，每个合规方案的设计必须能够符合相关企业面临的特定反垄断风险。

（九）2014年国际标准化组织①《合规管理体系指南》

2014年国际标准化组织发布了《合规管理体系指南》，以国际法律文件的形式确立了有效合规的基本标准。2021年4月13日，《合规管理体系要求及使用指南》（*Compliance management systems-Requirements with guidance for use*）国际标准正式发布实施，替代2014年《合规管理体系指南》（对应的中国标准为GB/T35770：2017），其最大的变化就是将原来的指南类标准转换为适用于认证的要求类管理体系标准，这也使企业合规管理跨入可认证时代。

该指南规定合规管理体系包括组织环境、领导作用、策划、支持、运行、绩效评价、改进等几个方面。具体内容包含但不限于：企业应充分理解合规义务，明确合规管理体系范围，并进行合规风险评估从而建立合规管理体系；领导作出合规承诺并制定合规方针，明确角色、职责和权限；制定合规风险应对措施，并策划实施从而实现合规目标，在实施过程中也应当根据客观环境进行变更；负有合规义务的人应有效履行些义务，接受教育和培训，以便确保所有员工的角色与合规承诺保持一致；建立合规管理方案控制机制，确保合规管理方案的有效实施，建立合规疑虑汇报机制；建立并加强内部审核制度和管理评审制度，对合规管理方案的有效性进行评估，对合规管理体系的有效性进行持续监督；建立持续改进制度，对评价不合格实施纠正措施；等等。

（十）2016年法国《萨宾第二法案》

2016年法国国会通过了《萨宾第二法案》，该法案吸收了美国《反海

---

① 国际标准化组织（简称ISO），是标准化领域中的一个国际性非政府组织。ISO成立于1947年，是全球最大最权威的国际标准化组织，全体大会是ISO最高权力机构，理事会是ISO重要决策机构，中国是ISO常任理事国。

外腐败法》与英国《反贿赂法》的相关内容，确立了反海外腐败行为制度，并首次确立了强制合规制度，对具有一定规模的法国公司强制实施反腐败合规方案，并对不建立合规机制的企业确立法律责任。

反腐败合规方案包括：（1）行为守则。该守则必须界定和说明构成要预防的腐败行为的行为。（2）内部预警系统。该系统旨在收集员工对违反行为守则的举报。（3）风险图谱。这种图谱通常由一张表格组成，根据公司的业务部门和经营地域的不同，对公司所面临的腐败行为的风险进行识别、分析和排序。（4）评估程序。评估程序包括对特定供应商、中介机构或客户的腐败风险进行评估和摸底。（5）内部或外部会计控制，以确保账簿、记录和账户不被用来掩盖腐败行为。（6）培训计划，针对最易遭受腐败风险的管理人员和工作人员的培训方案。

《萨宾第二法案》最终还确立了一种法律实体的刑事和解形式，称为公共利益司法和解，以解决诸如影响力兜售、洗钱以及税务欺诈和相关犯罪等腐败犯罪。

（十一）2019 年美国司法部《企业合规程序评估》

2019 年美国司法部刑事局出台新版企业合规指南——《企业合规程序评估》，替代了 2017 年版指南，大量引用司法部指引及准则，并且为检察官在办案时和企业在更新其合规程序时提供更多的参考。

新版指南并不是审查企业合规程序时的清单或公式，因为司法部要求联邦检察官针对特定企业的风险特点和防控方式作出个案分析。主要考察三个方面：（1）企业合规程序设计是否完备；（2）合规程序是否得到了认真执行；（3）该企业合规程序是否有效。

联邦检察官在办案中提出的第一个基本问题是企业的合规程序是否完备。完备的合规程序的标志有风险评估机制、有效的政策和程序、良好的培训和沟通机制、匿名报告机制和调查程序、第三方交易伙伴管理和并购合规管控。

第二个基本问题是该合规程序中是否被认真地执行。检察官的职责是检查合规程序是仅停留在纸面上还是得到了有效执行。此外，检察官也应当考量一家公司是否有合规培训和合规专员。新版指南指出，即使是设计精良的合规程序，如果在执行中不够严格或有效也是失败的。

第三个基本问题是合规程序在日常工作中是否真的有效。联邦商业机构刑事诉讼原则要求检察官在两个时间节点上考虑这一问题：一是违规发生时，二是提起指控或处理方案时。值得注意的是，存在违规行为本身并不意味着合规程序在当时没有起作用或者无效，并且司法部也认可没有任何合规程序可以完全避免职员犯罪。在作出评估时，检察官会关注该合规程序是否会根据现存的或变化的合规风险进行相应的升级，违规行为发生的原因以及需要什么程度的补救措施来预防未来类似事件的发生。

2020 年 6 月 1 日，美国司法部更新《公司合规管理体系评价指南》，对 2019 年版指南进行了细化和改进，将公司合规管理体系的评价标准逐步提高。

（十二）2019 年美国司法部《反垄断刑事调查中的企业合规管理体系评估》

2019 年美国司法部反垄断局首次发布《反垄断刑事调查中的企业合规管理体系评估》，对反垄断执法和企业合规提供指引。完整且有效运作的反垄断合规制度通常包括以下方面：（1）合规管理体系的设计与全面性；（2）企业内部是否存在合规文化；（3）反垄断违法风险评估的技术；（4）公司如何为反垄断合规分配资源和责任；（5）如何对员工培训和沟通反垄断合规要求；（6）定期回顾、监测与审计；（7）违法行为举报机制；（8）对反垄断合规行为的奖惩机制；（9）补救与合规管理体系在发现违法中的作用，其中的具体措施包括是否请外部律师参与。

二、企业合规在我国的发展与展望

（一）1989 年民政部颁布《民政部单位财会工作审计合规标准》

《民政部单位财会工作审计合规标准》是 1989 年民政部为促进各单位

加强财会工作，严格执行财务管理，提高财会管理水平，发挥财会人员的监督作用，特制定的标准。但是该标准只适用于划归驻民政部审计特派员办公室审计的单位，也不是贯穿整个经营活动的真正意义上的合规管理制度。值得肯定的是，该标准在我国第一次提出了朴素的合规概念。

（二）2006年中国银监会发布《商业银行合规风险管理指引》

我国政府对企业合规管理体系的重视，始于金融企业，后逐渐被推广到所有中央管理企业。2005年以后，我国金融监管机构基于对金融企业法律风险的充分认知，开始在金融企业中推行合规机制。2006年，原中国银监会（现中国银行保险监督管理委员会）以巴塞尔银行监管委员会通过的《合规与银行内部合规部门》为蓝本，发布了《商业银行合规风险管理指引》（以下简称《指引》）。

《指引》要求合规管理部门在合规负责人的管理下协助高级管理层有效识别和管理商业银行所面临的合规风险，规定了合规管理部门的基本职责，包括：（1）向高管层提供合规建议；（2）制定并执行风险为本的合规管理计划；（3）审核评价各项政策、程序和操作指南的合规性；（4）开展员工合规培训和教育；（5）识别和评估新产品和新业务的开发以及新业务方式的拓展等产生的合规风险；（6）开展合规风险的监测和测试；（7）保持与监管机构的日常联系等。《指引》要求商业银行建立与其经营范围、组织结构和业务规模相适应的合规风险管理体系，并建立合规绩效考核制度、合规问责制度和诚信举报制度等三项基本制度。强调合规管理是商业银行一项核心的风险管理活动，合规是商业银行所有员工的共同责任，并应从商业银行高层做起。2007年，中国保监会颁布了与银监会《指引》内容相对一致的《保险公司合规管理办法》。

（三）商务部2007年第69号公告《商务部关于两用物项和技术经营企业建立内部出口控制机制的指导意见》

商务部依据国家出口管制法律法规关于两用物项和技术出口经营者应当建立、健全两用物项和技术出口的内部控制机制的规定，决定在从事两用物项和技术研发、生产及进出口企业中，推行建立企业内部出口控制机制。该控制机制不是完整的合规管理体系，也没有引入企业合规概念，但在规定的具体措施内容方面也具备一定的合规管理因素，提出企业内部出口控制机制的基本要素如下：（1）拟定政策声明，企业作出遵守国家出口控制法律法规承诺；（2）建立组织机构，明确主管部门和人员职责；（3）制定审查程序；（4）编制管理手册；（5）开展教育培训；（6）保留资料档案。2021年4月28日，商务部2021年第10号公告《商务部关于两用物项出口经营者建立出口管制内部合规机制的指导意见》作出了新规定，并引入合规机制概念，内部合规机制基本要素进一步明确和全面：（1）拟定政策声明；（2）建立组织机构；（3）全面风险评估；（4）确立审查程序；（5）制定应急措施；（6）开展教育培训；（7）完善合规审计；（8）保留资料档案；（9）编制管理手册。

（四）中央全面深化改革领导小组审议通过《关于规范企业海外经营行为的若干意见》

2017年5月23日，习近平总书记主持召开中央全面深化改革领导小组第三十五次会议并审议通过了《关于规范企业海外经营行为的若干意见》，明确要加强企业海外经营行为合规制度建设，逐步形成权责明确、放管结合、规范有序、风险控制有力的监管体制机制，更好地服务于对外开放大局。

（五）2017年中国证监会发布《证券公司和证券投资基金管理公司合规管理办法》

该管理办法要求中国境内设立的证券公司和证券投资基金管理公司，一律实施合规管理，依法建立合规机构，以行政规章的方式向证券企业推行强制合规制度。

（六）2017年全国人大常委会修订《反不正当竞争法》

2017年11月全国人大常委会修订《反不正当竞争法》，对企业经营过程中的商业贿赂行为作出了一些新的规范。值得注意的是，该法首次引入了严格责任制度，对于企业员工存在贿赂行为的，一律推定为"经营者"的行为。同时，该法为企业提供了无责任抗辩的机会，经营者（也就是企业）有证据证明该工作人员的行为与为经营者谋取交易机会或者竞争优势无关的，可以不负法律责任。"有证据证明工作人员的行为与为经营者谋取交易机会或者竞争优势无关"，是指经营者已制定合法合规合理的措施，采取有效措施进行监管，不应放纵或者变相放纵工作人员实行贿赂行为。该法也是第一次规定了企业合规作为单位犯罪出罪的法律依据。2019年全国人大常委会对该法作了修正。

（七）2017年国家标准化管理委员会①发布《合规管理体系指南》

2017年12月，国家标准化管理委员会以国际标准化组织发布的《合规管理体系指南》为蓝本，发布了中国版的《合规管理体系指南》。该标准提供建立合规管理体系的指南和建议做法。主要内容包括：（1）组织环境（理解组织及其环境、理解相关方的需求和期望、确定合规管理体系的范围、合规管理体系和良好治理原则、合规义务的识别、合规义务的维护、合规风险的识别分析和评价）；（2）领导作用（领导作用与承诺、合规方针、组织角色职责和权限、组织内合规职责的分配、治理机构和最高管理者的角色和职责、合规团队、管理层职责）；（3）策划（合规风险的应对措施、合规目标和实施策划）；（4）支持（资源、能力与培训、合规意识、创建和支持合规的行为、合规文化、内外部沟通机制、文件化信息）；（5）运行（运行的策划和控制、建立控制和程序、外包合规风险）；（6）绩效评价（监测分析和评价、合规绩效反馈来源、合规报告、管理评审）；（7）改进（不合格和纠正措施、上报、持续改进）。

---

① 国家标准化管理委员会是国务院下属的组织机构。根据党的十九届三中全会通过的《深化党和国家机构改革方案》，国家标准化管理委员会的职责划入国家市场监督管理总局，对外保留牌子。

（八）2018 年中国国际贸易促进委员会发起设立全国企业合规委员会

中国国际贸易促进委员会、中国企业联合会等部门于 2018 年 1 月共同发起成立了全国企业合规委员会。该委员会通过搭建政企沟通平台和企业服务平台，着力推动我国企业合规体系建设进程。这也是我国首次设立全国性的企业合规管理服务机构。

（九）2018 年国务院国有资产监督管理委员会发布《中央企业合规管理指引（试行）》

该指引对中央企业强化合规经营、建设合规管理体系提供了全面的指导意见，初步形成了我国国有企业合规管理的基本框架。明确了中央企业董高监的合规管理职责，法律事务机构或其他相关机构为合规管理牵头部门，组织、协调和监督合规管理工作，为其他部门提供合规支持。提出了合规管理重点领域包括市场交易、安全环保、产品质量、劳动用工、财务税收、知识产权、商业伙伴等。要求建立健全合规管理制度，建立合规风险识别预警机制，加强合规风险应对，建立健全合规审查机制，强化违规问责，开展合规管理评估。同时，在合规管理保障方面，要求加强合规考核评价，强化合规管理信息化建设，建立专业化、高素质的合规管理队伍，重视合规培训，积极培育合规文化（合规手册、合规承诺书等），建立合规报告制度。

（十）2018 年国家发展和改革委员会会同其他六个部门发布《企业境外经营合规管理指引》

该指引对于开展境外经营的中国境内企业及其境外的分支机构，经营中的合规管理问题，确立了基本的标准和体系。该指引强调的"规"包括法律法规、国际条约、监管规定、行业准则、商业惯例、道德规范（国资委的指引未强调道德规范）、公司章程和规章制度等。合规管理体系包括合规管理架构、合规管理制度（合规行为准则是最重要最基本的合规制度、合规管理办法、合规操作流程）、合规管理运行机制（合规培训、合规汇报、合规考核、合规咨询与审核、合规信息举报与调查、合规问责、合规风险识别与评估、合规风险处置）、合规评审与改进（合规审计、合规管理体系评价、持续改进）、合规文化建设（合规文化培育、合规文化推广）。

该指引特别强调，企业还应针对特定行业的合规要求，结合企业自身的特点和发展需要，制定相应的合规风险管理办法。例如，金融业及有关行业的反洗钱及反恐怖融资政策，银行、通信、医疗等行业的数据和隐私保护政策等。

（十一）2019 年 5 月中国信息通信研究院①安全研究所联合多家单位发布《欧盟 GDPR 合规指引》

欧盟《通用数据保护条例》（简称 GDPR）于 2018 年 5 月 25 日全面实施，被称为"史上最严格的数据保护法"。为了与该条例有效衔接，《欧盟 GDPR 合规指引》提出合规管理体系、疑难点及合规建议，以及 GDPR 与我国法律的比较和冲突应对。其中，合规管理体系包括风险评估、组织架构保障、合规管理体系设立与执行、合规培训及宣讲、合规管理体系执行的监督和审计。

（十二）2021 年 3 月企业合规师纳入《中华人民共和国职业分类大典》

2021 年 3 月 18 日，人力资源和社会保障部、国家市场监督管理总局和国家统计局联合向社会发布了企业合规师新职业。这对于促进我国的企业合规建设、培养企业合规方面的专业人才，将产生重大而深远的影响。

（十三）2021 年 2 月中国化学制药工业协会《医药行业合规管理规范》

该规范从反商业贿赂、反垄断、财务与税务、产品推广、集中采购、

---

① 中国信息通信研究院的前身为邮电部邮电科学研究院（始建于 1957 年），1998 年称信息产业部电信研究院，2008 年更名为工业和信息化部电信研究院，2014 年启用现名称，是工业和信息化部直属科研事业单位。

环境、健康和安全、不良反应报告、数据合规及网络安全等方面对医药行业企业进行全面规范，帮助医药企业发现行业及法律监管方面的漏洞，理顺监管和报告体系，制定并落实有效的预防措施。

（十四）最高人民检察院关于刑事合规不起诉改革颁布的系列法律文件和方案

2020 年 1 月，最高人民检察院检察长张军在全国检察长会议上指出，一方面，以更大的力度保护民营企业和企业家合法权益，切实做到依法能不捕的不捕、能不诉的不诉、能不判实刑的就提出适用缓刑建议；另一方面，也要有力推动民营企业筑牢守法合规经营底线。这是最高人民检察院对企业合规制度建设的积极响应。

2020 年 3 月，最高人民检察院在 6 个基层检察院率先部署了企业刑事合规不起诉改革的试点工作。试点单位分别为上海市浦东新区人民检察院、上海市金山区人民检察院、江苏省张家港人民检察院、深圳市宝安区人民检察院、深圳市南山区人民检察院、山东省临沂郯城县人民检察院。其后，浙江、辽宁、江苏、深圳等各地检察机关也陆续开展相关工作，发布了一批地方政策文件，包括《江苏省人民检察院关于服务保障民营企业健康发展的若干意见》《辽宁省人民检察院等十机关关于建立涉罪企业合规考察制度的意见》《深圳市宝安区人民检察院、深圳市宝安区司法局关于印发〈企业刑事合规协作暂行办法〉的通知》《宁波市检察机关关于建立涉罪企业合规考察制度的意见（试行）》等，对刑事合规不起诉进行了有益的制度探索。

2020 年 7 月，最高人民检察院发布《关于充分发挥检察职能服务保障"六稳""六保"的意见》，服务保障"六稳""六保"的意见与企业合规在政策精神上不谋而合。

2021 年 4 月，最高人民检察院发布《关于开展企业合规改革试点工作的方案》，启动了第二期企业刑事合规不起诉改革试点。第二期改革试点范围较第一期有所扩大，涉及北京、辽宁、上海、江苏、浙江、福建、山东、湖北、湖南、广东等 10 个省、直辖市。上述省级检察院可根据本地情况，自行确定 1 至 2 个设区的市级检察院及其所辖基层院作为试点单位。

2021 年 6 月，最高人民检察院举行"依法督促涉案企业合规管理　将严管厚爱落到实处"新闻发布会，发布《关于建立涉案企业合规第三方监督评估机制的指导意见（试行)》。对于同时符合下列条件的涉企犯罪案件，试点地区的检察院可以根据案件情况适用本指导意见：（1）涉案企业、个人认罪认罚；（2）涉案企业能够正常生产经营，承诺建立或者完善企业合规制度，具备启动第三方机制的基本条件；（3）涉案企业自愿适用第三方机制。明确涉案企业提交的合规计划，主要围绕与企业涉嫌犯罪有密切联系的企业内部治理结构、规章制度、人员管理等方面存在的问题，制定可行的合规管理规范，建设有效的合规组织体系，健全合规风险防范报告机制，弥补企业制度建设和监督管理漏洞，防止再次发生相同或者类似的违法犯罪。

上述政策法规的颁布为企业合规刑事激励制度提供了法律依据。

（十五）2021 年 3 月关于国民经济和社会发展第十四个五年规划和 2035 年远景目标纲要的决议

2021 年 3 月 11 日，十三届全国人大四次会议表决通过了关于国民经济和社会发展第十四个五年规划和 2035 年远景目标纲要的决议，要求我国社会主义各类市场经济体加强合规管理，依法合规经营，尤其突出了民营企业合规经营的重要性，使我国民营企业合规建设终于纳入全国企业合规建设的总体系中，合规建设从此不再局限于国有企业、外资企业。

本节小结

企业合规在国内发展虽然稍晚，但发展迅速，先始于金融行业，随后扩展到海外经营企业、中央企业，现今也扩展到了民营企业。最高人民检察院等相继出台关于企业刑事合规方面的规范和案例，督促企业完善合规制度，在司法实践中已经取得良好效果，刑事合规制度将日趋成熟。

第二节　企业合规的概念及意义

一、企业合规的概念

企业合规是指通过构建合规管理体系，建设合规管理各项制度，规范企业和员工行为，使企业的经营管理符合法律法规以及其他规范性文件规定的监管要求，以及国家、社会公共利益和道德标准的一系列管理活动。

企业合规管理是指以合规规范要求为基础、以合规风险为导向、以合规经营为目标、以企业和员工的合规行为为对象，有组织、有计划地开展包括制度建设与完善、风险识别、风险应对、内部控制、控制评价、违规调查、责任追究、合规培训等的管理活动。

企业合规制度、合规管理体系、合规计划，属于同一层级概念，涵盖内容基本相同，均包含制度制定、风险识别、合规审查、风险应对、责任追究、考核评价、合规培训等内容；联系点在于企业合规制度构成合规管理体系，合规管理体系是对企业所有合规制度的划分和汇总，比如合规支持体系、合规监控体系等五个子体系构成合规管理体系，各体系下又由各合规制度组成；不同点在于合规计划一般指的是企业在面临行政处罚或者涉罪时向监管部门证明企业合规经营的活动，更具有针对性和具体性，是在原有合规管理体系管理之上，针对本次企业的违法违规行为以及责任结果制定的具体整改措施和方案。

内控管理制度、风险管理制度是企业合规制度的下一层级概念，企业合规制度还包括合规文化建设制度、违规问责制度等。内控管理制度与风险管理制度两者紧密相连，属于平级概念。内控管理制度是控制风险的手段，服务于风险管理。风险管理制度是内控管理制度的目标，通过内控管理制度的有效运行达到风险管理目的。

二、企业合规建设的意义

（一）公司治理激励机制的需要

公司治理激励机制，指的是公司为实现最佳经营业绩，对企业经营管理作出制度安排。

企业合规是公司治理的重要方式，对于企业履行社会责任及其可持续发展，尤其是对于我国企业"走出去"具有重要作用。由全球化智库①主办的 2019 中国"引进来"与"走出去"论坛暨第六届中国企业全球化论坛于 2019 年 11 月 2—3 日在北京举办。论坛设置了包括中美贸易摩擦、"一带一路"倡议、全球价值链和企业全球化中的合规与法律风险等多个话题。针对中国企业在"走出去"的进程中所面临的合规问题与法律风险，成为大会讨论的重点，合规与法律风险已经成为企业全球化发展所面临的重要问题。企业合规是一种软实力，它不仅是国家法律层面的要求，也是企业自身发展内在的需要，是企业现代管理、现代治理体系和能力的具体表现。过去中国企业对企业合规问题不够重视，而近年企业合规问题在全球范围内已经成为现代企业发展潮流。在这种情况下，各国政府和国际组织都通过立法立规，加强国际合作和对国际问题的监管。

（二）行政监管激励机制的需要

行政监管激励机制，指的是企业合规在行政监管环节，用以达成行政和解协议或者争取宽大行政处罚。

2015 年中国证监会发布了《行政和解试点实施办法》，在证券期货监管领域试点行政和解制度。根据这一制度，行政相对人涉嫌违反证券期货法律、行政法规和相关监管规定的，中国证监会在进行调查执法过程中，

---

① 全球化智库（简称 CCG），是中国领先的国际化智库。CCG 是中联部"一带一路"智库联盟理事单位、中央人才工作协调小组全国人才理论研究基地、人社部中国人才研究会国际人才专业委员会所在地、财政部"美国研究智库联盟"创始理事单位，拥有国家授予的博士后科研工作站资质，也是唯一获得联合国特别咨商地位的中国智库。

可以根据行政相对人的申请，与其就改正涉嫌违法行为、消除违法行为不良后果、缴纳行政和解金、补偿投资者损失等进行协商，达成行政和解协议，并终止调查执法程序。

2021年1月22日，第十三届全国人大常委会第二十五次会议审议通过了修订后的《行政处罚法》，首次在行政处罚基本法层面确立了主动披露的激励机制，规定当事人主动供述行政机关尚未掌握的违法行为的，应当从轻或者减轻处罚。

（三）刑事激励机制的需要

刑事激励机制，指的是在刑事调查环节，对实施合规计划的企业切割刑事责任或者给予宽大刑事处理。

自20世纪90年代美国率先引入企业合规机制以来，合规计划就不单是公司治理的一种方式，更是一种刑法激励机制。美国检察机关会根据涉嫌犯罪的企业建立合规计划的情况，来决定是否对其提起公诉。在法庭审理中，法院会根据被起诉的企业是否创建合规计划的情况，来决定是否对企业加以定罪，或者在完成定罪程序之后，来进一步决定是否对其减轻刑事处罚。更为重要的是，美国还确立了一种影响深远的暂缓起诉协议制度（DPA）和不起诉协议制度（NPA），对于涉嫌犯罪的企业，根据其建立合规计划的情况来决定是否达成这些和解协议，并通过建立考验期，责令企业缴纳高额罚款和建立或完善合规计划，以换取考验期结束后的撤销起诉。由于建立或完善合规计划可以获得撤销起诉的结果，并避免受到定罪判刑，涉案企业因此在建立合规计划方面具有强大的动力。

在国内，自2020年3月起最高人民检察院在上海浦东、金山，江苏张家港，山东郯城，广东深圳南山、宝安等6家基层检察院开展企业合规改革第一期试点工作。开展企业合规改革试点工作，是指检察机关对于办理的涉企刑事案件，在依法作出不批准逮捕、不起诉决定或者根据认罪认罚从宽制度提出轻缓量刑建议等的同时，针对企业涉嫌具体犯罪，结合办案实际，督促涉案企业作出合规承诺并积极整改落实，促进企业合规守法经营，减少和预防企业犯罪。

2021年6月，最高人民检察发布企业合规改革试点典型案例。其中，张家港市L公司、张某甲等人污染环境案，检察机关经审查认为，L公司及张某甲等人虽涉嫌污染环境罪，但排放污水量较小，尚未造成实质性危害后果，可以进行合规考察监督并参考考察情况依法决定是否适用不起诉。新泰市J公司等建筑企业串通投标系列案件，检察机关受理案件后，通过自行补充侦查进一步查清案件事实，同时深入企业开展调查，召开公开听证会，对J公司等6家企业作出不起诉决定。检察机关还向6家涉案企业发出检察建议，要求企业围绕所涉罪名及相关领域开展合规建设，并对合规建设情况进行跟踪监督，最后举办检察建议落实情况公开回复会，对合规建设情况进行验收，从源头上避免再发生类似违法犯罪问题。

本节小结

企业构建合规管理体系对企业发展具有重要意义。在经营管理方面不仅能够帮助企业预防商业贿赂、泄露商业秘密等风险，降低企业损失，还能够使企业适应竞争环境满足市场需求，增强企业综合实力。企业面临违规处罚时，企业合规管理体系在监管部门审查企业是否符合企业合规适用条件方面具有关键作用，有利于合规考察等后期工作的推进。

第二章　律师和企业合规管理体系建设

概　要

　　企业合规已然是企业发展管理中的重要组成部分，从国外的发展经验和我国的合规管理政策来看，律师在企业合规管理体系建设中占有重要的位置。本章主要介绍律师在企业合规管理体系建设中的职能、业务要求、执业风险以及开展企业合规业务的具体方法。

第一节　律师在企业合规管理体系建设中的角色及执业风险

一、律师在企业合规管理体系建设中的参与方式

（一）企业合规顾问

　　企业合规顾问不同于传统意义上的法律顾问，其法律服务范围要大于法律顾问，且服务方式也不同。企业合规顾问提供的是专项法律服务，旨在构建合规管理体系，帮助企业实现合规经营，具体内容包括：（1）帮助企业树立合规经营理念。通过对法律法规和政策的宣讲解读，阐明企业合规建设的价值。（2）开展专业的尽职调查。尽职调查过程相当于医学上的体检，通过搜集企业资料、人员访谈、信息查询等方式进行企业内外部调查。（3）识别与评价合规风险。其利用专业优势，就尽职调查结果结合法律法规，对

合规风险进行识别和评价，能够帮助企业及时有效地找出风险点。（4）系统化设计合规管理体系。合规管理体系不同于基础规章制度设计，其更具有系统性和专业性。（5）制定实操性强的合规指引。企业合规管理制度的有效实施是合规管理建设的核心，合规管理在企业的真正落地，离不开清晰、简洁、易懂的合规操作指引。（6）推动企业形成合规文化。建立合规管理制度不是企业合规管理的终点，需引导企业所有员工树立合规意识，形成合规行为规范。（7）合规顾问更了解企业运行模式和各项制度，企业涉及民商事诉讼和仲裁时，由其作为案件代理人出庭，可以更有效地帮助企业维护自身权益。

（二）涉案企业代理人或者辩护人

企业面临行政处罚或者刑事处罚时，企业合规的价值在于减轻或者免予处罚。在被调查过程中，律师可以接受委托代表企业应对政府监管和刑事调查。主要是帮助企业对违规行为准确定性，然后向办案机关提出有关意见、建议，包括是否自愿接受合规考察等。在涉案企业认罪认罚、修复法益且具有合规整改意愿的前提下，律师首先应通过与检察机关积极地沟通、协商和对话，说服后者在充分考量起诉和定罪的社会负效应的基础上，将涉案企业纳入监管对象，从而为涉案企业争取合规出罪的机会。这是涉企刑事案件中律师辩护最为关键的一步。最高人民检察院等九部门出台的《关于建立涉案企业合规第三方监督评估机制的指导意见（试行）》规定，负责办理案件的检察院应当履行下列职责：依法办理涉案企业、个人及其辩护人、诉讼代理人或者其他相关单位、人员在第三方机制运行期间提出的申诉、控告或者有关申请、要求。检察院在办理涉企犯罪案件时，应当注意审查是否符合企业合规试点以及第三方机制的适用条件，并及时征询涉案企业、个人的意见。涉案企业、个人及其辩护人、诉讼代理人或者其他相关单位、人员提出适用企业合规试点以及第三方机制申请的，检察院应当依法受理并进行审查。

（三）合规监管人

合规监管人经第三方机制管委会选任，全程监控涉案企业的合规整改、督促企业依法依规开展业务活动、考察期满评估整改效果并向考察部门出具评估报告。检察机关依据调查情况，向涉案企业送达检察建议，涉案企业依照检察建议作出合规整改并向检察机关反馈，检察机关结合案情及企业整改情况作出相对不起诉决定，从而引导企业合规经营。合规监管人对涉案企业的整改情况进行监管、督促，是相对中立者的角色，甚至和企业可能还有一定的对抗性，比如发现遗漏了违规事实，必须向办案机关报告。《关于建立涉案企业合规第三方监督评估机制的指导意见（试行）》规定由第三方机制管委会建立本地区第三方机制专业人员名录库。基于不起诉的正当性、促进办案公正以及减轻办案责任几个出发点，由第三方来承担监督评估工作也是十分必要的。实践中，在第三方监管的选择上主要有三种模式。第一种是辽宁模式，由行政机关作为第三方监管人。第二种是浙江模式，采用的是专业合规监督员和普通合规监督员的模式，由律师、会计师组成专业合规监督员名单库供检察机关选用。第三种模式是深圳模式，直接由检察院和司法局选择律师事务所担任第三方，建立名单库。这一模式和现有的法援律师模式较为接近，制度相对成熟，也比较易于操作。深圳宝安区司法局于 2020 年 8 月发布《关于企业刑事合规独立监控人选任及管理规定（试行）》，确立了"刑事合规独立监控人"制度，由涉案企业委托律师或律师事务所，就企业刑事合规情况进行调查，协助涉案企业制定合规计划，协助检察院监督合规计划的执行，并针对其履职情况、企业刑事合规建设出具阶段性书面监控报告，作为检察院作相应处理决定的参考。

二、律师在企业合规管理体系建设中的业务要求

（一）专业化

企业合规法律服务是全新概念和新设领域，对律师参与企业合规管理建设提出了更高的专业化要求。虽然在不同阶段律师承担不同角色，但都应当全面了解企业合规制度的内涵和意义，精准掌握企业合规管理体系建

设的专业知识，灵活促进企业合规管理体系有效运行。

（二）系统化

实务界和理论界对企业合规有"大合规"和"小合规"之区分。这里的"大小"以合规涵盖的范围为标准，一般认为"小合规"只覆盖刑事合规。但企业合规不仅仅是刑事方面，最高人民检察院于2021年启动的企业合规第二期改革试点工作中也不再称之为"刑事"合规。虽然检察院对涉案企业、企业内相关人员作出不起诉处理、轻缓量刑建议等，落脚点仍然是在刑事处理上，但在合规整改过程中，不只是刑事案件直接关系的专项合规，也可以是企业的系统性整体合规，即包含民事、行政角度的合规整改，是可复合、可延展的领域。因此，合规体系建设绝不仅仅指刑事合规，也涵盖了民商事、行政以及企业治理等多领域。

（三）定制化

由于企业经营领域、经营方式、经营方针不同，所面临的合规风险各不相同。企业合规不是可复制的标准化产品，而应当是定制化产品。律师参与企业合规建设应充分了解企业的个性需求和经营业务情况，根据不同风险点，理解和满足企业构建合规管理体系的个性需求，针对不同合规风险点进行专项合规制度建设，诸如构建反商业贿赂合规管理体系、反洗钱合规管理体系、数据保护合规管理体系、知识产权合规管理体系等。

（四）团队化

不同合规计划所涉及的专业领域对律师的专业背景与专业经验有不同的要求，而且整个合规管理体系也涉及管理战略、财税管理、生产经营、劳动人事、资产管理、行政管理等多个经营领域和管理环节，仅靠单个律师很难构建出一套完整并且有效的合规管理体系。因而，应当根据合规建设需要，组建配备在各领域具备专业特长的律师团队。

三、律师在企业合规管理体系建设中的执业风险

（一）尽职调查不尽责的风险

目前，我国企业合规管理尚处于起步阶段，一些企业可能尚未充分认识到建立企业合规制度的真正意义，改革的固有属性就是会产生阵痛不可避免。如果企业一方面想要通过建设合规制度享受政策红利，另一方面又不愿意因为改革给企业经营带来短期影响，就会有建立一套形式上的合规管理体系，而不愿意充分暴露企业在发展中出现的问题的想法。那么，律师在此基础上所构建的合规管理体系就难以达到完备有效的要求，在出现问题时，企业可能归咎于律师没有尽到充分调查的义务。因而，律师在合规业务开展过程中，一方面要充分尽到告知义务，声明调查范围和材料依据，以及企业不充分披露信息的责任承担和法律后果；另一方面，也要利用多种调查方法和途径，进行全面充分的调查，不应限于企业提供的材料。

（二）不坚持独立性的风险

律师参与合规管理建设应当坚持第三方独立性原则，面对企业的"讨价还价"应当坚决拒绝。律师是帮助企业完善和建设符合法律规范和道德标准的各项管理制度，而不是为了维护企业或者某些管理人员的面子，更不是帮助企业逃避法律制裁、钻法律空子。笔者所在的合规建设服务团队（以下简称合规团队）在服务一家企业的过程中，企业相关人员看过合规团队提交的《风险识别与评估报告》之后，明确提出要对部分内容进行修改，因为报告中提出的某项管理制度风险，会影响到该部门负责人的管理形象，也会给企业带来一些不稳定因素。最终，合规团队拒绝了企业的不合理要求，保持了报告的真实性。也正是由于合规团队对独立性的坚持，企业负责人对合规团队报告的价值予以充分的肯定。律师如果不坚持独立性，构建的企业合规管理体系不会有效，可能会降低监管部门对律师和律所的专业评价，有损职业声誉，严重的可能因为违反律师执业规范而受到处罚。《关于建立涉案企业合规第三方监督评估机制的指导意见（试行）》

明确规定，第三方机制管委会对第三方组织的成员违反本指导意见的规定，或者实施其他违反社会公德、职业伦理的行为，严重损害第三方组织形象或公信力的，及时向有关主管机关、协会等提出惩戒建议，涉嫌违法犯罪的，及时向公安司法机关报案或者举报，并将其列入第三方机制专业人员名录库黑名单。

（三）专业认知的法律风险

企业合规管理体系的复杂性和多元化对律师专业能力提出了较高的要求，虽然企业合规业务能够给律师带来新的业务发展空间，但在提供企业合规业务服务时应当量力而行。组建专业律师团队集思广益，相互补充短板，可以降低专业认知不够的风险，可以从组织形式上阻断或者降低专业认知的风险。同时，律师还应当结合企业的经营行为，充分论证其合法性，对于把握不准或者存有疑问的法律界限问题，宁可不做该业务。比如前段时间有一些律师由于为"套路贷"业务提供法律服务被追究法律责任，虽然在前几年法律上并没有明确提出"套路贷"的概念，但从其经营形式上判断，律师应当能够意识到其中的不正当性。有一些问题从行政监管与刑事追责界限角度来看，二者的界分理论上是十分清晰的，但是实际中往往很难区分开。因此，要防范标准不清、诉求不同等因素给律师带来的合规业务风险。

本节小结

从国内外企业合规管理体系的建设和运行来看，律师是企业合规建设中不可或缺的角色。这也对律师的业务水平和职业道德提出了更高的要求，且明显高于传统业务。律师帮助企业进行有效的合规管理体系建设，既对企业经营有重大影响，也可以为监管部门进行合规考察提供依据和服务。由于存在被监管的属性，律师在合规业务中应当充分认识并防范执业风险。

第二节　律师构建企业合规管理体系的方法和步骤

律师在企业合规建设中充当了重要角色，这项法律服务工作目前尚处于起步阶段，大家都在探索一套完整有效的服务体系。相比过去律师事后介入提供咨询和诉讼服务的模式，企业合规更强调"事前参与，事中修正，事后应对"的服务模式。而从服务质量方面来说，企业希望听到符合企业行业实际的意见，反感律师拿着文件、文本生搬硬抄，不切合实际或者很简单地把企业的规章制度重新制定一遍。帮助企业建设完备有效的合规管理制度，应当实实在在地给企业带来增值，而不是加重企业负担；应当实实在在地为企业防范风险，而不是建立"形式"制度。律师应当遵循合理有效的原则，制定出科学的工作方法和步骤，有计划地完成企业合规管理体系建设。

一、合规业务律师团队建设

合规建设法律服务是团队化的业务，必须打造一支专业化的业务团队，每位成员必须有专业的法律知识背景和实操经验。我们在组建专业团队时，团队成员并不局限于本所律师，而是跨所召集在该领域具有专业优势的律师一起参与进来，这也打破了传统的团队组建模式，这种跨所合作模式更有利于聚集专业人士，也是打造有效合规计划的必然要求。第二个创新模式是，根据企业的经营环节不同设置八个工作小组，分别是：（1）战略管理组，服务范围包括产业结构、企业重大决策、项目策划等；（2）劳动人事组，服务范围包括劳动合同管理、人事管理、劳资纠纷处理等；（3）财税管理组，服务范围主要包括税务管理制度、会计核算、财务审计等财务管理制度；（4）资产管理组，服务范围主要包括股权结构管理、投融资管理、无形资产管理、固定资产管理等；（5）产品运营组，服务范围主要包

27

括安全生产、生产质量、产品研发、环境保护制度设立等；（6）供应管理组，服务范围主要包括招标与供应商管理、物流仓储管理、采购流程与人员管理等；（7）营销管理组，服务范围主要包括投标制度管理、品牌建设管理、销售制度与人员管理等；（8）行政管理组，服务范围主要包括企业印章管理、档案管理、合同管理、后勤保障管理等。以上八个组基本是按照"人、财、物、产、供、销"进行分类管理，同时兼顾行政后勤，为企业建设全面的合规管理制度提供保障。

二、企业合规调研

企业合规调研是合规团队或者律所在与企业达成企业合规建设意向之后开展的合规理念树立、合规尽职调查活动。

合规团队进入企业之前，应通过公开信息检索的方式对企业进行背景调查，对企业进行初步了解。然后，双方通过召开第一次会议进行座谈。企业一方由企业负责人、各业务部门负责人、法务或者合规负责人代表参加，合规团队由团队负责人和各工作组代表参加会议，会议主要围绕树立企业合规理念和合规尽职调查两个主题展开。首先，帮助企业树立合规理念。目前，很多企业对企业合规建设的背景、目的、过程、意义的了解并不充分，合规团队应从多个角度阐明建设企业合规管理体系的法律意义和现实意义，让企业正确认识到建立企业合规管理体系的必要性，在这个基础之上，才能获得企业很好的配合，一起将企业合规管理体系建立起来并有效实施。其次，开展尽职调查的准备工作。合规团队各工作组结合《现场访谈提纲》要求参会的各部门负责人先对各自部门的运行情况、现行制度以及已经出现的问题进行简单陈述，各工作组再有针对性地提出相关问题，并将《企业合规尽调清单》发放到每个部门，要求其按尽调清单提供相关材料，作为尽职调查的基础。最后，合规团队在企业人员带领下实地考察企业生产运营情况，了解企业的生产经营第一线，详细记录并填写《现场走访记录表》。同时，为了顺利完成资料搜集和尽职调查工作，在该阶段应当与企业签订《合规建设专项法律服务协议》和《保密承诺书》。

三、风险识别及评估

（一）开展全面系统的尽职调查

合规尽职调查应当重点把握调查的真实性、全面性、重点性、保密性、合法性、独立性的特点，通过以下多种方式对企业进行全方位体检。

1. 企业基础资料审阅

在此阶段，企业一般情况下会根据《企业合规尽调清单》提供现有的管理制度以及少量的相关合同给合规团队，这是企业的基础资料，但并不全面，类似原始财务凭证、股东会决议、重大交易合同等核心材料这阶段很少会提供。合规团队各工作组应当对企业基础资料整理分类，列出现有制度与缺失制度清单，再结合法律法规及政策性文件的规定，对现有制度的缺陷或者不合法之处进行标注。我们在对企业基础资料审阅的过程中发现，多数企业制定的管理制度不具有完整性。制度内容明显违法的并不多，但制度缺陷大量存在，往往缺失对法律风险防范制度的设计。

2. 企业人员访谈

在对企业基础资料审阅后，合规团队对企业的基本情况已经有所了解，而且已经产生相应的疑问，此时可根据《现场访谈提纲》对企业人员进行访谈，包括高管人员。这里主要关注两个方面：一是要求被访谈人员对企业的管理制度进行说明补充；二是对企业管理制度的实施情况进行调查，并要有相应的凭据。带着具体问题去访谈更加具有针对性，是合规团队取得企业信任的重要方式之一，也为合规团队以后的合规建设工作打下基础。经验告诉我们，在此阶段企业会暴露出更多的问题，问题的充分暴露是有效合规建设的重要前提。

3. 企业内部调查问卷

企业内部调查问卷不同于企业人员访谈，企业内部调查问卷更多针对的是基层员工或者一些关键岗位人员。调查人员可以尽可能在调查问卷中将问题设置全面，不特别针对哪个部门，采用设置选择项和完全开放式问题相结合的调查方式，以获取企业各层面最真实的材料。当然，为了打消被调查人员的顾虑，可以采用匿名答卷的方式进行反馈。

4. 外部调查

调研阶段的企业背景调查是外部调查的第一步，通过国家工商企业信息查询系统或者其他系统可以查询到企业的股权结构、对外投资关系、诉讼与执行、行政处罚等基本信息。在风险评估阶段的外部调查不能仅满足于此，应当根据企业的经营特点不同，了解企业与上下游企业的关系、主管部门意见、政府部门关联性、媒体舆论、第三方财税审计意见、行业政策等情况，最终形成《企业外部调查信息搜集表》。但要注意的是，在调查过程中，应当向被调查方说明调查目的，以免对企业造成负面影响。

5. 实地考察并搜集企业的关键资料

通过审阅基础材料、企业人员访谈、企业内部调查问卷、外部调查等调查方式，对企业的经营合规情况已经基本了解。但还不够充足，最后还需要不定期走访企业，实地察访，并制作《现场走访记录表》，主要考察两个方面：一方面，实地察访企业的生产经营情况，比如环境保护、安全生产等；另一方面，要求企业补充财务账目、重大交易合同、招投标文件等关键材料，重点审查企业对外提供的财务报表是否一致、公司与个人是否具有频繁资金往来、费用支出是否合理、招投标程序是否合法等。

尽职调查是一个动态的过程，应当根据实际情况灵活运用各种调查方式，真正尽到客观公正、真实有效的调查责任。

（二）出具风险识别与评估报告

风险识别与评估是合规管理体系建设的基础，也是影响合规管理体系是否完整有效的主要因素。因而，在尽职调查的基础上，出具一份全面的风险识别与评估报告就显得格外重要。

虽然合规团队有组别分工，但在各组完成尽职调查之后，合规团队应当召开合规风险讨论会。由各组人员对尽职调查的过程和结果进行介绍，其他各组人员审议其尽调过程是否符合全面性、客观性、准确性等要求，同时对风险点和风险产生的法律后果展开讨论，最终形成团队整体意见。接下来，由各组人员撰写分项《风险识别与评估报告》，撰写人员应当将识别与评估的过程记录在《风险识别与评估工作底稿》备查。《风险识别与评估报告》内容包括：前言与声明、调查范围与目的、调查方法、调查搜集的资料、企业背景调查、各分项制度现状、风险识别与评价（事实与法律结合）、风险应对建议。

《风险识别与评估》报告形成之后，合规团队需要与企业召开第二次座谈会，主要围绕两个问题：一是对报告进行讨论反馈；二是针对报告内容和企业实际情况，确定建立合规管理体系的框架。此次会议中，应当要求企业填写《评估报告反馈表》，作为建立合规管理体系的参考。

四、合规管理体系建设

（一）明确建立合规管理体系的目的

律师帮助企业构建合规体系，首先要明确其目的。一方面，企业合规是实现有效公司治理的重要手段，构建有效合规体系就是要建立一套确保企业依法依规经营的管理机制。另一方面，企业合规也是保证企业在面临执法调查时获得监管激励或刑法激励的重要方式，企业可以有效厘清责任，获得适当的合作奖励，从而最大限度地避免或减少责任风险。

（二）避免陷入建立合规管理体系的认识误区

在实务操作中，有些律师提出"企业已经有完整的规章制度就没有必要建立合规制度了"，存在"构建合规管理体系就是帮助企业建立各项规章制度"的认识误区。这种观念带有一定普遍性，原因在于没有充分理解合规管理体系的内容和意义。企业合规管理体系不仅包括建立商业行为准则管理制度，还包括组织体系、防范体系、监控体系、应对体系等一系列风险控制与管理评审制度。

（三） 构建企业合规管理体系的具体操作

1. 根据企业经营特点和定制化需求，量身打造一套适合企业的合规管理体系建设方案

同样，在方案制定过程中，应当召开合规团队内部讨论会议，根据企业提出的合规管理体系建设要求和评估结果，总体评估企业是要做整体合规建设，还是着重做分项合规建设，比如反垄断合规计划或者反商业贿赂合规计划。确定好方案之后，最终形成《合规制度建设工作计划表》，按计划有序推进。

2. 确立合规管理体系建设内容

本书第三章"企业合规管理体系的组成与建设"将详细介绍合规管理体系的组成与建设方法，此处作简单介绍。综合国内外的合规管理体系组成内容，合规管理体系可划分为五个子体系，在各自体系内可再建立相应的管理制度。具体包括：（1）合规组织体系，主要是建设合规管理组织结构框架；（2）风险防范体系，主要包括风险识别与评估制度、风险防范报告制度、商业行为准则；（3）合规支持体系，主要包括领导支持承诺制度、合规管理独立权限支持制度、合规文化建设制度、合规记录文件管理制度；（4）合规监控体系，主要包括内控监督制度、内控评价制度；（5）合规应对体系，主要包括合规完善和持续改进制度、违规调查制度、违规问责制度。

3. 合规管理体系路演

合规管理体系搭建好之后，合规团队与企业召开第三次座谈会，详细介绍合规管理体系的各组成部分及功能目的，讨论合规管理体系结构及内容的完整性、针对性，以及合规管理体系确定后的运行方案。合规团队可以先介绍国外企业合规管理体系建设内容、合规管理体系标准规范文件以及我国央企或者金融机构合规管理体系内容，这有利于企业对合规管理体系形成初步认知。接着针对企业的实际情况，对该企业的合规管理体系进行充分介绍和说明，使企业合规管理人员充分理解该体系，对该体系内容

发表反馈意见，并记录于《合规管理体系建设反馈表》。经双方充分讨论，达成一致意见，并提出具体实施计划，形成《企业合规实施计划表》。

五、合规管理体系的运行

合规管理体系的运行是合规管理体系有效性的重要步骤，此阶段合规团队的主要工作是监督实施。企业在实施企业合规管理制度的过程中，应当客观地做好文字记录，这也是政府监管部门或者办案部门事后考察的重要依据，是检验和评价企业合规有效性的客观依据。合规团队在此阶段既是合规管理体系的建设者，又是合规管理体系运行的监督者，类似第三方监管人的角色。为了保证合规管理体系的有效实施，合规团队在此阶段也应当积极履行职责，并且做好记录，不要认为合规管理体系建设好之后就完事了。合规团队各组人员应当定期与部门负责人对接，沟通合规管理体系的运行状态，搜集企业反馈信息。

合规管理体系运行一段时间之后，合规团队与企业召开第四次会议。本次会议应当扩大参会人员的范围，除企业负责人和部门负责人外，扩大到关键岗位以及随机选派的员工代表。主要是听取合规管理体系实施情况和反馈意见，记录于《合规制度实施反馈表》。针对反馈的内容，双方确定合规管理体系完善计划。

六、合规管理体系的完善升级

合规团队需将企业的反馈意见及时汇总，并将反馈意见分类管理，筛选出合理意见和不合理意见。对于合理意见，合规团队应当对企业的合规管理体系进行相应调整；对于不合理意见，合规团队应当给出充分依据，并且建议企业应当加强这方面的合规培训和监督。合规团队应将修订好的最终合规管理体系版本交付企业，形成最终《企业合规报告》并附一系列管理制度。最后与企业召开第五次会议，主要对合规管理体系建设过程、运行过程、修订过程进行总结，并且确定合规管理体系持续升级计划，强调合规管理体系具有时空局限性，随着企业经营环境和法律规定的变化，应当对合规管理体系进行适时升级修订，建议企业按照《持续合规自查工作表》进行不断自查、不断完善，确保合规管理体系被有效执行。

本节小结

律师为企业构建合规管理体系和企业合规经营一样，也需要合规、合理，应当建立一套完整的业务流程规范管理制度，合规管理体系创建分几个工作节点、每个节点的工作内容和步骤、需要达到什么要求和效果、工作进度的推进、工作底稿的留痕都要明确规范，确保构建的合规管理体系完整有效，确保构建过程合规。

第三章　企业合规管理体系的组成与建设

概　要

　　企业合规管理体系的建设与运行是企业合规业务的重点和难点，合规考察标准的研究制定也是监管部门的重要工作内容。现有合规管理规范文件中所提及的合规管理体系亟须更新和完善。本章在现有合规理论和规范文件的基础之上，总结出一套比较细化完备的企业合规管理体系，具体到合规管理体系中各项管理制度如何制定和具体的评价标准。

第一节　企业合规管理体系的组成

一、现有合规管理体系的整理分析

　　企业合规管理体系目前并没有一种固定的模式，合规管理体系各要素在众多管理文件中均有体现，但没有形成统一的标准体系。这使得我们在构建企业合规管理体系时就会觉得杂乱无章，无从下手。为了较为精准地建立一套逻辑感强、易于理解运用的合规管理体系，需要对现有管理文件中规定的合规管理体系进行梳理，然后归纳总结，取其精华并予以完善。下面选取几个国内外比较具有代表性的管理文件进行对比分析。

文件名称	《合规管理体系要求及使用指南》（国际标准化组织2021版）	《公司合规体系评价指南》（2020年美国司法部）	《反垄断刑事调查中的企业合规体系评估》（2019年美国司法部）	《中央企业合规管理指引（试行）》（2018年国资委）	《企业境外经营合规管理指引》（2018年发改委、全国工商联等七部门）
主要内容	从七个方面提出要求，提供在组织内建立、实施、评估、维护和改进有效合规管理系统指南	检察官围绕三个基本问题判断企业合规管理是否有效	从九个方面对企业如何建立和实施反垄断合规提供了重要指引	从十二个方面规定了合规管理的运行保障体系，被称为"十二项构成要素"	从十二个方面规定了合规管理的运行保障体系，内容与央企合规指引相当，但有所细化
分项要求	1. 组织环境 (1) 了解组织及其背景； (2) 了解有关方面的需求和期望； (3) 确定合规管理系统的范围； (4) 合规管理系统； (5) 合规义务； (6) 合规风险评估； 2. 领导 (1) 领导与承诺； (2) 合规政策； (3) 角色、职责和权限； 3. 规划 (1) 应对风险和机遇的行动； (2) 合规目标和实现目标的计划； (3) 变更计划； 4. 支持 (1) 资源；	1. 企业合规体系设计是否完备 (1) 风险评估机制； (2) 有效的政策和程序； (3) 培训和沟通机制； (4) 匿名报告机制和调查程序； (5) 第三方合作伙伴合规； (6) 并购中的合规管控； 2. 合规体系是否有效运作 (1) 企业中高级管理层是否重视； (2) 日常监督合规程序执行的人员有无足够的权力和地位； (3) 激励和惩罚措施； 3. 企业合规体系是否有效、定期测试和审查； (4) 针对违规调查和公司是否指派合格的人员进行范	1. 合规体系的设计与全面性 (1) 征求员工意见； (2) 纳入企业合规； (3) 文件保管制度； 2. 合规文化 (1) 高管鼓励员工合规； (2) 高管在合规补救方面措施； (3) 内部惩诫； 3. 合规责任制度 (1) 是否专人负责制； (2) 如何保证合规人员独立性； (3) 合规人员地位与收入； (4) 合规人员知识经验 4. 风险评估 (1) 对人力和高管的合规培训； (2) 有哪些合规举措与经营管理与经营相适应	1. 建立健全合规管理制度，主要是将内部规章制度化为内部规章制度 2. 建立合规风险识别预警机制 3. 加强合规风险应对，最大限度化解风险，降低损失 4. 建立健全合规审查机制，对不合规内容提出修改并不得实施 5. 强化违规问责 6. 开展合规管理评估，定期对合规管理体系有效性分析 7. 加强合规管理考核评价 8. 强化合规管理信息化建设 9. 建立专业化、高素质的合规管理队伍 10. 重视合规培训，确保员	1. 合规行为准则，经营活动中必须遵守的基本原则和标准 2. 合规管理办法，包括但不限于礼品及招待、赞助及捐赠、利益冲突管理、人力资源管理、内部调查、税务管理、商业伙伴合规管理等内容 3. 合规操作流程 4. 合规培训，企业应将合规培训纳入员工培训计划，培训内容需随企业内外部环境变化进行动态调整 5. 合规汇报，合规负责人和合规管理部门应享有畅通的合规汇报渠道 6. 合规考核，考核结果应作为企业绩效考核的重要依据

续表

文件名称	《合规管理体系要求及使用指南》（国际标准化组织2021版）	《公司合规体系评价指南》（2020年美国司法部）	《反垄断刑事调查中的企业合规体系评估》（2019年美国司法部）	《中央企业合规管理指引（试行）》（2018年国资委）	《企业境外经营合规管理指引》（2018年发改委、全国工商联等七部门）
分项要求	（2）权限； （3）意识； （4）沟通； （5）记录的信息 5.运行 （1）运行计划与控制； （2）建立控制和程序； （3）引起关注； （4）调查程序 6.绩效评估 （1）检测、测量、分析和评估； （2）内部审核； （3）管理评审 7.改进 （1）持续改进； （2）不合格和纠正措施	围适当的调查以及对调查作出何种反馈； （3）对于任何不当行为的分析和补救	5.培训与沟通 （1）员工获得合规制度途径； （2）培训及频率等 6.定期回顾、监测与审计 7.举报 8.激励与惩罚 9.补救与合规体系在发现违反法中的作用 （1）是否聘请外部律师参与； （2）是否提供政府调查指引； （3）是否主动报告，等等	工理解，遵循企业合规标准和要求 11.积极培育合规文化，通过制作发放合规手册、签订合规承诺书等方式，强化合规意识 12.建立合规报告制度	7.合规咨询与考核，应针对高管合规风险领域范围定制合规咨询制度 8.合规信息举报与调查 9.合规问责 10.合规风险识别、评估与处置 11.合规评审与改进 12.合规文化建设
评析	提出的合规管理体系较为全面，也比例举了一些具体要求，但内容较为抽象，且各版块之间存在重合，逻辑欠清晰	逻辑较为清晰，易于理解，基本具备了合规体系各要素，但在该基础之上可以进一步扩大要素内容，使之更为全面，形成新的体系	对合规体系各要素进行简单罗列，没有形成有的逻辑体系	合规体系要素较为全面，初步形成了合规管理体系，也对运行机制和保障机制进行了区分，但仍然可以进一步细化	各要素较为全面，但可以进一步归纳分类，增强整体感

以上规范文件，对企业建立合规管理体系具有一定的指引作用，对完善企业合规管理体系具有重要的借鉴意义，但也都存在一定的不足，因此下文尝试对合规管理体系重新架构。

二、"345"合规管理体系

笔者在整理分析现有合规管理体系的基础上，结合开展企业合规业务的实务操作经验，吸收现有合规管理体系的各项要素，并调整结构、加入新要素后，创设"345"合规管理体系，以期使合规管理体系更具有逻辑性、易于理解和操作。

"3"代表合规管理体系设立、运行、评估三大阶段，即企业合规不仅仅局限于设立合规管理体系，还要认真充分运行合规管理体系并评估其有效性；"4"代表合规管理体系涵盖的四个模块，即企业面临经营管理风险设置组织结构，制定标准商业行为准则，并在内控机制的监管下进行有效运行，归纳为"人""风险""准则""运行"四大模块；"5"代表合规管理体系包含的五个体系，即"合规组织体系""风险防范体系""合规支持体系""合规监控体系""合规应对体系"。

"345"合规管理体系是横纵交叉的合规管理模式，从不同角度对合规管理体系进行阐释，且相互之间具有紧密联系。为方便说明合规管理体系的具体构成，下面以四大模块为基础展开介绍。

以模块为基础的企业合规管理体系"创新"总体架构为"人＋风险＋准则＋运行"，即基于企业面临的经营管理风险设置组织结构，制定标准商业行为准则，并在内控机制的监管下有效运行的合规管理体系。

1. "人"是组织保障。企业合规管理是一项新的管理职能，企业可在现行组织架构基础上嵌入该职能，或者新设与企业现行组织架构相适应的合规管理职能部门，明确职责和权限，形成符合自身条件的合规管理"合规组织体系"，从管理职能上保障合规管理体系得以有效运行。

2. "风险"是合规起因。企业建立合规管理体系的目的就是防范和化解风险。规定风险识别、评估、防范的各项制度构成"风险防范体系"，主要包括风险识别与评估制度、风险防范报告机制。

3."商业行为准则"是企业合规经营的日常行为标准。该行为准则是最重要、最基本的合规管理制度。作为企业合规管理体系的核心部分，商业行为准则为公司所有员工确立履行职责的基本要求，尤其包括在企业每个领域、每个运营环节都应遵循的法律、法规、商业伦理规范以及内部要求。合规管理体系中其他一系列管理制度的落脚点都是促使企业和员工遵守商业行为准则，达到有效控制风险之目的。因而，本书把商业行为准则归类为"合规监控体系"范畴，并鉴于其重要性和基础性，第六章"企业合规分项制度"将商业行为准则各分项管理制度从合规监控体系中独立出来专门介绍。

4."运行"包括两个方面：一是合规管理制度是否被执行（过程）；二是合规管理制度应对风险的有效性（结果）。设计精良的合规管理体系，如果在执行中不够严格或有效，也会失败，因而必须建立合规管理体系运行机制。第一，企业应当建立相应制度支持合规管理体系运行，即"合规支持体系"，包括领导支持承诺制度、合规组织独立权限支持制度、合规记录文件管理制度（信息化建设）、合规文化建设制度。第二，企业应当建立监控制度促使合规管理制度被有效执行，即"合规监控体系"，包括内部控制监督制度、内部控制评价制度。第三，为了应对内外部调查以及内外部环境变化，企业应当建立"合规应对体系"，包括违规调查制度、违规问责制度、合规计划书、完善与持续改进制度。

本节小结

我国尚没有相关文件规定企业合规管理体系的具体构成，已经出台的相关规定虽然形成了初步框架，但完整性、适用性、规范性仍需进一步改善。本节在梳理现有合规管理体系内容的基础之上，介绍了"345"合规管理体系。

第二节　企业合规管理体系的建设

一、合规组织体系建设指引

建立完善的合规管理组织架构是企业合规建设的基础和保障。企业合规管理工作的顺利开展必须自上而下建立贯穿企业内部机构、人员、流程的管理组织架构。科学的组织架构，能够明确不同层级部门的管理职责和汇报路径，确保企业合规管理体系的高效运行。

企业合规管理组织结构不同于其他管理职能的组织结构，其具有独立性的固有属性，不仅具有管理职责，还有监督、指导、评审、调查、问责等职能。因而，建议企业建立独立的合规管理组织体系。

规模较大、发展较为成熟的企业可以设立合规管理委员会，与董事会共同形成企业合规决策层，合规管理委员会拟定合规战略规划、实施方案，审批合规基本制度、合规计划书等，并全权负责企业合规管理体系的建设和运行；董事会负责审批合规战略规划和实施方案。合规管理委员会再下设合规管理部门作为管理层，负责具体事务性操作和管理，每个业务和管理部门专设合规专员，负责部门内的企业合规管理事务。合规执行层范围较广，广义的执行层包括企业内部所有人员和部门，狭义的执行层一般是指决策层、管理层之外各业务和管理部门负责人。合规管理制度需要企业每位成员参与执行，所有部门和个人都是合规管理制度的执行主体，包括董事、高级管理人员、监事和普通员工。

因而，健全的合规管理组织体系应当包括决策层、管理层和执行层。合规管理人员和部门经理在合规管理体系中起到承上启下作用，是保障合规管理制度有效运行的核心阶层。为更好地组织开展合规管理工作，合规管理部门与业务管理部门可以建立联席会议制度，促使部门之间合规管理工作的有效衔接，协调处理好合规管理工作中的争议。

规模较小、处于发展初期的企业，一般可不设置合规管理委员会，但也应当由专门的部门和人员负责实施企业合规管理工作，相关决策意见可由企业负责人作出。

企业合规组织体系的架构及组织职能不是一成不变的，企业应当根据自身人力资源配置和发展阶段设置、调整。但以下两点是所有企业必须遵守的：一是企业必须设置专门人员负责企业合规管理，且要有实际管理行为，可以兼任但不能"挂名"兼任。二是从事企业合规管理的人员必须具有合规管理经验。企业合规管理涉及领域较多，管理环节和过程也较为复杂和重要，企业应当配备具有相应管理经验的人员承担该项工作。

二、风险防范体系建设指引

（一）风险识别与评估制度

1. 风险识别与评估的概念和作用

风险识别和评估，早期多用于审计领域，是指注册会计师通过实施风险评估程序，识别和评估财务报表层次和认定层次的重大错报风险。企业合规管理中的风险识别和评估不仅仅局限于财务领域，是对企业所有经营管理活动实施风险评估，识别企业经营管理各环节可能面临的风险，并且评估风险发生的可能性和结果的严重性。

企业建立合规管理体系应当以风险为导向，具体管理制度应建立在风险识别与评估的基础之上，实现针对性和有效性。建立风险识别与评估制度是制定和完善各项合规管理制度的基础，使得企业经营行为符合合规义务，是合规管理体系的重要组成部分。

2. 风险来源

企业在运营过程中的风险源根据划分标准不同，可分为内部风险和外部风险、经营风险和管理风险、人员风险和制度风险。外部风险主要是行业状况、法律环境和监管环境等外部因素；内部风险主要是战略规划、业务流程、意识形态等内部因素。经营风险主要集中在市场交易、产品质量、知识产权等经营环节；管理风险主要集中在劳动用工、财务税收、安全环保等管理环节。人员风险是指企业人员因业务知识或管理经验欠缺而影响业绩目标实现，遵规守法意识不强而产生违规违纪风险；制度风险是指企业建设的管理制度不够完善或者管理制度不符合法律规定和监管要求等。在建立风险识别与评估制度时，应当全面梳理风险种类，将其纳入识别和评估程序。

3. 风险识别和评估主体

企业合规管理的组织体系中应当设置专门合规管理部门和管理人员，企业合规管理过程中的风险识别和评估应当由合规管理部门牵头组织实施。企业合规管理部门可以统一对企业各部门开展风险识别和评估工作，但在日常管理中，各业务部门和其他管理部门也应当主动开展风险识别和隐患排查，及时向合规管理部门通报风险事项。另外，为了确保风险识别和评估工作的独立性和专业性，企业可以聘请第三方机构如律师事务所开展此项工作，而且应当优选此种方式，毕竟合规考察时也是第三方独立监管人主导，此种方式更能确保客观性和独立性。

4. 风险识别和评估程序

（1）搜集风险信息。风险识别和评估人员应先根据上文分析的风险来源分类全面搜集风险信息，可以采用询问、文件记录查询以及实地考察等相结合的方式。搜集对象包括管理层、业务部门和管理部门负责人、内部控制管理部门负责人、销售人员、采购人员、财务人员、生产管理人员等，主要询问企业经营战略目标、企业治理结构、竞争对手、重大会计事项处理、经营管理业务内部控制流程等内容。

（2）分析风险信息。这是将搜集了解到的事实与标准要求进行对比分析，寻找矛盾和差异的过程，即通过分析不同数据之间的关系识别和评估风险。比如，将企业管理制度、经营性质与法律法规和监管要求对比分析；将员工行为与内部控制流程对比分析；将员工意识形态与合规文化对比分析；将组织结构变动与经营成果对比分析；将法律法规和监管要求的变动趋势对比分析等。

（3）风险信息研讨。风险识别与评估实施部门应当组成风险识别与评估研讨小组，为项目组成员提供交流信息和分享见解的机会。项目组成员在各自领域内，汇报、介绍其搜集的风险信息和分析过程，并对风险识别和评估结果说明理由。研讨会要求各项目组成员的汇报结果必须有理有据，最终结论性意见应当以多数人意见通过，少数人意见也应当在报告中体现和提示。

5. 通报与发布

风险识别与评估结果形成报告后，由实施主体提交合规管理委员会或者董事会审核，决策机构审核通过后应当及时对外公开发布，进行及时风险提示和风险防范。

（二）风险防范报告机制

1. 风险防范报告机制的概念与作用

《关于建立涉案企业合规第三方监督评估机制的指导意见（试行）》第11条规定，涉案企业提交的合规计划，主要围绕与企业涉嫌犯罪有密切联系的企业内部治理结构、规章制度、人员管理等方面存在的问题，制定可行的合规管理规范，建设有效的合规组织体系，健全合规风险防范报告机制，弥补企业制度建设和监督管理漏洞，防止再次发生相同或者类似的违法犯罪。其中，就特别提到企业应当健全合规风险防范报告机制。

风险防范报告机制是指企业在风险识别与评估基础之上监控风险是否发生的程序。通过风险防范报告机制及早发现风险、应对风险，具体内容包括报告范围、报告主体、报告职责、报告程序、奖惩制度等。风险防范报告机制是避免风险、发现风险、风险后果减损的重要举措，是健全完善合规管理体系的重要依据。

2. 报告范围

企业通过风险识别与评估制度已将经营管理过程中可能面临的风险进行提示和公布，各部门应当紧扣已经识别的风险类型与经营管理行为进行比照。但是，企业的经营环境是不断变化的，识别风险程序也存在一定滞后性。因而，所有企业工作人员特别是部门管理人员和合规管理人员，应当紧扣风险管理主基调，绷紧"风险弦"，不拘泥于已经识别的风险，对于新发现或者因经营环境变化新产生的风险也应当及时纳入风险防范报告。

3. 报告主体

企业组织结构层级可以划分为决策层、管理层、执行层，合规是企业每位成员应尽的义务，因而毋庸置疑每个层级的成员包括决策者、管理者、普通员工都是风险防范报告的主体，风险防范报告既是权利也是义务。那么，与企业相关联的特殊群体是否也有相应的权利和义务呢？比如，不参与经营的股东、建筑企业常见的具有挂靠性质的分公司负责人、加盟商，等等。我们认为，这些特殊群体的经营管理行为直接影响着企业的生存发展、声誉以及法律责任的承担，应当也要纳入风险防范报告主体范畴，企业往往疏于对该群体的管理而面临风险。另外，企业也应当通过适当的方式向商业伙伴包括上下游合作商、监管部门、第三方服务机构等，传达他们也可以向企业相关部门报告经营管理风险。

4. 报告职责

报告主体确认后，应当在每个岗位职责或者组织机构职责中予以明确风险防范报告的职责。报告职责内容应当明确不抽象，具体内容至少应当明确什么样的风险需要提出报告、风险自查未出现风险是否要提出报告、了解到的其他部门风险是否要提出报告、明确报告的格式、明确报告的频率，等等。

5. 报告程序

风险防范报告存在常规自查报告和举报两种形式，不同的方式要求企业设立不同的信息传递渠道。风险自查报告是企业日常管理中的重要项，企业在设置组织机构职能和信息系统建设时，本就应当考虑到报告程序和通道。一般而言，由各部门负责人履行职责定期召开风险自查会议，听取员工及其他管理人员意见，讨论分析经营管理中是否存在合规风险，部门内部形成书面报告后提交合规管理部门审核，合规管理部门审核后存档备查，并根据实际情况定期或者及时向董事会报告。而关于举报的形式，企业应当注意保密，设置多种举报途径满足不同人员的举报需求。比如，可以设置意见箱、电子信箱、接待日制度等方式保证举报的秘密性，打消举报人的顾虑。合规管理部门负责处理举报，及时跟进核实举报内容。经核实确实存在风险因素的，应当要求所涉部门和人员作出详细的风险自查方案并实施；经核实尚未形成风险因素的，应当告知举报人处理结果并表示感谢，且要进一步跟踪观察举报内容。

6. 奖惩措施

奖惩制度的设立是风险防范报告制度有效实施的重要措施。风险防范报告既然是每位企业成员的义务，那么对于不履行或者不积极履行报告义务的部门和人员，只有进行相应的惩罚，才能保证该制度实施下去。奖励则是鼓励企业每位成员善于发现、敢于报告、勇于化解风险。

三、合规支持体系建设指引

合规支持体系是指企业提供资源为保证合规管理制度设立及有效实施建立的各项制度。结合企业自身经营情况，可以建设领导支持承诺制度、合规管理独立权限制度、合规文化建设制度、合规记录文件管理制度，等等。

领导支持承诺制度是指企业高层和中层领导确立目标、制定政策、分配资源，通过言语和行为支持合规管理，促使合规管理体系有效设立、运行和评估。根据合规战略制定完整的合规政策，通过相应机构的决策程序制定文件，并且根据合规文件规定内容以身作则。

合规管理独立权限制度是根据合规管理独立性的属性专门制定，目的是树立合规管理的权威性，保证合规管理工作顺利开展。制度应当明确合规管理部门是企业合规管理的主导机构，独立于其他部门，具有独立性，直接向董事会负责，并受监事会监督。明确合规管理权限以及企业其他部门接受合规管理和配合调查的义务。

合规文化建设制度是指企业通过有效手段倡导合规文化、培养合规意识，使得所有员工充分理解企业合规管理的价值和内容，形成自觉遵守合规义务规范日常工作行为的文化氛围。合规文化制度内容主要应确立合规文化建设方案，比如编写《企业合规员工手册》、开展教育培训和合规知识竞赛、制作合规文化墙等多种方式。

合规记录文件管理制度在企业合规管理体系中具有比较重要的意义，企业合规管理过程应当有记录，是监督合规管理制度是否被执行、执行是否正确有效、合规管理制度完善等合规管理环节的重要依据。监管部门考察企业是否纳入合规管理、合规管理是否有效主要也是依据合规记录文件。建立合规记录文件管理制度应当明确合规管理信息记录内容、合规文件保管、合规文件检查、合规记录文件查阅等流程和方法。

四、合规监控体系建设指引

（一）商业行为准则

商业行为准则是指企业在经营活动和管理活动各环节应当遵守的行为规范，是根据管理领域不同而建设的分项合规管理制度，但不包括针对合规管理活动设置的相应制度。商业行为准则的本质和目标是控制风险，是企业合规经营的根本，合规管理体系中其他一系列制度都是为了确保企业经营管理遵循商业行为准则达到合规经营的目的，因而其属于合规监控体系范畴。商业行为准则涉及众多管理领域，贯穿于企业整个经营管理过程，包括战略规划、劳动人事管理、财税管理、资产管理、生产管理、供应管理、营销管理、行政管理等八个管理领域。在每个管理领域中制定具体行为准则，包括组织架构、岗位职责、业务流程、监督机制、奖惩措施等方面的具体规定。

每个企业的商业行为准则必须符合法律法规和监管要求，这使得不同企业的商业行为准则具有一定的相似性和通用性。但是，由于每个企业在治理结构、业务类型、交易环节、竞争环境方面又有所不同，决定了企业不能完全引用其他企业的管理制度，律师在帮助企业构建合规管理体系过程中也不能将商业行为准则千篇一律地适用于各企业。因此，需要根据企业自身状况量身定制，才可以满足良好的设计要求。在此，根据经验，介绍商业行为准则确立的通常做法和常见问题，为商业行为准则如何确立提供一些方法指引。

1. 组织架构内控指引

（1）企业应当根据国家有关法律法规的规定，通过章程约定，明确董事会、监事会和经理层的职责权限、任职条件、议事规则和工作程序，确保决策、执行和监督相互分离，形成制衡。

（2）组织架构的设立应当与企业自身发展状况相适应，避免出现组织结构过于复杂或者过于简单的局面，比如说一个只有十几人的小企业，没有一定要设立合规管理委员会的必要性，可以设置合规主管岗位履行职责。

（3）企业应当对各机构的职能进行科学合理的分解，确定具体岗位的名称、职责和工作要求等，明确各个岗位的权限和相互关系。可以通过制定组织结构图、岗位工作职责表，明确岗位名称、部门名称、上下级关系、岗位职责等，使员工了解和掌握组织架构设计及权责分配情况，正确履行职责。比如，可以要求员工在岗位工作职责表上签名作出承诺"我已经准确理解并完全接受以上职责安排，并承诺全力履行以上职责"。

（4）企业在确定职权和岗位分工过程中，应当体现不相容职务相互分离的要求，制定不相容职务岗位表。不相容职务通常包括可行性研究与决策审批，决策审批与执行，执行与监督检查等。比如有权决定或审批材料采购的人员不能同时兼任采购员职务；财务部门的出纳与会计要分离，不能兼任。

（5）组织架构设立应当明确相应匹配人员的任职资格。董事会、监事会和经理层的产生程序应当合法合规，其人员构成、知识结构、能力素质应当满足履行职责的要求和法律规定。

（6）组织架构设立应当明确议事规则。企业的重大决策、重大事项、重要人事任免及大额资金支付业务（"三重一大"事项）以及章程约定集体决策事项，应当按照规定的权限和程序实行集体决策审批或者联签制度，形成会议纪要或者流动审批表。任何个人不得单独进行决策或者擅自改变集体决策意见。重大决策、重大事项、重要人事任免及大额资金支付业务的具体标准由企业自行确定。

2. 发展战略内控指引

发展战略是指企业在对现实状况和未来趋势进行综合分析和科学预测的基础上，制定并实施的长远发展目标与战略规划。

（1）企业的发展受到多种因素影响，企业应当结合内部环境和外部环境制定发展战略。

（2）企业的发展战略方案经董事会审议通过后，报经股东会批准实施。企业可在董事会下设立战略委员会，或指定相关机构负责发展战略管理工作，履行相应职责。企业应当明确战略委员会的职责和议事规则，对战略委员会会议的召开程序、表决方式、提案审议、要求和会议记录等作出规定，确保议事过程规范透明、决策程序科学。

（3）企业制定发展战略应当广泛考虑各方面的问题，具体应当包括：主营业务的性质与持续性、法律法规要求与政策环境、与市场竞争对手以及相关利害关系方的利益冲突、合规战略计划下的企业治理（包括内部结构、政策、流程和资源），等等。

（4）董事会或者指定管理机构应当制定相关制度保证战略有效实施，并加强对发展战略实施情况的监控，定期收集和分析相关信息，对于明显偏离发展战略的情况，应当及时上报董事会。

（5）董事会或者指定管理机构应当及时关注并且收集经济形势、产业政策、行业状况、法律法规的变化，确需对发展战略作出调整的，应当按照规定权限和程序调整发展战略。

3. 劳动人事内控指引

（1）企业应当明确人力资源管理组织架构、主要职责及决策流程，制定人力资源管理制度，劳动者应当遵守企业规章制度，规章制度也是解决劳动争议的重要依据。企业人力资源管理部门会同法务部等部门制定合法的规章制度内容，同时应当确保规章制度制定过程中的民主程序以及公示程序，形成讨论与决议记录、公示记录等，保证规章制度的有效性。

（2）人力资源部门根据人力资源发展规划和岗位需求，对相关部门进行调查分析，向各部门发放员工需求表，招聘合适的人才。发布的招聘广告应当符合法律规定，不得有就业歧视条款。人力资源部门按照规定对应聘人员进行背景调查，制作背景调查表。

（3）企业应当建立选聘人员试用期和岗前培训制度，对试用人员进行严格考察，制定培训考察表，帮助选聘员工全面了解岗位职责和合规义务，掌握岗位基本技能，适应工作要求。试用期满考核合格后，方可正式上岗；试用期满考核不合格者，应当及时解除劳动关系。

（4）企业应当与劳动者依法签订劳动合同，劳动合同内容不得违反法律规定，禁止约定无效条款。劳动合同签订后，企业应当妥善保管，建立劳动合同管理台账进行动态管理，及时对到期劳动合同进行续签或者依法终止。

（5）企业应当严格按照法律法规和劳动合同约定履行劳动合同义务。人力资源管理部门负责主导实施和监管，劳动者的工作时间、劳动保护措施、劳动报酬发放等应当符合规定。

（6）商业秘密的禁止获取与保护。企业任何部门不得通过任何途径获取新入职员工或者其他人员掌握的其他企业的商业秘密，已经超过保密期限的，应当予以核实。对本企业的商业秘密应当采取保密措施，明确约定商业秘密范围和保密期限，约定竞业限制的，应当严格履行相应义务。人力资源管理部门应当建立商业秘密保护台账，对各岗位商业秘密的保护范围、保密义务人员等情况进行动态管理。

（7）企业对考核不能胜任岗位要求的员工，应当及时暂停其工作，安排再培训，或调整工作岗位，安排转岗培训；仍不能满足岗位职责要求的，应当按照规定程序解除劳动合同。

（8）人力资源管理部门应当按照有关法律法规规定，建立健全劳动者退出机制（辞职、解除劳动合同、退休等），不得违反法律规定解除劳动合同。企业与劳动者解除劳动合同，应当由用人部门提出解除的事实理由和证据，人力资源管理部门应当审查解除劳动合同的理由和证据是否充分、是否符合法律规定，报主管领导审批，依法办理解除劳动合同相关手续。

4. 财税管理内控指引

（1）财务预算

①企业应当建立和完善财务预算编制工作制度，明确编制依据、编制程序、编制方法等内容，应当在预算年度开始前完成全面预算草案的编制工作。

②企业应当根据发展战略和年度生产经营计划，综合考虑预算期经济政策、市场环境等因素，按照上下结合、分级编制、逐级汇总的程序，编制年度全面预算。企业董事会审核全面预算草案。

③企业总经理根据上一年度经营情况及本年度市场环境发展趋势拟定财务预算并下达到各部门。各部门根据下达的财务预算编制本部门详细的财务预算方案，报财务部门汇总。财务部门审查汇总后，提出调整意见，重新汇总各部门意见后上报总经理，总经理报董事会审核，股东大会批准通过后下达各部门执行。

④企业全面预算一经批准下达，各预算执行单位应当认真组织实施，将预算指标层层分解，落实到各部门、各环节和各岗位，形成全方位的预算执行责任体系。

⑤企业应当加强资金收付业务的预算控制，及时组织资金收入，严格控制资金支付。对于超预算或预算外的资金支付，应当实行严格的审批制度。

（2）资金收入

①企业在生产经营及其他业务活动中取得的资金收入应当及时入账，不得账外设账，严禁收款不入账、设立"小金库"。业务部门订立的销售合同应当经审核盖章，主要审核销售合同提供的是否企业对公账号。

②企业应当加强商业票据管理，明确商业票据的受理范围，严格审查商业票据的真实性和合法性，防止票据欺诈。

③企业应当关注商业票据的取得、贴现和背书，对已贴现但仍承担收款风险的票据以及逾期票据，应当进行追索监控和跟踪管理。

④财务部门应当将应收款项回收情况定期与业务部门对接，企业应当

指定专人通过函证等方式，定期与客户核对应收账款、应收票据、预收账款等往来款项。

⑤企业应当加强应收款项坏账的管理。应收款项全部或部分无法收回的，应当查明原因，明确责任，制定应收账款账龄分析表，并严格履行审批程序，按照国家统一的会计准则制度进行处理。

（3）资金支付

①企业财务部门根据法律法规结合企业自身情况，制定资金支付业务管理制度，由董事会批准实施。

②资金支付业务管理制度应当明确授权资金审批权限，支出款项的用途、金额、预算、限额、支付方式等内容，并必须附有原始单据或相关证明，履行严格的授权审批程序后，方可安排资金支出。

③资金支付应严格遵循规范流程。用款部门填写资金支付申请单，提交给权限部门审批，财务部门核实资金支付申请单后付款，用款部门按照要求使用资金，并将资料存档。

④资金支出后，财务部门资金专员应当会同业务部门人员核实申请资金实际用途与申请事项是否相符。财务预算外的支出，财务部门应拒绝支付。如遇特殊原因，由用款部门详细说明资金用途以及未编入财务预算的原因，经董事会批准后方可实施。

⑤企业内部发生的借款事项，企业内部人员因公出差应当填写现金借款单，由所在部门负责人或者主管领导在权限范围内审批签署意见；因私借款应当填写现金借款单，由所在部门负责人或者主管领导在权限范围内审批签署意见，并上报董事长。董事等领导层借款也应当填写现金借款单，并设置权限审批部门和流程。

⑥企业应当加强预付账款和定金的管理。涉及大额或长期的预付款项，应当定期进行追踪核查，综合分析预付账款的期限、占用款项的合理性、不可收回风险等情况，发现有疑问的预付款项，应当及时采取措施。

⑦严禁将办理资金支付业务的相关印章和票据集中由一人保管。

（4）税务管理

①财务部门应指定专人负责领购发票，领购发票交由财务负责人审核登记后入库保管。财务部门指定专人进行发票保管，对发票领用、作废、丢失等情况进行登记。

②申请开具发票的部门应当填写发票开具申请单，注明客户名称、合同编号、发货凭证、款项收回情况，业务部门负责人审核签字，财务部门审核应确保会计记录、销售记录与仓储记录核对一致。报有权限的领导审批，如实开具发票。同时，发票的领取应当有登记记录。

③已经开具的发票原则上不予作废。如有特殊情况，应当由业务部门负责人、财务负责人审核后按照退票流程进行处理。空白发票如有丢失，应当及时采取有效措施，向税务机关登记备案，并登报声明。

④经济业务发生后，业务经办人员取得发票时，应向对方索取发票，严格审核发票真伪、内容开具是否合规。财务部门负责对其接受发票的真实性、有效性进行复核，做好复核记录，及时退回或者更换不合规发票。必要时应借助纳税服务热线、税务网站等渠道对发票的真实性、合法性进行验证。

⑤财务部门接收发票应当审核供应商情况、请购申请、采购合同、采购通知、验收证明、入库凭证、款项支付等情况，确保会计记录、采购记录与仓储记录核对一致。发票信息与业务信息不一致的，不得申报抵扣。

⑥财务部门应在纳税事项发生后，在税务部门规定的时间内，及时按照规定进行税务核算，填写纳税申报表由财务部负责人审核、企业领导审批后申报纳税，并及时缴纳税款。

⑦涉及合并、重组、重大投资项目、资产损失等重大涉税业务的纳税评估、税务检查等应及时报告企业管理层，主动向税务部门申报。

⑧企业应及时整理、装订本单位的税务报表，对每年所得税汇算中调整的明细事项，建立台账进行管理；应将税务机关出具的各种批复、检查、处理决定等文件装订成册，并规范制作文件封面，妥善存档保管。财务部门应将企业所得税汇算清缴审核报告、财产损失审核报告及其他有关税务

审核报告规范装订成册，妥善保管。

（5）会计档案管理

①企业应当按照法律法规规定将会计档案进行整理、归类、建档。总账会计按月装订会计凭证，按季度装订会计报表，按年装订总账、现金日记账等，按年依次罗列会计归档，并列出清单。各类会计档案归档后，各部门因业务需要开展需要借阅复印归档资料时，财务部门应当将相关信息通报法务部门，法务部门负责确认由财务部门提供查阅的会计资料是否符合法律规定，相关人员是否有权限查阅，上报主管领导后，财务部门按照规定提供并做好相应记录。

②总账会计应当按照档案管理相关规定对会计档案进行妥善保管，做好会计档案防盗、防火、防潮、防蛀等保护工作，并做好记录。企业应当提供符合档案保管要求的环境条件。

③会计档案的销毁应当严格按照法律法规要求，电子会计档案尽量永久保存，对符合销毁要求的会计档案应当严格按照销毁程序进行。符合销毁要求的会计档案应当登记造册，编制销毁档案清单，注明销毁原因和条件，经财务部门负责人审核后上报企业领导审批。对批准销毁的会计档案进行销毁，必须有专人监督，并做好销毁记录。

（6）会计核算与财务报告

①财务部门根据会计对象的不同特点和经济管理的不同要求，结合企业自身情况，并按照会计核算的要求，设置相应会计科目。

②对于发生的经济业务，应当按照要求及时记账处理。出纳及时到银行等机构领取业务回单，采购部门及时索取进项发票和产品资料，销售部门根据合同进度及时提出开票申请，相关的原始凭证交由会计，会计部门与业务部门共同审核原始凭证的真实性。

③财务部门根据审核后的原始凭证及时编制记账凭证，根据记账凭证编制记账凭证汇总表，并登记《总分类账》。根据记账凭证及所附的原始凭证登记各《明细分类账》，月末根据《总分类账》和《明细分类账》编制会计报表。财务部门根据原始收、付款凭证登记《现金日记账》和《银

行日记账》。

④企业应当按照国家统一的会计准则制度规定，根据登记完整、核对无误的会计账簿记录和其他有关资料编制财务报告，做到内容完整、数字真实、计算准确，不得漏报或者随意进行取舍。

⑤各项资产计价方法不得随意变更，如有减值，应当合理计提减值准备，严禁虚增或虚减资产。各项负债应当反映企业的现时义务，不得提前、推迟或不确认负债，严禁虚增或虚减负债。所有者权益应当反映企业资产扣除负债后由所有者享有的剩余权益，由实收资本、资本公积、留存收益等构成。企业应当做好所有者权益保值增值工作，严禁虚假出资、抽逃出资、资本不实。

⑥各项收入的确认应当遵循规定的标准，不得虚列或者隐瞒收入，不得推迟或提前确认收入。各项费用、成本的确认应当符合规定，不得随意改变费用、成本的确认标准或计量方法，不得虚列、多列、不列或者少列费用、成本。利润由收入减去费用后的净额、直接计入当期利润的利得和损失等构成。不得随意调整利润的计算、分配方法，编造虚假利润。

⑦企业财务报告编制完成后，应当装订成册，加盖公章，由企业负责人、总会计师或分管会计工作的负责人、财会部门负责人签名并盖章。

⑧企业应当依照法律法规和国家统一的会计准则制度的规定，制作财务报告。财务分析报告结果应当及时传递给企业部有关管理层级，充分发挥财务报告在企业生产经营管理中的重要作用。经财务部门负责人审核后，企业应及时对外提供财务报告，任何部门和个人不得随意对外提供财务报告。

5. 资产管理内控指引

（1）固定资产

①企业应当制定固定资产目录，对每项固定资产进行编号，按照单项资产建立固定资产卡片，详细记录各项固定资产的来源、验收、使用地点、责任单位和责任人、运转、维修、改造、折旧、盘点等相关内容。

②固定资产的使用部门根据业务发展目标，提出固定资产的采购申请，

填写固定资产采购申请表。预算内的固定资产采购由采购部审核后向财务部门申请填写付款申请书;预算外的固定资产采购由总经理审批,并向董事会或者监事会报备。采购部门组织专员进行采购。

③采购部门负责采购并进行验收,验收主要考察外包装、规格、型号、配置、数量和资料,填写采购验收记录交由资产管理部门存档。资产管理部门对新购固定资产进行登记后,交付给使用部门,使用部门负责人签收。固定资产使用部门应制定固定资产盘点计划并进行定期盘点,并将盘点情况反馈制作固定资产盘点表,交给资产管理部门和财务部门。财务部门应根据固定资产的取得方式确定固定资产成本的构成、固定资产盘点盈亏、折旧和后续支出等情况,进行相应的账务处理。

④企业应当严格执行固定资产日常维修和大修理计划,定期对固定资产进行维护保养,制作固定资产维护保养情况表,切实消除安全隐患。固定资产使用部门根据固定资产的使用状况提出固定资产维修申请,大修理应经过财务部门审批后,报总经理批准执行。

⑤企业应当根据发展战略,充分利用国家有关自主创新政策,加大技改投入,不断促进固定资产技术升级,淘汰落后设备,切实做到保持本企业固定资产技术的先进性和企业发展的可持续性。

⑥企业应当规定固定资产抵押管理,确定固定资产抵押程序和审批权限等。企业将固定资产用作抵押的,应由相关部门提出申请,经资产管理部门审核,企业授权部门或人员批准后,由资产管理部门办理抵押手续。企业应当加强对接收的抵押资产的管理,由资产管理部门编制专门的资产目录,合理评估抵押资产的价值。

⑦固定资产应当按月计提折旧,企业应当于每年年度终了时,对固定资产的使用寿命、预计残值和折旧方法进行复核。财务部门根据对资产折旧进行相应账务处理。

⑧企业应当建立固定资产清查制度,至少每年进行一次全面清查。对固定资产清查中发现的问题,应当查明原因,追究责任,妥善处理。企业应当加强固定资产处置的控制,固定资产需要处置的,由使用单位出具意

见，提出申请，资产管理部门审核，固定资产处置的交易根据销售流程进行管理，资产管理部门应关注固定资产处置中的关联交易和处置定价，防止资产流失。

（2）存货

①企业应当明确规定存货管理流程，明确存货取得、验收入库、原料加工、仓储保管、领用发出、盘点处置等环节的管理要求，充分利用信息系统，强化会计、出入库等相关记录，确保存货管理全过程的风险得到有效控制。

②企业应当建立存货管理岗位责任制，明确相关部门和岗位的职责权限，切实做到不相容岗位相互分离、制约和监督。

③生产部门应根据生产计划、销售计划等制定采购计划，采购部门根据仓储计划、每日材料的库存量分析确定应采购的日期和数量，据此提出存货采购申请，按照企业相关规定及时进行存货采购。

④采购部门接到货物后，按照采购订单上的内容进行核对，核对完毕后，清点货物的数量，数量无误后填写采购验收单并通知质检部进行质量检验，涉及技术含量较高的货物，必要时可委托具有检验资质的机构或聘请外部专家协助验收。质检部经检验后出具质量检验报告，货物存在质量问题的，采购部门根据企业规定及货物的实际情况提出具体的解决方案，提交总经理审批。验收合格的货物，直接由仓储部办理入库手续。

⑤外购存货的验收，应当重点关注合同、发票等原始单据与存货的数量、质量、规格等核对一致。自制存货的验收，应当重点关注产品质量，通过检验合格的半成品、产成品才能办理入库手续，不合格品应及时查明原因、落实责任、报告处理。

⑥仓储部门对存货进行验收入库，根据存货的来源、属性、包装、尺寸等安排存放场所，并对入库的存货建立存货明细账、出入库登记账，并装订成册。

⑦仓储部门应按仓储物资所要求的储存条件贮存，并健全防火、防洪、防盗、防潮、防病虫害和防变质等管理规定。对代管、代销、暂存、受托

加工的存货，应单独存放和记录，避免与本单位存货混淆。存货在不同仓库之间流动时应当办理出入库手续。仓储部门应定期与存货管理部门、财务部门就存货品种、数量、金额等进行核对。

⑧企业内部除存货管理、监督部门及仓储人员外，其他部门和人员接触存货，应当经过相关部门特别授权。存货发出与领用需由使用单位提出申请，经企业领导审批，仓储部门应当根据经审批的出库通知单发出货物，并做好出库记录。

⑨企业应当建立存货盘点清查制度，结合本企业实际情况确定盘点周期、盘点流程等，核查存货数量，及时发现存货减值迹象。企业至少应当于每年年度终了时开展全面盘点清查，盘点清查结果应当形成书面报告。

⑩盘点清查中发现的存货盘盈、盘亏、毁损、闲置以及需要报废的存货，应当查明原因、落实并追究责任，按照规定权限批准后处置。

（3）无形资产

①企业应当加强对品牌、商标、专利、专有技术等无形资产的管理，分类制定无形资产管理办法，落实无形资产管理责任制，促进无形资产有效利用，充分发挥无形资产对提升企业核心竞争力的作用。

②企业应当全面梳理外购、自行开发以及其他方式取得的各类无形资产的权属关系，加强无形资产权益保护，防范侵权行为和法律风险，并应当采取严格措施，严防泄露商业秘密。

③资产管理部根据无形资产的使用效果、生产经营发展目标等因素拟定无形资产的投资项目。投资项目经企业领导审批通过后，对于需要外购无形资产的，无形资产的使用部门根据企业战略的发展要求和业务开展要求，提出无形资产的采购申请，资产管理部根据无形资产的管理特点进行审核，采购部根据无形资产采购标的额度或重要程度，在遵守企业相关采购规定的前提下确定采购方式。

④无形资产需要自主研发的，企业应当根据实际需要，结合研发计划，由资产管理部门提出研究项目立项申请，开展可行性研究，会同业务部门编制可行性研究报告。企业可以组织专业机构和人员进行评估论证，出具

评估意见。

⑤研究项目应当按照规定的权限和程序进行审批，重大研究项目应当报经董事会集体审议决策。审批过程中，应当重点关注研究项目促进企业发展的必要性、技术的先进性以及成果转化的可行性。

⑥企业与其他单位合作进行研究的，应当对合作单位进行尽职调查，签订书面合作研究合同，明确双方投资、分工、权利义务、研究成果产权归属等。

⑦企业应当建立严格的核心研究人员管理制度，明确界定核心研究人员范围和名册清单，签署符合国家有关法律法规要求的保密协议。企业与核心研究人员签订劳动合同时，应当特别约定研究成果归属、离职条件、离职移交程序、离职后义务、离职后竞业限制年限及违约责任等内容。

⑧企业的财务、采购、资产管理部门以及其他相关部门参与无形资产的交付和验收，并填写相应的验收表单或凭证；交付和验收也可以聘请外部专业机构参与，外部专业机构需要出具相关验收的凭证和单据。企业对于通过验收的研究成果，可以委托相关机构进行审查，确认是否申请专利或作为非专利技术、商业秘密等进行管理。企业对于需要申请专利的研究成果，资产管理部门应当及时组织办理有关专利申请手续。

⑨资产管理部门应当制作无形资产登记表，对无形资产的取得、登记、使用等情况进行详细记录。加强对专利权、非专利技术、商业秘密及研发过程中形成的各类涉密图纸、程序、资料的管理，严格按照制度规定借阅和使用。禁止无关人员接触研究成果。

⑩企业应当定期对专利、专有技术等无形资产的先进性进行评估，淘汰落后技术，加大研发投入，促进技术更新换代，不断提升自主创新能力，努力做到核心技术处于同行业领先水平。

⑪无形资产的处置应当由资产管理部门会同财务部门、销售部门、使用部门共同制定处置方案，报总经理或者董事会审批。无形资产在处置以后，资产管理部应及时调整无形资产管理的信息，确保无形资产管理信息完整、准确。

（4）对外投资

①企业应当根据投资目标和规划，合理安排资金投放结构，科学确定投资项目，拟订投资方案，重点关注投资项目的收益和风险。企业选择投资项目应当突出主业，谨慎从事股票或衍生金融产品等高风险投资。

②资产管理部门拟订项目投资申请，报企业领导审核，上报董事会或者股东大会批准。重点审查拟投资项目是否符合国家有关法律法规和相关政策，是否符合企业主业发展方向和投资的总体要求，是否有利于企业的长远发展，以及投资方案的经济效益。

③投资管理部对投资项目进行可行性研究，编制可行性研究报告，重点对投资项目的目标、规模、投资方式、投资的风险与收益等作出评价。重大投资项目应委托具有相应资质的专业机构对可行性研究报告进行独立评估，形成评估报告。

④企业应当根据批准的投资方案，与被投资方签订投资合同或协议，由专业律师审核。协议明确出资时间、金额、方式、双方权利义务和违约责任等内容，按规定的权限和程序审批后履行投资合同或协议。

⑤企业应当指定资产管理部门对投资项目进行跟踪管理，及时收集被投资方经审计的财务报告等相关资料，定期组织投资效益分析，关注被投资方的财务状况、经营成果、现金流量以及投资合同履行情况，发现异常情况，应当及时报告并妥善处理。

⑥企业采用并购方式进行投资的，应当严格控制并购风险，重点关注并购对象的隐性债务、承诺事项、可持续发展能力、员工状况及其与本企业治理层及管理层的关联关系，合理确定支付对价，确保实现并购目标。

⑦企业采用股权投资的，除了注意上述投资风险之外，还应当特别注意股东义务。资产管理部门应当重点动态关注被投资对象的债务情况，防止承担股东出资不到位的法律责任；关注股东清算义务，防止承担怠于清算的法律责任。

⑧企业应当加强对投资项目的会计系统控制，根据对被投资方的影响程度，合理确定投资会计政策，建立投资管理台账，详细记录投资对象、

金额、持股比例、期限、收益等事项，妥善保管投资合同或协议、出资证明等资料。企业财会部门对于被投资方出现财务状况恶化、市价当期大幅下跌等情形的，应当根据国家统一的会计准则制度规定，合理计提减值准备、确认减值损失。

（5）对外筹资

①企业应当对筹资方案进行严格审批，重点关注筹资用途的可行性和相应的偿债能力。重大筹资方案，应当按照规定的权限和程序实行集体决策或者联签制度。筹资方案由资产管理部门会同相关部门制定，报总经理审核，经董事会或者股东大会批准，履行相应的报批程序。

②企业通过银行借款方式筹资的，应当与有关金融机构进行洽谈，明确借款规模、利率、期限、担保、还款安排、相关的权利义务和违约责任等内容。双方达成一致意见后签署借款合同，据此办理相关借款业务。

③企业通过发行股票方式筹资的，应当依照《证券法》等有关法律法规和证券监管部门的规定，优化企业组织架构，进行业务整合，并选择具备相应资质的中介机构协助企业做好相关工作，确保符合股票发行条件和要求。

④企业通过其他方式筹资，对筹资方案进行充分论证，确保符合国家法律法规，聘请律师事务所出具法律意见书，防范非法集资法律风险。

⑤企业筹资过程中提供的企业资料应当确保真实完整，资产管理部门会同相关部门审核资料的真实性，坚持独立性原则，不得以出借方特别要求为由，提供虚假资料。同时，应当严格按照筹资方案确定的用途使用资金，资产管理部门应当进行动态管理。

（6）对外担保

①企业应当依法制定和完善担保业务政策及相关管理制度，明确担保的对象、范围、方式、条件、程序、担保限额和禁止担保等事项，规定调查评估、审核批准、担保执行等环节的工作流程，按照政策、制度、流程办理担保业务，定期检查担保政策的执行情况及效果，切实防范担保业务风险。

②企业对外担保由资产管理部门组织建立风险评估小组，小组成员包括资产管理评估员、财务人员、法务人员，对被担保对象开展尽职调查，必要时应当聘请专业律师参与。评估小组尽职调查后，形成担保业务风险评估报告，搜集相关证明材料，报总经理审核后，报董事会或者股东大会审议批准。

③企业在对担保申请人进行资信调查和风险评估时，应当重点关注以下事项：担保业务是否符合国家法律法规和本企业担保政策等相关要求；担保申请人的资信状况，如基本情况、资产质量、经营情况、偿债能力、盈利水平、信用程度、行业前景等；担保申请人用于担保和第三方担保的资产状况及其权利归属。企业要求担保申请人提供反担保的，还应当对与反担保有关的资产状况进行评估。

④企业对担保申请人出现以下情形之一的，不得提供担保：担保项目不符合国家法律法规和本企业担保政策的；已进入重组、托管、兼并或破产清算程序的；财务状况恶化、资不抵债、管理混乱、经营风险较大的；与其他企业存在较大经济纠纷，面临法律诉讼且可能承担较大赔偿责任的；与本企业已经发生过担保纠纷且仍未妥善解决的。

⑤企业对外担保必须经董事会或者股东大会决议，董事会或者股东大会可以在一定范围内授权有关部门和人员审批担保，但应当及时向董事会成员或者股东反馈。经办人员应当在职责范围内，按照审批人员的批准意见办理担保业务。对于审批人超越权限审批的担保业务，经办人员应当拒绝办理。

⑥企业应当采取合法有效的措施加强对子公司或者分公司担保业务的统一监控，为了有效把控风险，原则上不得授权下属公司对外担保。

⑦企业应当根据审核批准的担保业务订立担保合同。担保合同应明确被担保人的权利、义务、违约责任等相关内容，并要求被担保人定期提供财务报告与有关资料，及时通报担保事项的实施情况。

⑧企业财会部门应当及时收集、分析被担保人担保期经审计的财务报告等相关资料，持续关注被担保人的财务状况、经营成果、现金流量以及

担保合同的履行情况，积极配合担资产管理部门防范担保业务风险。企业应当加强对反担保财产的管理，妥善保管被担保人用于反担保的权利凭证，定期核实财产的存续状况和价值，发现问题及时处理，确保反担保财产安全、完整。

6. 生产管理内控指引

生产部门由各生产车间、生产管理部、设备管理部、技术管理部、质量管理部等组成，企业应当根据自身情况设置相应的部门并且明确岗位职责，保证生产有关的业务活动均按照适当的授权进行，促使企业的生产活动协调、有序、高效运行。企业生产计划以及物料，由企业根据实际情况制定相应的规范操作流程，也可委托律师事务所进行完整设计。下文从产品质量、安全生产、环境保护三个方面对生产环节的内控管理流程进行介绍，供企业结合实际制定管控流程时参考。

（1）产品质量

①企业车间主任根据工艺、设备、质量控制等方面的要求，结合各工作岗位的工作强度和难度以及车间工人的技术水平，合理确定工作岗位和人员。选择技术熟练、熟悉本车间工艺的人员担任车间工艺管理员，全面负责本车间生产工艺控制。

②车间主任或者班组长在生产、盘点过程中或通过其他途径发现存在品质问题的物料，应当现场检查确定物料的品种、数量，填写退料申请单，并且向采购部门反馈。

③各岗位工人按照生产指令、班组长要求及生产流程工艺所规定的操作规范进行生产，并做好记录。当存在冲突时，各岗位工人应当及时向班组长或者车间主任反映，待统一规范后再进行操作。

④质量管理部门在各生产线关键环节抽样检验，如发现质检不合格及时通知车间主任，车间主任根据质量管理部检验不合格通知，考虑其性质和严重程度，决定返工、停工检查或作废品处理，并书面上报生产管理部部长。如作为废品处理，应专门填写废品报告单，报生产管理部部长，后者审阅后传生产统计存档。

⑤产成品或者半成品完成后，车间主任或者生产统计部门应当填报产品检验申请单，标明产品品种和数量，连同生产记录一起提交给质量管理部。质量管理部应当严格按照检验规范对产品进行抽取样本检验，并出具检验报告书。如检验合格，生产统计部门将产成品从待验区转入合格品区；检验不合格，将产成品从待验区转入不合格品区。

（2）安全生产

①企业应当提升安全生产意识，注重安全生产的宣传与实施，专门建立安全管理部门，制定安全生产管理制度，贯彻"生产服从安全"的方针，确保实现安全生产。

②企业成立安全生产管理领导小组，对企业安全生产全面管理和负责，各部门负责人在管理生产的同时负责管理安全工作，各部门内选配安全员共同担负起安全生产责任，对生产区域的安全负责。

③各级主管要经常进行劳动安全教育，按照安全教育培训制度进行安全教育培训。传达国家有关安全生产政策、企业领导安全生产指令、岗位安全生产要求和注意点，提高员工对安全生产的认识和执行安全生产管理规定的自觉性。新进员工必须接受安全生产知识培训，经考察合格后才能上岗。特殊工种必须经过专门培训，并取得特种作业资格才能上岗。

④安全生产管理部门应当坚持定期或者不定期的安全生产检查制度，根据企业制定的安全生产管理制度，各级主管应巡视各工作岗位，提醒安全注意事项，根据生产实际情况不定期对生产机械设备进行安全检查，并做好安全检查记录，要有专门的安全检查记录表。

⑤安全管理部门对发现的不安全隐患以及违章操作的情况，应当及时制止，并及时采取防范措施进行整改，重大生产安全事故应当启动应急预案，同时按照国家有关规定及时报告，严禁迟报、谎报和瞒报。具体操作可以专门制定安全检查报告和整改管理制度。各岗位的操作规范以及安全防范要求，企业应当专门建立制度予以公示，并进行培训宣传。

（3）环境保护

①企业应当按照国家有关环境保护与资源节约的规定，结合本企业实

际情况，建立环境保护与资源节约制度，认真落实节能减排责任，积极开发和使用节能产品，发展循环经济，降低污染物排放，提高资源综合利用效率。

②企业应当重视生态保护，加大对环保工作的人力、物力、财力的投入和技术支持，不断改进工艺流程，降低能耗和污染物排放水平，实现清洁生产。

③企业应当加强对废气、废水、废渣的综合治理，建立废料回收和循环利用制度。

④企业总经理是企业环保工作第一责任人，对企业的环保工作总负责，建立环境保护管理部门，负责具体实施企业生产过程中的环境保护工作。建立严格的环保管理制度，要求员工严格执行本岗位"三废"处置规定，不得随意丢弃或者私自处置。

⑤企业环保管理部门应当会同生产部门拟订"三废"处置制度，战略管理部门应当牵头组织相关机构对企业的生产工艺对环境造成的影响进行动态评估，编制环境影响报告书，确保企业的生产符合环保政策。

⑥企业环境保护部门应当定期对企业生产环保情况进行巡检，并做好记录，做好环保设施的维护与保养。发生环境污染事故时，必须立即向环境保护主管部门报告，并及时采取有效的应急措施消除环境污染，确保环境安全。

⑦企业应当通过宣传教育等有效形式，不断提高员工的环境保护和资源节约意识。

7. 供应管理内控指引

（1）企业的采购业务应当集中，避免多头采购或分散采购，以提高采购业务效率，降低采购成本，堵塞管理漏洞。企业应当对办理采购业务的人员定期进行岗位轮换。重要和技术性较强的采购业务，应当组织相关专家进行论证，实行集体决策和审批。

（2）企业应当建立采购申请制度，使用部门、仓储部门及其他相关部门根据企业采购预算、实际经营需要等提出采购申请，经部门负责人签字后，及时向采购部门提出采购申请。企业依据购买物资或接受劳务的类型，确定归口管理部门，授予相应的请购权，明确相关部门或人员的职责权限及相应的请购和审批程序。企业可以根据实际需要设置专门的请购部门，对需求部门提出的采购需求进行审核，并进行归类汇总，统筹安排企业的采购计划。

（3）企业可以设置分管副总经理、采购部经理、采购员、物流仓储部、招标部等主要供应链相关岗位，质检部、生产部、财务部予以协调配合。比如，分管副总经理主要负责审批采购部门各项规章制度（采购申请审批制度和审批流程、采购预算管理制度、采购验收管理制度、供应商选择制度与流程、购货合同签订流程、退货管理流程）、采购计划、合格供应商名单等重要事项；采购部经理负责制定各项规章制度和工作流程、审批及签订购货合同、组织进行合格供应商的选择和评审、审批请购单等事项；采购员负责市场询价、起草购货合同、提交请购、实施采购事宜等工作；质量管理部负责检验样品质量、所购物资质量等检验工作；招标部主要负责供应商选择、制定招标流程、供应商档案管理等；物流仓储部负责外购物资等出入库验收、外购物资的标识保管、货物运输管理等。财务部门对供应管理部门的相关事务予以配合。

（4）企业应当根据市场情况和采购计划合理选择采购方式。大宗采购应当采用招标方式，合理确定招投标的范围、标准、实施程序和评标规则；一般物资或劳务等的采购可以采用询价或定向采购的方式并签订合同协议；小额零星物资或劳务等的采购可以采用直接购买等方式。

（5）企业应当根据确定的供应商、采购方式、采购价格等情况拟订采购合同，准确描述合同条款，明确双方权利、义务和违约责任，按照规定权限签订采购合同。企业应当根据生产建设进度和采购物资特性，选择合理的运输工具和运输方式，办理运输、投保等事宜。

（6）企业应当建立严格的采购验收制度，确定检验方式，由专门的验收机构或验收人员对采购项目的品种、规格、数量、质量等相关内容进行验收，出具验收证明。涉及大宗和新特物资采购的，还应进行专业测试。

验收过程中发现异常情况，负责验收的机构或人员应当立即向企业有权管理的相关机构报告，相关机构应当查明原因并及时处理。

（7）企业应当加强物资采购供应过程的管理，依据采购合同中确定的主要条款跟踪合同履行情况，对有可能影响生产或工程进度的异常情况，应出具书面报告并及时提出解决方案。企业应当做好采购业务各环节的记录，实行全过程的采购登记制度或信息化管理，确保采购过程的可追溯性。

（8）企业应当加强采购付款的管理，完善付款流程，明确付款审核人的责任和权力，严格审核采购预算、合同、相关单据凭证、审批程序等相关内容，审核无误后按照合同规定及时办理付款。

8. 营销管理内控指引

（1）企业应当结合实际情况，全面梳理销售业务流程，完善销售业务相关管理制度，确定适当的销售政策和策略，明确销售、发货、收款等环节的职责和审批权限，按照规定的权限和程序办理销售业务，定期检查、分析销售过程中的薄弱环节，采取有效控制措施，确保实现销售目标。

（2）营销管理可能遇到的风险源包括销售行为违反国家法律法规，可能遭受外部处罚，导致经济损失（比如虚假宣传、商标侵权、不正当竞争等）；销售未经适当审批程序，可能造成重大差错、舞弊事件等；合同协议签订未经审议或者授权审批，可能造成法律诉讼风险；应收账款管理不善，可能造成无法收回应收账款等。

（3）企业在营销管理环节应当制定相应的规章制度防范营销风险，包括但不限于销售管理岗位控制流程（明确销售管理控制岗位和主要职责、不相容岗位）、销售授权审批制度、销售业务控制流程、销售合同控制流程、销售发货控制流程、客户信用管理制度、应收账款催收控制流程、定价机制、销售产品市场调查制度、品牌营销管理制度等规章制度。

（4）企业可以设置分管营销副总经理、营销总监、销售经理、销售业务员、应收账款主管、运输主管、合同档案管理员、品牌营销管理部、市场调查部等岗位和部门。具体岗位职责和权限可以设置为：副总经理负责审批企业销售规章制度、审批销售价格政策、审批销售格式合同、审批重大销售合同、审批销售计划等；营销总监负责具体销售部门管理、分解执行销售计划、负责营销谈判、负责组织市场调查、负责审核品牌营销方案等；销售经理主要负责执行销售计划、管理销售小组人员、负责销售合同谈判与签订、参与审核销售价格政策等；销售员负责收集客户信用资料和调查、办理客户订单、设置销售台账、开具发货通知单、催收销售货款等；应收账款管理部门负责监督和执行向客户催收应收账款、应收账款账龄分析、应收账款原因分析和评估等；运输主管主要负责办理货运发运手续、组织运送货物等。

（5）企业在销售合同订立前，应当与客户进行业务洽谈、磋商或谈判，关注客户信用状况、销售定价、结算方式等相关内容。重大的销售业务谈判应当吸收财会、法律等专业人员参加，并形成完整的书面记录。销售合同应当明确双方的权利和义务，审批人员应当对销售合同草案进行严格审核。重要的销售合同，应当征询法律顾问或专家的意见。

（6）企业销售部门应当按照经批准的销售合同开具相关销售通知。发货和仓储部门应当对销售通知进行审核，严格按照所列项目组织发货，确保货物的安全发运。企业应当加强销售退回管理，分析销售退回原因，及时妥善处理。企业应当严格按照发票管理规定开具销售发票。严禁开具虚假发票。

（7）企业在宣传产品过程中，应当熟悉《广告法》等相关法律法规，品牌营销管理部门建立相关法律制度汇编，重点罗列出禁止性条款。委托第三方发布广告应当签订相关合同，明确要求第三方不得违反相关法律法规的规定制定营销方案。

（8）企业在销售过程中应当注重对产品销售定价以及同类产品的市场调查，有市场调查管理部门形成市场调查评估报告，根据产品市场价格结合企业自身情况合理定价，同时注意同类产品是否有专利保护、企业产品有无侵犯知识产权。

9. 合同管理内控指引

（1）企业在日常经营活动中，在与外部单位、组织等发生业务往来时，为保证双方的权益，应在平等互利的基础上，依法签订合同，约定双方的权利、义务等。在合同的设立、履行、变更、终止的过程中，企业应加强管理，做好内部控制工作。

（2）企业应当加强合同管理，确定合同归口管理部门，明确合同拟定、审批、执行等环节的程序和要求，定期检查和评价合同管理中的薄弱环节，采取相应控制措施，促进合同有效履行，切实维护企业的合法权益。

（3）合同文本一般由业务承办部门起草、法律部门审核。重大合同或法律关系复杂的特殊合同应当由法律部门参与起草。国家或行业有合同式文本的，可以优先选用，但对涉及权利义务关系的条款应当进行认真审查，并根据实际情况进行适当修改。合同文本须报经国家有关主管部门审查或备案的，应当履行相应程序。

（4）企业应当对合同文本进行严格审核，重点关注合同的主体、内容和形式是否合法，合同内容是否符合企业的经济利益，对方当事人是否具有履约能力，合同权利和义务、违约责任和争议解决条款是否明确等。企业对影响重大或法律关系复杂的合同文本，应当组织相关部门进行审核。相关部门提出不同意见的，应当认真分析研究，慎重对待，并准确无误地加以记录；必要时应对合同条款作出修改。

（5）企业法务部门负责合同管理与审核，主要是审核企业合同管理制度；审核企业格式合同；审核各部门合同文本；参与重大合同的谈判；审核企业合同台账；审核有关合同纠纷的法律诉讼文件。企业对影响重大或法律关系复杂的合同文本，应当组织相关部门进行审核。相关部门提出不同意见的，应当认真分析研究，慎重对待，并准确无误地加以记录。必要时，应当聘请律师事务所监督、指导企业各部门起草及修订合同文本，或者对重大合同进行审核。

（6）企业对于影响重大、涉及较高专业技术或法律关系复杂的合同，应当组织法律、技术、财会等专业人员参与谈判，必要时可聘请外部专家参与相关工作。谈判过程中的重要事项和参与谈判人员的主要意见，应当予以记录并妥善保存。

（7）企业应当按照规定的权限和程序与对方当事人签署合同。正式对外订立的合同，应当由企业法定代表人或由其授权的代理人签名或加盖有关印章。授权签署合同的，应当签署授权委托书。

（8）企业应当建立合同专用章保管制度。合同经编号、审批及企业法定代表人或由其授权的代理人签署后，方可加盖合同专用章。

（9）企业应当建立合同履行报告制度，各部门订立的合同履行情况应当及时向法务部门报告。法务部门应当加强合同登记管理，充分利用信息化手段，定期对合同进行统计、分类和归档，详细登记合同的订立、履行和变更等情况，定期向业务部门询问了解合同履行情况，发现问题应当按照法律程序及时解决。

（10）企业应当加强合同纠纷管理，在履行合同过程中发生纠纷的，应当依据国家相关法律法规，在规定时效与对方当事人协商并按规定权限和程序及时报告。合同纠纷经协商一致的，双方应当签订书面协议。合同纠纷经协商无法解决的，应当根据合同约定选择仲裁或诉讼方式解决。

10. 信息沟通内控指引

（1）企业应当加强内部报告管理，全面梳理内部信息传递过程中的薄弱环节，建立科学的内部信息传递机制，明确内部信息传递的内容、要求及密级分类、传递方式、传递范围以及各管理层级的职责权限等，促进内部报告的有效利用，充分发挥内部报告的作用。

（2）企业应当制定严密的内部报告流程，充分利用信息技术，强化内部报告信息集成和共享，将内部报告纳入企业统一信息平台，建设科学的内部报告网络体系。企业内部各管理层级均应当指定专人负责内部报告工作，重要信息应及时上报，并可以直接报告高级管理人员。

（3）企业可以设置信息部总监、信息系统测试与维护专员、信息监管与分析专员等岗位，主要负责建立企业内部信息沟通机制、开发维护信息系统、信息数据分析等。

（4）企业应当制定严格的内部报告制度，明确内容、措施、密级程度和传递范围，防止泄露商业秘密。企业对于内部报告反映出的问题应当及时解决；涉及突出问题和重大风险的，应当启动应急预案。

（5）企业应通过设立员工信箱、投诉热线等方式，鼓励员工及企业利益相关方举报和投诉企业内部违规、舞弊和其他有损企业形象的行为。

（二）内控监督制度建设指引

1. 内部控制监督的概念与作用

2002年《证券投资基金管理公司内部控制指导意见》对内部控制的定义是：公司为防范和化解风险，保证经营运作符合公司的发展规划，在充分考虑内外部环境的基础上，通过建立组织机制、运用管理方法、实施操作程序与控制措施而形成的系统。公司内部控制制度由内部控制大纲、基本管理制度、部门业务规章等部分组成。这个定义符合内部控制的本质。企业各部门管理制度组成的商业行为准则已经确立了内部控制的目标和方向，而这里讨论的内部控制实际上是通过建立组织机制、运用管理方法、实施操作程序与控制措施保证企业经营管理符合商业行为准则。而内部控制监督就是合规管理部门对内部控制实施监督的过程，通过对企业经营管理行为的及时监督，确保符合商业行为准则，化解和防范风险。

2. 实施主体

企业应当赋予企业合规管理部门对内部控制进行独立监督的权限，该部门是内部控制监督管理和实施部门。合规管理部门对企业每个部门和机构可以启动内部控制监督程序，每个部门的合规专员负责对本部门的内部控制进行监督。除此之外，企业内部具有监督职责部门也应当对被监督对象的内部控制进行监督，上级管理部门对下级部门内部控制进行监督，实现全方位的内部控制监督制度。

3. 介入时间

内部控制监督坚持事前、事中、事后监督相统一原则，对企业经营管理全过程进行监督。事前监督是对将要发生的经营管理活动进行监督，在作出具体行为之前对行为的合法性和可行性实施监督，比如监督疫情期间购置口罩设备生产线战略计划的可行性；事中监督是对正在发生的经营管理活动进行监督，事中及时发现问题、纠正偏差，比如监督疫情期间口罩销售哄抬物价的行为；事后监督是对已经发生的经营管理活动进行监督，为了总结经验教训，对经营管理行为的正确性和有效性进行监督，比如疫情期间口罩生产线产能过剩的事后监督。

4. 监督流程

企业内部控制监督进行定期和不定期监督检查，涉及重要经营管理事项应当即时监督。合规管理部门制定内部控制监督实施方案，包括组建监督工作组、制定监督计划等；监督小组根据监督计划采取文件审核、询问调查等方式开展内部控制监督工作；各部门负责组织相关人员向监督小组提供操作流程、书面报告等材料，接受监督审查；监督小组主要审查内部控制制度是否实施、内部控制制度及其实施过程中出现的风险及其处理等内容，根据审查结果形成内部控制监督报告，提供给合规管理部门。具有监督管理职责的部门及其上下级监督根据组织结构职能和岗位职责进行流程管控监督。

5. 监督有效性保障

为了保证内部控制监督的有效性和独立性，防止合规管理部门怠于履行监督职责或者流于形式，企业一方面应当将内部控制监督纳入合规管理部门绩效考评体系，另一方面也应当根据实际情况适时聘请律师事务所进行内部控制监督。

（三）内部控制评价制度建设指引

1. 内部控制评价的概念及作用

内部控制评价是指合规管理部门对企业合规管理制度是否被认真执行以及实施效果进行全面审查和评审，并形成评价结论，出具评价报告的过程。内部控制评价是检验企业合规管理制度有效性的必经程序，一个制度体系的完整性、合法性、合理性、有效性应当经过评价体系进行全面评估，有利于及时发现制度缺陷进行改进完善。

2. 内部控制评价方法

企业应通过多种评价方法充分收集企业内部控制设计和运行是否有效的证据，按照评价的具体内容，如实填写评价工作底稿，研究分析内部控制缺陷，为完善合规管理体系提供事实依据。

（1）个别访谈法

个别访谈主要是指通过一对一谈话的方式，从企业高级管理层和关键岗位获取信息，了解企业管理层如何对企业进行内部控制。访谈对象包括：企业高层管理人员董事长、董事、监事、总经理等；企业中层管理干部财务部、生产部等部门负责人及主管；关键岗位的重要人员等。个别访谈由评价小组两名成员按照标准的访谈问题进行，也可以在此基础之上补充访谈其他与此相关的问题，访谈人员做好访谈笔录。

（2）调查问卷法

评价小组从管理层获取信息后进行归集处理，总结出需要澄清的问题或者需要进一步了解的问题。上述问题设计在调查问卷中，企业根据实际情况在全部员工或者有针对性的部分员工中进行问卷调查。此轮问卷调查的对象不仅面向普通员工，也可面向管理层，根据问卷调查的结果，也可以进行个别访谈。

（3）专题研讨会法

通过个别访谈和调查问卷，评价小组可以基础性地掌握企业内部控制是否被有效执行，评价工作小组应当召开会议对调查结果展开讨论。讨论内容，一是寻找调查中出现的问题，二是确认需要进一步评价的重要领域和岗位，就下一步评价工作制定方案，并征求意见和建议。另外，专题研讨会应到贯穿于管理评审的全过程，对于专门性的问题评价小组应当组织评价小组成员、管理人员，甚至外部机构专业人员进行讨论研究。

（4）穿行测试法

穿行测试是指评价小组根据制度规定的业务流程，选取几项经营或者管理活动，采用询问、观察、检查等方式了解活动过程如何生成、记录、处理和报告，确认制度是否得到执行，以及执行的效果，判断执行过程与制度规定是否一样。这种评价方式较为客观，也需要评价人员具有一定专业知识。

（5）实地查验法

实地查验时以结果为导向，综合采用访谈、穿行测试等方法，通过搜集资料、拟订查验提纲、实地调查等，全面审核评价异常问题，并取得充分证据。比如，通过发票和银行流水对采购和销售数据进行核实；通过与未进入采购目录名单的供应商沟通了解采购程序等。

（6）抽样分析法

抽样分析法主要用于未发现异常的领域，为了验证访谈方式评价结果的可靠性，采取抽样评价方法，对未发现的问题进行过程筛选。

（7）比较分析法

任何事物都是既有共性，又有个性的，只有通过对比，才能分辨出事物的性质、变化、发展、与别的事物的异同等个性特征，从而更深刻地认识事物的本质和规律。内部控制评价采用的比较分析法，可以通过以下几个方面比较：①目标合理性的横向比较。企业以合规目标为基础制定的内控制度是否合理，应当与市场上同行业同规模同阶段的企业进行横向比较。②内控制度执行程度不同部门之间的横向比较。企业应当注意各部门执行内控制度有效性的差别，通过差异点分析原因，比如是管理层不到位、信息沟通不顺畅，还是部门员工的意识问题。③企业应当根据不同评价周期各部门执行内控制度不同程度的纵向比较，分析内控制度执行是否得以改善。

（8）公开披露征求意见

评价小组汇总评价结果形成初步意见之后，通过公开披露的方式广泛征求各方意见。具有不同意见或者其他新观点的人员可以通过反馈信、面谈等方式向评价小组提出建议，比较有利于全方位、深层次、多角度地发现问题。

3. 内部控制评价程序

内部控制评价程序一般包括制定评价工作方案、组成评价工作组、内部控制评价方法实施、认定内部控制缺陷、汇总评价结果、编报评价报告等环节。合规管理部门拟定评价工作方案报经董事会审批，确保内部控制评价工作的权威性。合规管理部门负责内部控制评价的具体实施工作，根据经批准的评价方案，组成内部控制评价工作组。评价工作组对被评价部门和机构进行现场测试，综合运用各种评价方法，充分收集被评价对象内部控制设计和运行是否有效的证据，按照评价的具体内容，如实填写评价工作底稿。根据测试获取的证据，对内部控制缺陷进行初步认定，编制内部控制缺陷认定汇总表，对内部控制缺陷及其成因、表现形式和影响程度进行综合分析和全面复核，提出认定意见。合规管理部门根据评价结果，结合内部控制评价工作底稿和内部控制缺陷汇总表等资料，及时编制内部控制评价报告，报经董事会批准后在企业内部公示或者对外披露。

4. 内部控制评价内容

企业经营管理中涉及多个控制环节，可以说每一个行为都应当设置控制目标和流程，评判内部控制是否有效，评价小组需要考虑到每个控制环境因素。企业可能涉及的控制环节包括但不限于以下几个方面：发展战略、组织结构、人力资源、企业文化、信息与沟通、控制活动、风险评估、监督程序，等等。评价指标在各控制环节并不一致，根据不同控制要求设定评价指标，但每个控制环节具有共性评价指标，比如制度的恰当性、传递的有效性、员工的理解程度、执行程度与效果，等等。

5. 内部控制评价报告

内部控制评价报告至少应当披露下列内容：（1）董事会对内部控制报告真实性的声明；（2）内部控制评价工作的总体情况；（3）内部控制评价的依据；（4）内部控制评价的范围；（5）内部控制评价的程序和方法；（6）内部控制缺陷及其认定情况；（7）内部控制缺陷的整改情况及重大缺陷拟采取的整改措施；（8）内部控制有效性的结论。

五、合规应对体系建设指引

(一) 合规管理体系完善及持续改进制度建设指引

1. 合规管理体系完善及持续改进的概念与作用

任何设计良好的制度都无法彻底杜绝违规行为的发生，也无法永久适用，企业应当通过发现机制认识到以上不足，不断对制度进行完善和持续改进。合规管理体系的完善侧重于解决制度设计的缺陷，制度在实施过程中未能阻止违法行为发生，从而根据违法行为产生的原因和性质进行完善体系的过程。持续改进侧重于解决企业内部外部环境变化造成原有体系与企业经营和管理环境已经不相适应，因而根据新的监管要求进行改造升级的过程。

2. 合规管理体系完善与持续改进的组织实施

完善与持续改进制度应当与其他合规管理制度进行有效衔接，通过内控监督管理制度、内控评价制度等发现机制暴露出的制度缺陷，应当及时进入完善与改进流程。企业应采取相应措施保证各部门了解制度完善与持续改进的必要性，业务部门或者合规管理部门发现制度缺陷后，应当提出修订意见，合规管理部门负责调查初审，并提出调查分析结果，提交董事会或者合规管理委员会审批后落实。具体的流程细则和调查程序通过建立合规管理体系完善与持续改进制度予以明确。

(二) 违规调查制度建设指引

1. 违规调查的概念与作用

违规调查是企业运营过程中发现内部人员存在违规行为而启动的调查程序，目的是通过搜集违规行为的证据，以确认违规行为是否真实发生、发生的原因以及产生的危害后果。违规调查的作用在于以往企业管理制度中往往仅有"违法行为＋处罚"的惩罚机制，而企业合规管理中的违规调查事项延伸至深究违规产生的原因，包括分析制度的适当性，违规调查范围扩大至具有风险防范性质的对特定岗位、特定人员的定期调查，违规调查结果是各项管理制度完善依据之一。违规调查包括主动调查和配合调查。主动调查是企业日常管理事项，合规管理部门根据掌握的违规行为线索展开调查或者是具有风险预防性质的定期调查；配合调查是企业面临被追究法律责任由监管部门介入调查，企业予以配合。

2. 违规调查的程序

为了规范企业在调查程序中主动调查和配合调查的行为，防止在调查程序中出现违规违法问题，保证调查程序的顺利进行和调查结果的真实性、有效性，企业应当建立一套规范的违规调查程序。主动违规调查程序一般包括违规调查立项、组建调查小组、制定调查方案、实施调查方案、调查分析、编报调查报告。配合违规调查程序一般包括调查事项分析、确定协助调查以及被调查人员名单、制定配合调查方案、实施配合调查方案、调查结果汇报。

3. 违规调查的保障机制

企业应当授予合规管理部门独立调查的权限，明确权限范围。明确各部门配合调查义务，规定在调查程序中具体的禁止行为。为了违规调查工作开展顺利，可采取奖惩措施，比如对提供关键证据者予以奖励，对隐匿证据拒不配合者予以惩罚。另外，还可以根据需要采取保密措施。

（三）违规问责制度建设指引

违规问责制度是对责任对象由于故意或者过失不履行、不正确履行合规义务，以致造成合同纠纷、安全事故、质量缺陷等经济责任、行政责任、刑事责任，企业权益受到损害或者在社会上造成不良后果，进行责任追究。

1. 明确问责对象

企业全部成员都有合规义务，因而问责对象应当包含所有人员，违规问责制度应当对问责对象予以明确。

2. 明确责任主体

从岗位设置上说企业一般是多级管理结构，比如在营销管理领域，岗位层级包括分管领导、营销总监、市场部或者品牌管理部负责人、营销主管或者宣传主管、营销人员。如果违规行为发生在其中一个或者多个岗位上，责任由谁承担，责任比例如何分摊，应当在违规问责制度中予以明确。

3. 界定责任标准

企业各部门人员包括管理者、决策者不履行或者不正确履行合规义务，应当承担相应责任。在各领域管理制度中虽然设置了奖惩条款，但未形成系统的违规责任界定规范，因而应当从合规义务的角度界定责任标准。

4. 设置责任种类

违规责任种类简单来说就是处罚种类，不同责任对应不同程度的处罚。根据危害程度和具体情况，问责方式可以采取书面检查、警告、降级、辞退等。

5. 授权问责部门

企业应当明确履行问责职能的部门，一般由合规管理部门履行问责职能，监事会履行监督职责，董事会履行管理职责。

6. 确定问责程序

企业发现违规线索，违规调查程序结束后，应当对违规人员立即启动违规问责程序。问责启动程序由合规管理部门提出并经董事会或者董事长审批，董事会也可授权合规管理部门直接决定启动违规问责程序。启动问责程序后，调查人员应当撰写事实材料并拟定处罚意见，听取问责对象陈述意见，合规管理部门对拟定问责意见集体讨论并形成最终问责决定。

本节小结

本节提供了合规管理体系中五个子体系的建设指引，各体系相辅相成，且较为完整和实用。本节内容主要起到指引作用，旨在为企业构建合规管理体系建设提供方向，由于企业经营特点不同，部分内容可能不完全适用某个具体企业，企业应当结合实际构建相应的合规管理体系。

第四章 企业合规风险控制

概　要

　　商业行为准则是企业合规管理体系的组成部分，企业在日常经营管理过程中应当遵守的各项管理制度集合而成商业行为准则。为了方便理解，本章将商业行为准则称为企业合规分项制度，包括战略管理、劳动人事、财税管理、资产管理、产品运营、供应管理、营销管理合规制度。由于行政管理制度在上述制度中已有涉及，比如审批流程、印章管理等，因此本章不再单独赘述，企业也可以根据实际情况另行制定。

第一节　战略管理合规风险

一、战略管理合规概述

　　战略管理是指企业为了增强核心竞争力和可持续发展能力，依据战略目标，在对企业经营现状和未来发展趋势进行综合分析和科学预测的基础上，制定战略规划，并将战略规划付诸实施和评估控制的动态管理过程。战略合规建设是企业合规建设中不可或缺的一部分，是企业经营发展的指挥棒，战略管理不合规将导致整个企业合规体系的崩塌。

　　企业战略事关企业的前途和命运，受内外部环境因素变化的制约，企业战略从制定到实施都面临诸多风险，故战略管理的全过程必须在合规制度（在合规体系下制定的具体制度）的指引下进行。建立有效的合规制度，用以保证企业战略符合国家法律和政策、保证企业战略制定科学合理、保证企业战略目标得以实现。

二、战略管理组织架构和职能

依据财政部 2010 年颁发的《企业内部控制应用指引》，企业应当在董事会下设立战略委员会（或指定相关机构）负责战略管理工作，战略委员会成员应当具有较强的综合素质和实践经验，其任职资格和选任程序应当符合有关法律法规和企业章程的规定。

合规制度下的战略管理组织结构及其职能如下：董事会提出企业战略目标，并对企业战略规划的制定和调整进行审批。董事会需要重点关注战略的全局性、长期性和可行性。战略委员会组织统筹企业战略规划的编制工作，监督控制各职能部门对企业战略规划的执行情况，必要时进行战略规划的调整。战略管理办公室负责前期调研，拟订职能战略规划方案，管理企业战略规划的执行，在必要时候提出企业战略规划调整建议。合规专员执行战略管理部门合规事务，持续关注法律法规变化，组织开展战略合规风险识别，参与企业重大决策并提出合规意见。

三、战略管理的流程和方法

战略管理以流程控制其合规。建议企业从战略制定、战略实施、战略控制对战略管理全过程进行流程控制。当然，企业也可视自身情况进行调整。

（一）战略制定的流程和关键要素

结合内外部环境制定企业战略规划，确保设计出来的战略规划目标明确且具有可执行性，战略制定分为以下步骤：

1. 董事会提出企业战略目标。董事会在充分调查研究、科学分析预测和广泛征求意见的基础上制定战略目标。战略目标要综合考虑宏观经济政策、国内外市场需求变化、技术发展趋势、行业及竞争对手状况、可利用资源和自身优劣势等影响因素。

2. 战略委员会起草战略规划编制工作方案。战略委员会根据董事会提出的发展目标，起草战略规划编制工作方案并下发至各职能部门。《战略规划编制工作方案》需要列明编制规划的步骤，并对职能部门需要承担的具体职责内容，以及各项工作完成的时间和质量要求作出明确部署安排。

3. 各职能部门根据战略委员会的要求搜集资料，拟订各职能部门的战略规划方案，并反馈给战略管理办公室。

4. 战略管理办公室对各职能部门提供的信息和数据进行汇总，开展企业内外部环境分析。

（1）外部环境分析，解决的是企业的发展方向问题，包括外部宏观环境分析和行业竞争环境分析。

①外部宏观环境分析多采用 PEST 分析模型。PEST 分析模型从政治（Politics）、经济（Economic）、社会（Society）、技术（Technology）四个方面来分析企业的外部宏观环境，帮助企业识别机遇和风险。

政治因素包括一个国家或地区的政治制度、经济体制、法律法规、投资政策等。政治因素不但影响企业战略规划的制定，还直接关系到企业战略是否能够顺利执行。比如，2017 年某共享单车企业在中国成功布局后就想当然地进驻美国旧金山共享单车市场，却在几个月后黯然离场，究其原因就是当地重视"公共路权"，企业在做战略规划时没有考虑当地的法律规定。进入旧金山市场后，遭到多方投诉，指其扰乱城市秩序、侵占公共面积，要求其遵守有关法律、在道路上安装任何设施必须先获得工商许可。经济因素在宏观上指国民收入、国内生产总值及其变化情况以及通过这些指标能够反映的国民经济发展水平和发展速度，在微观上指企业所在地区或所服务地区的消费者的收入水平、消费偏好、就业程度等。这些因素直接决定着企业目前及未来的市场大小。社会文化因素主要指企业所在环境中的民族特征、文化传统、价值观念、宗教信仰、教育水平以及风俗习惯等。技术因素是指企业业务所涉及国家和地区的技术水平以及上下游配套技术的成熟度、新产品开发能力以及技术发展的动态等。

②行业竞争环境分析通常采用波特五力模型。波特五力模型是美国哈佛商学院著名战略学家迈克尔·波特在 20 世纪 80 年代初提出，他认为行业中存在决定竞争规模和程度的五种力量，即供应商的议价能力、购买者的议价能力、潜在竞争者进入的能力、替代品的替代能力、行业内竞争者现在的竞争能力，这五种力量综合起来影响着产业的吸引力以及现有企业的竞争战略决策。通过波特五力模型可确定企业在行业中的竞争优势和行业可能达到的资本回报率。

波特五力模型虽然为行业竞争结构分析提供了强有力的工具，但也存在局限性，如模型没有考虑到企业的多重角色问题，也不适合分析行业垄断性企业。龙头企业在制定战略规划、实施经营行为时要警惕市场垄断行为。如近期国家市场监督管理总局依法对某控股有限公司作出责令解除网络音乐独家版权等处罚，本案为我国《反垄断法》实施以来，对违法实施经营者集中采取必要措施恢复市场竞争状态的第一起案件。2021 年 1 月，市场监督管理总局根据举报，对某控股有限公司 2016 年 7 月收购中某音乐集团股权涉嫌违法实施经营者集中的行为立案调查。2016 年某控股有限公司和中某音乐集团在相关市场份额分别为 30% 和 40% 左右，某控股有限公司通过与市场主要竞争对手合并，获得较高的市场份额，集中后实体占有的独家曲库资源超过 80%，有能力促使上游版权方与其达成更多独家版权协议，或要求给予其优于竞争对手的交易条件，也有能力通过支付高额预付金等版权付费模式提高市场进入壁垒，对相关市场具有或者可能具有排除、限制竞争效果。根据《反垄断法》第 48 条、《经营者集中审查暂行规定》第 57 条规定，按照发展和规范并重的原则，市场监督管理总局依法作出行政处罚决定，责令某公司及关联公司采取 30 日内解除独家音乐版权、停止高额预付金等版权费用支付方式、无正当理由不得要求上游版权方给予其优于竞争对手的条件等恢复市场竞争状态的措施。某控股有限公司 3 年内每年向市场监督管理总局报告履行义务情况，市场监督管理总局将依法严格监督其执行情况。可以看出，企业长期战略规划合规很重要，在发展初期就应当重视战略规划的监管要求，等投入巨大成本才发现不合规，想要再掉头就很难了。

（2）内部环境分析，解决的是企业资源与战略目标匹配问题。战略委员会着眼于企业内部，通过对企业资源和能力进行分析，确定企业核心竞争力，制定有竞争优势的战略规划。

①企业资源分析。企业资源是企业经营管理过程中的所有投入，分为有形资源和无形资源。有形资源包括财务资源（企业的资产负债状况、现金流状况）、组织资源（组织结构、管理机制、控制系统）、实物资源（企业的设施设备）、人力资源（企业员工数量、素质、知识和能力结构）。无形资源包括技术资源（企业专利、商标、版权）、人脉资源（企业与政府、客户、供应商、行业协会等相关利益团体的关系）、商誉资源（品牌和企业的声誉）。企业资源分析涉及企业内部几乎所有的经营和管理领域，主要从资源的数量和质量、资源的分布、资源的稀缺性、资源获取的难度、资源的可转移性以及资源的不可替代性等几个方面进行分析。战略规划时要实事求是地分析企业资源，既不能妄自菲薄也不能好高骛远。现有资源的重新组合或优化组合是战略规划的要点。在现有资源不能满足战略规划需要时，也可引进资源。

②企业能力分析。企业能力是指企业将众多资源结合运用以完成一项任务或活动的水平，主要由研发能力、生产能力、营销能力、财务能力和组织能力等组成。企业的研发能力主要从研发计划、研发组织、研发过程和研发效果几个方面进行衡量。生产能力主要涉及生产过程、库存管理、人力管理和质量管理等。企业的营销能力可以分解为产品竞争能力、销售活动能力和市场决策能力。企业的财务能力主要涉及筹集资金的能力，使用和管理资金的能力。企业的组织能力主要从职能管理体系的任务分工、岗位责任、集权和分权的情况、组织结构、管理层次和管理范围的匹配等方面进行评判和考量。

③企业核心竞争力。企业之间存在一种异质或差异，正是这些差异使得一部分企业保持着竞争优势。核心竞争力就是指企业战胜竞争对手、提

供竞争优势的资源以及资源的配置与整合方式。核心竞争力有四个基础标准，即是否有价值、是否稀缺、是否无法复制、是否难以替代。

5. 对企业进行了内外环境分析以后，就进入了正式的战略制定，战略制定的核心是基于企业所处的外部环境与企业所具备的能力，找出企业发展的最优解，确保设计出来的战略目标使企业的产品或服务具有市场竞争力。

通常采用 SWOT 分析法制定公司战略规划。SWOT 分析法通过分析企业的优势（Strength）、劣势（Weakness）、机会（Opportunity）和威胁（Threats），并依照矩阵形式排列，帮助企业把资源和行动聚集在自己的强项和有最多机会的地方。SWOT 分析法有利于对企业所处情境进行全面、系统、准确的研究，从而制定与之相应的发展战略，其精华就在于根据四个元素的强弱关系，按照发挥优势因素、克服弱点因素、利用机会因素、化解威胁因素的基本原则选取有针对性的战略。

外部因素	优势（S）	劣势（W）
机会（O）	SO 增长型战略：发挥内部优势、利用外部机会，创建最佳业务状态	WO 扭转型战略：利用外部机会，克服内部劣势，变自身劣势为优势
威胁（T）	ST 多元化经营战略：发挥内部优势，回避外部威胁，推进企业发展	WT 防御型战略：克服内部劣势，回避外部威胁，保存自身实力

SO 增长型战略，如某企业产品在国内具有较高的品牌知名度和完善的销售渠道，国家又新出台了鼓励政策，该企业决定借政策东风，迅速进入市场。

WO 扭转型战略，如某企业短期内设备研发能力不足，面对国内日益强劲的市场需求，该企业寻求一家有研发能力的企业进行战略合作。

ST 多元化经营战略，如某企业资金较为充足且具有新技术研发的能力，该企业唯一的材料供应商提高材料价格，该企业决定利用自己的技术尽可能地减少原材料的使用。

WT 防御型战略，如某企业短期内设备研发能力不足，国外设备制造商竞争对手实力强大，该企业决定与一家国外设备制造商进行战略合作。

为在复杂的商业环境中合理分配不同业务部门的资源投入，企业应当在制定总体战略的基础上，借助波士顿矩阵（BCG 矩阵）来确定投资优先序列，将企业的资源投向最有核心竞争优势的业务单元。

波士顿矩阵认为决定产品结构的基本因素是市场引力与企业实力。反映市场引力最直观的指标是销售增长率，反映企业实力最直观的指标是市场占有率。波士顿矩阵以销售增长率为纵坐标，以市场占有率为横坐标，划分为四个象限，出现四种不同性质的产品类型，形成不同的产品发展前景。

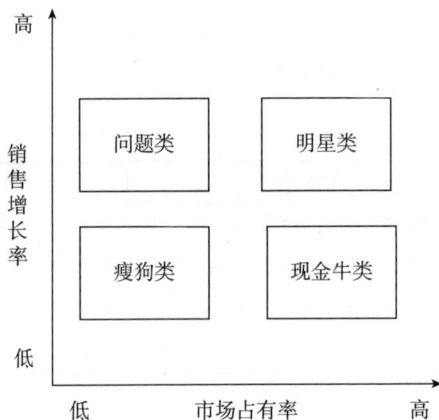

高

销售增长率

问题类　　　明星类

瘦狗类　　　现金牛类

低

低　　市场占有率　　高

明星类：销售增长率和市场占有率双高。该类产品宜采取扩张战略，加大投资，维持其有利的竞争地位。

现金牛类：销售增长率低、市场占有率高。该类产品是成熟市场中的领导者，是企业现金的来源。由于市场已经成熟，企业不必大量投资来扩展市场规模，现金牛类业务适合采用稳定战略。

问题类：销售增长率高、市场占有情况率低。对该业务应采取选择性发展战略，对于经过改进可能会成为明星类产品的进行必要的投资，对于潜力较小的业务则应采取放弃战略。

瘦狗类：销售增长率和市场占有率双低。对该类产品采取收缩战略，如出售、清算等。

【应用案例】某文具店在某社区各类文具的销售增长与市场占有情况统计如下：

产品	市场占有率（%）	销售增长率（%）	本店销售占比（%）
文档管理类	35	10	25
书写用品	30	45	17
办公本簿	10	60	23
修正用品	28	50	15
电脑周边用品	5	8	9
办公耗材类	9	14	11

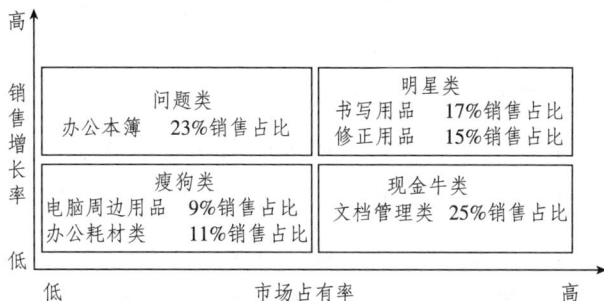

根据波士顿矩阵，书写和修正用品销售增长率和市场占有率双高，属明星类产品，文具店应加大进货；文档管理类商品属于现金牛产品，是文具店最大的营业收入来源，应对其采取保稳的战略；办公本簿销售增长率高、市场占有率低，且在该店的销售占比高，该类产品向明星类产品转化的可能性高，所以应该继续投资并对其保持持续关注。电脑周边产品和办公耗材类是瘦狗类产品，销售增长率和市场占有率双低，在该店的销售占比也低，可以不再进货或者少量进货。

（二）战略实施的流程和关键要素

《财富》杂志的相关研究显示，70%美国企业的失败并非由于战略自身的问题，而是所制定的战略没有得到有效实施。战略规划需要得到有效实施，才能给企业创造价值，否则战略就仅仅是空中楼阁难以实现。战略实施需关注以下几个关键要素：

1. 对战略规划进行任务拆解

将企业战略规划细化成企业战略实施计划和企业年度工作计划，将战略目标分解、落实，并安排好对应责任人与追踪机制，确保战略有效实施。战略委员会将企业的战略规划细化成企业战略实施计划，然后指导各职能部门依据战略实施计划制定各自的年度工作计划和月度工作计划。通过这样的方式把企业的战略规划具体细化到企业的各项日常工作当中，使企业战略可以具体实施。

2. 配置战略落地所需要的资源，培养战略落地所需要的能力

战略实施的过程中，企业需要配置相应的人力、物力、财力、管理、技术、品牌等资源，并对资源进行协调和整合，以充分发挥资源的系统效应。

3. 重视战略实施过程中的沟通事项

企业需要制定战略沟通计划，明确战略实施过程中各环节、各部门、各成员在沟通方面的任务和要求。通过定期召开推进会的方式进行正式的战略实施沟通，记录每次沟通的主题、对象、内容、结果，促进战略实施落地。除此以外，战略管理办公室可成立战略沟通小组，负责日常信息收集，构建规范的日常沟通体系。通过正式沟通计划与日常沟通体系的有效结合，广泛促成有效沟通，促进战略规划顺利执行。

4. 将企业日常管理的绩效考核和奖惩制度与企业的战略实施计划相结合

企业通过内部各层级会议和教育培训等有效方式，将战略规划及其分解落实情况传递到内部各管理层级和全体员工，在日常工作中考核和激励，以此达到对战略实施的保障。奖惩制度是通过正刺激和负刺激的作用，引导和规范员工的行为朝着符合企业需求方向发展。对希望出现的行为，公

司用奖励进行强化，也就是正刺激；对不希望出现的行为，利用处罚措施进行约束，也就是负刺激。二者相辅相成，有效促进企业战略的顺利实施。

5. 建立与战略目标一致的企业文化

企业文化是企业全体员工普遍认可和遵循的具有本企业特色的价值观念、团体意识、行为规范和思维模式的总和。企业文化是影响战略实施的重要因素，它既可能促进战略实施，又可能制约战略实施。

（1）企业文化促进战略实施

良好的企业文化具有导向、凝聚、激励的作用，当企业文化与战略目标相吻合，企业员工的价值观、行为准则与企业的战略目标相适应，企业文化就能促进战略的实施。此种情形下，企业管理者需要巩固和加强企业文化，利用企业文化稳定性和持续性的特征，充分发挥企业文化对企业战略实施的促进作用。

（2）企业文化制约战略实施

若企业文化与战略相抵触，将会制约企业战略实施，成为战略实施的阻力。尤其当企业实施新的战略或企业合并时，企业文化与战略不相容甚至会导致战略失败。此种情形下，需要对企业文化进行全面再造。①企业领导层以身作则，积极通过言行举止传达新的文化。②对现有员工加强教育和培训，使员工充分了解企业文化变革的目标、意义，取得员工的理解和支持，共同努力改变不合时宜的价值观和行为。③招聘员工时，注意识别筛选能够接受企业新文化的人选，通过新鲜力量的引入，为企业文化变革注入活力。④将奖励制度与有助于实现企业战略的行为挂钩，让员工了解如何才能获得奖励，从而引导员工行为模式的转变。

企业领导层一方面要善于描述理想文化愿景，以激励员工认同并自愿参与到企业文化建设中，另一方面要意识到企业文化变革可能遇到的阻力，需要投入更多资源以形成新的企业文化。

福特汽车在1998年提出具有全球化想法、注重顾客需求、持续追求成长，以及深信"领导者是老师"的新企业文化要素。福特汽车通过四个阶段逐步完成了文化改革计划。从福特的案例可以看出企业文化建设不是一蹴而就的事，需要长期持续的投入。

（三）战略控制的流程和关键要素

企业战略从战略规划，到战略实施，最后到战略控制，形成完整的战略管理闭环。战略控制是监督企业战略的实施情况，对战略实施过程中出现的问题进行分析和整理，并对企业战略的推进、调整提出建议。战略控制的流程如下：

1. 制定战略绩效指标

以企业战略目标为基础，结合企业内部人力、物力、财力及信息等具体条件，确定企业绩效指标。把战略绩效指标作为战略控制的参照系，依据绩效指标的完成情况来检验企业战略阶段性目标的完成情况。制定战略绩效指标主要从五个方面进行[1]：（1）业务战略指标，包括企业在各战略方向上业务的开展情况、在各战略区域内的业务开展情况等指标。（2）财务指标，包括企业各项业务的项目数量、收入金额、毛利率、成本控制、款项回收等指标。（3）管理指标，包括管理标准的制定、管理体系的完善、管理制度的创新、新管理方法的应用等指标。（4）市场与客户指标，包括客户的满意度、新客户的开发、老客户的流失、项目投标成功率等指标。（5）人力资源指标，包括人才的招聘、培养、规划、培训、激励、考核等指标。

2. 设立绩效薪酬激励模式

提炼出战略绩效指标后，为了激励企业各级员工积极努力地实施企业的战略计划，需要将战略绩效指标与薪酬激励结合。这种结合主要是在战略实施计划细化为企业工作计划的过程中实现的，将企业的战略目标转化为日常工作目标，并在日常工作中考核和激励。

3. 检查战略实施情况

检查企业各项战略绩效指标的完成情况，将实际完成情况和指标进行

---

① 吕巍主编：《战略管理》，武汉理工大学出版社 2010 年版，第 291 页。

对比研究，当实际成果低于目标时分析其原因，并及时采取措施纠偏。当实际成果高于目标时，按照绩效薪酬激励模式给予薪酬激励。

4. 实时扫描企业内外部环境的变化

一方面，由于企业是开放性组织，外部环境的关键因素是企业战略存在的基础，必须对外部环境关键因素的变化给予充分的注意。另一方面，战略规划只有在与企业自身的资源能力相适应时，才能得到顺利实施，因此战略控制必须进行企业内外部环境的扫描。

5. 战略评估和调整

企业每年召开企业战略评估推进会，对企业战略及其与战略实施计划的适应性进行评估。

（1）战略自身内容评估。由于经济形势、产业政策、技术进步、行业状况以及不可抗力等因素发生重大变化，或企业资源能力、企业文化、企业组织结构与战略规划始终无法做到匹配，确需对战略规划作出调整时，由战略委员会提出调整战略规划的建议。

（2）战略规划与战略实施计划的适应性评估。由于战略实施计划未得到充分合理的细化和部署等原因，导致企业战略无法顺利实施时，应对战略实施计划进行调整。

调整方案经审批确认后，各职能部门需要将调整的结果再次细化到企业的年度工作计划乃至月度工作计划中，开始企业新的战略实施年度计划。

四、战略管理合规风险提示与应对

战略风险是指由于企业内外部环境的复杂性和变动性以及企业对环境的认知能力和适应能力的有限性，导致战略目标无法实现，给企业带来整体性损失。战略风险直接影响整个企业的发展方向、企业效益和生存能力，下文通过案例对战略管理中的常见风险进行提示。

（一）宏观经济风险

宏观经济环境变化会影响企业战略目标的实现。如1998年东南亚金融海啸、2007 年美国次贷危机，这些大的宏观经济变化都会影响到企业的战略规划。随时关注全球，特别是战略实施国的宏观经济变化是十分必要的。

国内外宏观经济变化情况查询网址

①国家统计局（http：//www. stats. gov. cn），涵盖绝大部分宏观数据，包括人口、产值、贸易、国家各部委数据

②国家统计局·地方统计网站（http：//www. stats. gov. cn/tjgz/wzlj/dftjwz/）

③Wind 数据平台（https：//www. wind. com. cn/NewSite/data. html），涵盖股票、债券、基金、衍生品、指数、宏观行业等各类金融市场数据

④美国经济分析局（http：//www. bea. gov/index. htm），提供美国以及各地方、洲的经济数据、对外贸易、投资统计和行业数据等

⑤欧盟 AMECO 数据库（http：//ec. europa. eu/economy_finance/db_indicators/ameco/zipped_en. htm），欧盟委员会经济和金融事务总局的年度宏观经济数据库

⑥联合国数据检索系统（http：//data. un. org/）

⑦Comtrade 数据库（http：//comtrade. un. org/data/），可免费获取详细的全球贸易统计数据和相关分析表格

（二）政策风险

国家和地方相关产业政策变化会影响企业战略目标的实现。

20 世纪 90 年代纤维板得到广泛应用，一时需求量大增，黑龙江省作为林业大省引进了很多高中低密度纤维板厂。这些厂家在建厂时得到当地政府的大力支持，又有大量的原材料供应优势，所以赚得盆满钵满。后来由于国家实施天然林保护工程政策，天然林全面禁伐，原材料来源断绝，那些没有及时调整战略规划的企业都陷入巨大的危机之中。

2008 年由于国家货币政策（如紧缩银根）发生急剧变化，企业成本增加、收入减少或资产贬值；国家税收政策（如资产处置各项税费调整等）发生较大变化，导致企业成本增加；新的环保政策的出台或环保标准提高（清洁能源、港口、船体等），导致企业运营成本增加。众多因素叠加最终影响了船务、船运企业战略目标的实现，船务、船运企业的萧条又殃及造船企业的战略目标的实现。产业政策的变化对企业战略规划的制定和实施影响是最快和最直接的，所以企业战略规划的制定者对政策的变化要有超前的敏锐性，等政策实施后再调整规划往往为时已晚。

政策查询实用网址

①中国政府网（http：//www. gov. cn/）

②国家发展和改革委员会（https：//www. ndrc. gov. cn/）

③各地政府门户网站

（三）产业环境风险

产业竞争和市场环境变化等因素会影响企业战略目标的实现。

2020 年 4 月，新冠肺炎疫情暴发初期，全球口罩供不应求，德国超过 500 家公司转型生产口罩想分一杯羹。然而，德国企业的"口罩生产热"很快就消失，绝大多数德国企业很快放弃了口罩战略，只剩一小部分大型公司还在继续生产。究其原因，疫情暴发导致口罩市场需求急剧增加，同时口罩生产技术门槛低，很多企业都以为是商机立即转产上马。随着疫情逐步得到控制，口罩的价格再次降到疫情前的低水平，一些企业因此遭受损失。可见，产业环境瞬息万变，企业战略规划的制定者对产业环境的变化要有预判性。

（四）行业风险

战略管理过程中需要关注行业特有的风险因素。企业所属行业不同，风险点是不同的。以建设施工企业为例，其面临的行业风险主要是业务结构单一和三大材价格波动。在世界范围内，建设施工企业进入市场都采强制许可制度，都有资质等级的要求。这就使建设施工企业业务单一，市政一级资质的企业做不了土建一级资质的活，业务单一的企业抗市场风险的能力就弱。这是行业固有的风险，所以建筑行业战略规划制定要充分注意这一点。针对施工合同周期较长这一特点，在签订固定总价或固定单价合同时，应当充分考虑到三大材价格随市场波动因素的影响。

另外，还要关注国家产业政策的调整。我国产业政策调整都是以行业为对象进行的。房地产行业就是一个典型的例子。1998 年至 2016 年是房地产行业蓬勃发展阶段。2008 年至 2009 年，国家为刺激住房消费推出信贷支持和税收减免政策，房价大涨；2014 年至 2016 年，国家放松限购限贷，加强信贷支持和税收减免，一二线城市房价暴涨，中国房地产再次迎来了飞跃。进入 2016 年底，面对房地产行业的大热局势，政府重新对房地产行业进行了定位——"房子是用来住的，不是用来炒的"，标志着房地产行业进入了新的调整规范阶段。此后在"房住不炒"的大基调之下，整治市场秩序，遏制房价上涨，力促市场理性回归。

再如教育培训行业。2021 年 7 月，中共中央办公厅、国务院办公厅印发《关于进一步减轻义务教育阶段学生作业负担和校外培训负担的意见》，校外培训机构的广告宣传、超前教育成为重点整治对象。教育"双减"政策对多家教育机构产生重大影响。豆神教育、勤上股份跌停，全通教育、科德教育等多股跌逾 10% 。[1]

行业协会网址 ··

①工信部网站备案系统（https：//beian. bizcn. com/login. jsp）

②中国汽车工业协会（http：//www. caam. org. cn/）

③中国电力企业联合会（http：//www. cec. org. cn/）

④中国互联网络信息中心（http：//www. cnnic. net. cn/）

⑤中国饭店协会（http：//www. chinahotel. org. cn/forward/enterHome. do）

---

[1]　http：//webapi. cninfo. com. cn/#/marketData，最后访问时间：2021 年 10 月 8 日。

⑥中国服装协会（http：//www.cnga.org.cn/）

（五）市场需求风险

市场需求风险指受客户自身的需求、主客观条件的变化如商业道德、经营状况、政策、业务模式等变化的影响，导致企业市场规模下降，影响战略目标的实现。

例如，进入 21 世纪，国外数码技术日趋成熟并逐渐推向市场，由于数码影像产品的替代作用，彩色胶卷的市场需求量急剧下降，国内一些企业还在引进大型彩色胶卷生产线，最终只能是投资败局。

（六）社会文化风险

不同国家和地区的文化差异会对企业战略目标的实现造成影响。

2003 年，一汽丰田为其新车霸道举行了隆重的上市仪式，半个月后广告问题将丰田公司推到了风口浪尖，广告战略的失败导致了霸道车型销量远远低于预期。霸道的广告带有强烈的民族主义色彩，一辆霸道汽车停在两只石狮子之前，一只石狮子抬起右爪做敬礼状，另一只石狮子向下俯首，并配广告语"霸道，你不得不尊敬"。广告策划未考虑到社会文化因素，不但有商业征服之嫌，还损伤了中华民族的自尊心。石狮在我国有着极其重要的象征意义，代表权力和尊严，丰田广告用石狮向霸道车敬礼、作揖，极不严肃，更有网友将石狮联想到卢沟桥的狮子。事件从"问题广告"向"日资企业在华经营风波"方向转化，丰田方面意识到了事态的严重，随即向全国人民道歉，并且最后将车名改为普拉多，以消除带给国人的不良印象。

此外，战略管理中由于企业并购活动引发的文化风险也需要给予充分注意。

（七）经营合规风险

经营合规风险是指在经营过程中，因自身经营行为违反法律、法规的禁止性及义务性规定或者外部法律环境发生重大变化而给企业带来的风险。经营合规风险会导致企业蒙受巨大损失。企业做好合规审查，要注意以下几个方面：（1）关注国内外与本企业相关的政治、法律因素；（2）收集影响企业的新法律法规和政策，检查企业经营行为与现有法律是否相冲突或者模糊不清，如生产原料是否合法等；（3）本企业发生重大法律纠纷案件的情况；（4）企业和竞争对手的知识产权情况，审查企业是否有侵犯他人知识产权的情况，是否对本企业的知识产权做到了良好管理；（5）检查本企业有无垄断、有无不正当竞争行为；（6）质量、安全、环保、信息安全等管理中曾发生或易发生事故的业务流程或环节，如化工、电网等高度危险行业、运输行业高速行驶、商业服务行业、医疗行业等容易发生环境污染、人身损害纠纷。

常用信息查询网址

①国家企业信用信息公示系统（http：//www. gsxt. gov. cn/index. html）

②全国组织机构统一社会信用代码数据服务中心（https：//www. cods. org. cn）

③天眼查（https：//www. tianyancha. com）

④企查查（https：//www. qcc. com）

⑤企信宝（https：//www. qixin. com）

⑥爱企查（https：//aiqicha. baidu. com）

⑦中国社会组织政务服务平台（http：//www. chinanpo. gov. cn/index）

涉诉信息查询网址

①中国裁判文书网（https：//wenshu. court. gov. cn/）

②中国执行信息公开网（http：//zxgk. court. gov. cn/zhzxgk/）

③中国执行信息公开网失信被执行人查询（http：//zxgk. court. gov. cn/shixin/）

④人民法院诉讼资产网（http：//www. rmfysszc. gov. cn）

⑤淘宝司法拍卖（https：//sf. taobao. com/）

知识产权查询网址

①国家知识产权局（http：//www.cn ipa.gov.cn/）

②国家工商总局商标局·中国商标网（http：//sbj.cnipa.gov.cn）

③中国版权保护中心（http：//www.ccopyright.com.cn）

（八）合作关系风险

企业与相关战略合作伙伴进行合作经营时，若缺乏合理的选择与合作机制，会导致合作失败或企业利益受损。

近年来，品牌商因启用劣迹艺人，品牌形象受到负面影响，产品、服务遭消费者抵制，给企业造成极大经济损失的现象屡见不鲜。2021年7月20日，吴某凡舆论事件沸沸扬扬期间，中国电视剧制作产业协会青年工作委员会公示了《关于做好劣迹艺人风险控制的通知》，指出今后在聘用演员前，要做好背调，规避风险、举一反三，增强风险意识，对德行不端的演职员提高警惕，发现有风险的演职员，确有证据的，要及时向组织报告，以建立和完善风险预警机。企业为规避风险，在与艺人合作前，应对其本人及家人进行详尽的背调。从艺人人品、口碑、业务水平，到艺人本人及家人涉诉案件情况、是否有反华或反党倾向、曾发表的言论等进行充分调查。在与艺人签署合同时，可在合同中明确艺人如出现违背艺德要求的情况，由经纪公司和经纪人承担连带赔偿责任。一旦因为艺人艺德问题出现艺人违约的情况，应及时通过合同解除、下架产品、更换艺人拍摄的片段等方式最大限度地降低企业的损失。

（九）技术风险

企业技术能力不足会影响战略目标实现。如企业没有构建合埋的技术创新和新产品研发能力体系，新技术研发落后于竞争对手，导致产品无法满足客户需求，影响公司战略目标的实现。

技术风险方面要特别注意对"卡脖子技术"的应对策略和备用方案。2020年5月15日，美国商务部对华为手机使用的芯片颁发"芯片断供禁令",导致台积电、中芯国际等芯片代工巨头,在使用了美国的技术以及设备后,就不能够继续为华为提供芯片代工服务,这意味着麒麟系列高端芯片在 2020 年 9 月以后将无法再生产,Mate 40 将成搭载高端麒麟芯片的绝版机。

(十) 战略制定风险

战略规划制定不合理会影响企业战略目标的实现。这方面的风险主要表现为:(1)战略规划不符合国家有关法律法规和内部规章制度要求,导致外部处罚、经济损失和信誉损失风险。(2)缺乏明确的战略目标,导致企业盲目发展,难以形成竞争优势,丧失发展机遇和动力。(3)战略规划未能进行充分调研,战略目标过于激进,脱离企业实际能力或偏离主业,导致企业过度扩张,甚至经营失败。(4)战略目标因主观原因频繁变动,导致资源浪费,甚至危及企业的生存和持续发展。

摩托罗拉手机 1995 年在中国的市场占有率一度高达 60% 以上,由于战略失误,其市场占有率在 2007 年跌至 12% 以下、2014 年被联想公司收购。摩托罗拉作为一家技术主导型的公司,忽略了消费者的需求,研发部门花费大量精力在复杂系统的开发上,从而导致研发与市场需求的脱节,迷失了产品开发方向,3 年来仅开发 V3 一个机型,新技术研发落后于竞争对手,导致产品无法满足客户需求,虽然实现了战略目标,但由于战略规划方向性错误导致企业失去市场竞争力。

(十一) 战略实施风险

企业在战略实施的过程中存在系列风险,主要表现为:(1)战略规划未得到合理细化拆分,没有落实对应责任人与追踪机制,导致战略规划无法落地实施。(2)企业资源和企业能力与战略规划不匹配,如缺乏为实现战略目标的人力、物力、财力、技术资源的投入,导致战略目标难以实现。(3)战略实施过程中,各环节、各部门、各成员沟通不畅,导致战略实施出现阻碍。(4)战略实施没有与企业日常管理的绩效考核和奖惩制度相结合,对员工没有起到引导和规范作用。(5)企业文化与战略目标不一致,制约企业战略实施。

（十二）战略控制风险

战略控制体系不健全会影响战略目标的实现，主要表现为：（1）没有制定合理的战略绩效指标，不能有效检验企业战略阶段性目标的完成情况，缺乏战略控制的参照系。（2）没有实时检查战略实施情况，未将战略实际完成情况与各项绩效指标进行对比研究，导致实际成果低于目标时不能及时采取措施纠偏。（3）没有监控企业内外部环境的变化。如未能及时监控到经济形势、产业政策、技术进步、行业状况等外部关键因素发生的变化，或企业资源能力、企业文化、企业组织结构与战略规划不相匹配时没有得到有力控制调整，导致战略目标难以实现。（4）没有定期进行战略评估，对企业战略及其与战略实施计划的适应性缺乏合理、有效的定期评估，在确有需要调整战略时未能作出正确决策，战略控制流于形式，最终导致战略目标无法实现。

本节小结

战略管理合规的意义是为企业的运营提供指导方向，本节从实践经验出发，并结合财政部关于企业内部控制的有关指引，对战略管理组织的设立及其职能范围提出了建议，阐述了战略管理操作步骤及关键要素，并作出重要风险提示。

第二节　劳动人事合规风险

一、劳动人事合规概述

2020年初，一场突如其来的新型冠状病毒肺炎疫情从武汉扩散至全国，这场疫情带来了一系列新问题，给各行各业产生巨大的影响，尤其是加剧了企业的劳动人事合规风险，目前企业的劳动人事管理越发呈现出复杂性、重要性和紧迫性的特点。

此前，数个国内知名企业被曝出劳动人事合规管理问题，例如，某国内知名企业员工因索要离职经济补偿金被刑事拘留251天，其过程中企业和员工的做法都有失妥当，不仅有损企业声誉，也侵犯了劳动者的权益，造成两败俱伤的局面；又如，诸多互联网企业实行员工"996"工作制度引发社会热议。由此可以看出，企业劳动人事合规管理作为企业合规管理的重要组成部分，特别是在当前国内外高度重视合规管理的背景下，其重要性不言而喻，企业必须积极面对和谨慎应对。

在计划经济时代，企业内部针对人的管理基本上等同于人事管理，如新员工接收、工资管理、员工档案管理、干部任命与选拔、离退休管理等，属于非常基础的工作。相应的，这种人事管理的风险也比较低，大家的关注度也不高。但自从将"人"作为企业的一种资源即人力资源对待后，劳动人事工作就具有了更丰富的内涵。既然是资源，就应该有资源管理的各个环节，如资源的获取、资源的加工处理、资源的评估评价、资源的挖掘、资源的约束、资源的流动或交易，也就是劳动人事管理的整条价值链。对应起来，也就是通常所说的劳动人事规划、人才招聘、员工培训、员工薪酬管理、员工绩效、人才素质测评、人事管理等各项具体工作。

2008年以来，国家先后出台并实施了《劳动合同法》《劳动合同法实施条例》《劳动争议调解仲裁法》《职工带薪年休假条例》，最高人民法院也出台了关于审理劳动争议案件适用法律问题的解释，全国各地的劳动争议持续急剧递增，传统的人力资源管理模式受到考验。

劳动争议风险隐藏在企业人力资源管理各个流程、环节之中，如果人力资源管理与劳动人事法律法规不能有机结合起来，那么所谓的劳动人事合规管理体系将是一纸空文。以法律为基础，以实现企业战略目标和控制法律风险为目的，紧密结合企业劳动合同、规章制度和业务流程，科学地构建与完善企业的劳动人事合规管理体系，是企业构建稳定、健康劳资关系，迎接新经济新机会到来的前提条件。

如前所述，法律是劳动人事合规管理的基础，劳动人事合规管理又是构建企业合规管理体系的重要基础。合规管理侧重于企业整体角度去定义企业的价值观和行为准则，但企业是一个组织，最终需要通过各级管理者和员工即"人"来具体履行相应的职责和义务，如果企业在劳动人事合规管理领域存在漏洞，那么就很难指望企业在其他特定业务领域实行严格合规。

实际上，无论是世界 500 强企业还是国内上市企业、国企等，劳动人事合规管理都是合规管理链条中相对薄弱的一个环节，原因在于企业自身不够重视合规管理，也没有投入足够的资源，导致劳动人事合规管理被弱化为制定员工手册之类的表面行动，仅仅将合规风险局限于法律风险，即便是法律风险，从职责分配角度来看，大部分企业也没能够将法律风险防控落到实处。

随着经济发展方式的转变、产业结构的调整，企业用工形式日益多样化，劳动者自我保护意识也逐渐加强，劳动人事合规管理难度在不断加大。这就要求劳动人事合规管理不应仅局限于制度符合法律规定，还要根据企业自身发展状况，从合规战略管理、合规组织架构、合规制度制定、合规风险识别和评估、合规风险应对、合规自查和合规文化等方面进行全面的劳动人事合规体系建设。

二、劳动人事组织架构和职能

（一）人力资源总监的职责

1. 向企业决策层提供有关人力资源计划及组织建设方面的建议；

2. 监控人力资源成本，根据企业业务发展规划拟定薪资福利管理制度及薪资激励体系；

3. 不断完善绩效管理体系，制定科学的绩效管理目标体系，对绩效评价过程进行监督控制；

4. 设计适合企业的培训体系，通过组织和实施各类培训提高管理层管理水平；

5. 协调、指导各部门在人力资源管理方面等工作的开展，确保企业人力资源合理使用；

6. 参与企业重大人力资源决策制定；

7. 承担人力资源部门管理职责范围内的其他重大事项。

（二）人力资源经理的职责

1. 参与制定人力资源计划，收集培训、考核、绩效、薪酬等重要信息，为重大人事决策提供信息支持；

2. 根据岗位特点制定岗位说明书并提出与岗位相匹配的任职要求；

3. 根据各部门用工需求，协调制定招聘计划、招聘程序、组织面试；

4. 根据绩效管理要求，组织实施绩效管理，并对各部门绩效评价过程进行监督，及时解决问题；

5. 参与拟定各部门绩效考核指标，审核绩效考核依据，确保绩效考核公平合理；

6. 制定员工培训方案并组织实施；

7. 完成人力资源总监交办的其他工作。

（三）合规专员的职责

1. 主要负责协助合规管理部门构建劳动合规体系，防范劳动人事风险；

2. 主动识别、评估、监测和报告劳动人事合规风险，保证合规工作的顺利开展；

3. 监督劳动合同和竞业限制协议等相关法律文书的签订和管理；

4. 协助完善人事管理制度，预防和控制管理中的风险；

5. 关注劳动人事法律、法规及监管规定的变化，并根据有关要求提出制定或修改内部劳动人事规章制度的建议；

6. 独立或协助外聘律师解决劳动人事纠纷；

7. 配合企业合规管理部门交办的其他工作。

（四）招聘主管的职责

1. 根据现有编制及业务发展需要，协调各部门的招聘需求，协助编制年度人员招聘计划；

2. 建立和完善招聘流程和招聘体系；

3. 利用各项招聘途径发布招聘广告，寻求招聘机构，充分利用各种招聘渠道满足招聘需求；

4. 执行招聘、甄选、面试、考试、入职工作；

5. 建立后备人才选拔方案和人才储备机制；

6. 协助上级完成其他相关招聘管理工作。

（五）员工培训与发展主管的职责

1. 协助制定实施员工培训与发展计划，实现人力资源培训目标及员工职业生涯规划的实施工作；

2. 制定各个部门的培训计划和培训大纲，经批准后实施；

3. 协调、安排各部门按照培训大纲要求执行培训计划；

4. 做好培训记录，培训考核的管理工作；

5. 培训考核效果评估，完善培训计划；

6. 负责对外部培训机构进行甄别与管理；

7. 协助上级完成其他相关培训管理工作。

（六）绩效考核主管的职责

1. 组织开展企业员工绩效考核工作；

2. 根据评价制度实施效果，提出评价制度改进建议；

3. 提出岗位流动和晋升意见；

4. 协助修订政策指南和员工手册，提供政策支持；

5. 指导各部门主管开展评价工作，向员工解释各种相关制度性问题；

6. 根据绩效评价结果实施对员工的奖惩工作；

7. 组织实施绩效评价面谈；

8. 协助上级完成其他相关绩效管理工作。

（七）薪酬福利主管的职责

1. 执行企业年度薪酬及福利规划；

2. 协助制定、调整薪酬福利政策；

3. 收集企业员工对薪酬的意见以及市场薪酬信息和数据；

4. 根据业务发展情况和市场水平，提出合理薪酬调整建议；

5. 按时完成员工薪酬结构分析报告；

6. 协助上级完成其他相关薪酬福利管理工作。

三、劳动人事合规风险提示与应对

人力资源部门是企业职能部门的重要组成部分，通过对人力资源进行规划、组织、控制、激励和引导，充分发挥员工的潜能，使人尽其才、事得其人、人事相宜，为完成企业下达的经营管理目标添砖加瓦、保驾护航。随着社会的发展，国家相关法律法规的建立健全，员工整体法律意识不断增强，人力资源管理面临着越来越大的挑战。

正视人力资源管理中的风险问题，树立风险意识，积极探索建立人力资源风险管理模式，对于识别和防范劳动人事风险，促进人力资源管理合规运行，增强企业核心竞争力，具有极其重要的现实意义。

（一）规章制度制定中的合规风险

1. 内容的合法性

应当遵守国家和地方的法律、法规，制定与法律、法规不相抵触的规章制度，企业在制定规章制度时，必须注意不能低于法律对于劳动者保护的最低标准，尤其要重视相关法律法规对劳动者保护的一些强制性规定、避免出现抵触的情形。

2. 内容的合理性

企业劳动人事规章制度在具体制定以及运作、管理等过程中不仅要体现合法性原则，同时也要严格遵循合理性原则。合理性应当结合企业的价值观和生产经营情况，表现为内容的明确性、可量化性、可操作性以及宽严相济的规范。例如，企业规章制度规定，员工旷工一天视为严重违规行为应当予以辞退，这种规定存在一定的不合理性。

3. 制定程序的合法性

规章制度在符合法定内容和合理内容两个条件后，还必须通过民主程序制定。规章制度的制定或者重大事项的决定，由职工代表大会或者全体员工讨论，提出建议和意见，平等协商确定。因此，本程序分为两个步骤：

第一步，讨论程序，全体职工或职工代表讨论规章制度草案，全体职工或职工代表可提出方案和意见；

第二步，协商确定程序，用人单位与工会或职工代表协商确定规章制度内容。

4. 公示告知的有效性

规章制度制定完成后，必须向劳动者公示才对劳动者产生约束力。也就是说，未经公示，不得将该劳动制度作为解除劳动合同之依据，否则有可能被认定为违法解除劳动合同。

规章制度的公示方式有很多种，实务中常用的有：（1）把规章制度列为员工入职培训的内容之一，对新入职的劳动者进行培训，并保存培训人员的签到记录；（2）将规章制度纳入员工手册，交企业员工签收、阅读，保存签收记录；（3）将规章制度予以公示，公示地点可选择企业的宣传栏、员工宿舍、员工食堂、工作场所等，注意保留制度公示照片；（4）将规章制度予以送达，如通过 OA 系统、内网、电子邮件、微信、QQ 或钉钉等向员工送达，注意保留送达记录。

上述方法中，可以采用几种方法同时进行，最重要的是留下员工知道或应该知道的证据，如在各种表单中体现员工姓名、部门、签字时间，并注明："我已经认真学习阅读完××管理制度全部内容，并知晓制度的生效时间、具体要求、不执行或违反制度的处罚措施等。"

在实践中，企业往往忽视规章制度内容和制定程序的合法性，比如规章制度规定"不允许试用期劳动者以任何理由申请任何假期""劳动者申请病假时必须优先使用法定带薪年休假"等，这些都是排除劳动者的主要权利，违反法律法规强制性规定的条款，对劳动者不具有约束力。若企业据此解除劳动关系，仍属于违法解除劳动合同。

（二）招聘过程中员工背景调查的合规风险

在招聘过程中，不满足应聘条件的求职者可能伪造证件或者其他必要的证明材料，如果没有事先的背景调查，将产生招聘风险。司法实践中有这样的案例：安徽银保监局对北京某保险代理有限公司审查时发现，该公司存在聘任不具备任职资格的人员担任关键岗位的行为，违反《保险法》第121条的规定，依据该法第167条规定，对该公司处以6万元罚款。该公司因为前期在员工入职阶段，没有对员工进行背景调查，以致受到行政处罚并产生经济损失。

首先，建议企业对以下岗位的人员实施合规背景调查：董事、监事、高级管理人员；技术人员；外籍员工；涉密岗位人员，以及其他关键岗位人员。

其次，企业应发挥主观能动性，积极审核员工的相关背景资料，如身份的真实性、学历学位的真实性、工作履历的真实性及工作评价、是否存在犯罪或者违法违规记录等，确保诚实信用原则贯穿企业人事管理的每个方面。

（三）用工时侵犯其他企业商业秘密的合规风险

随着对知识产权等商业秘密的日益重视，越来越多的企业选择与员工签订保密和竞业限制协议，以保护商业秘密，打击不正当竞争。一旦发现这类应聘人员，要进一步审查本次用工是否触犯了其原保密协议和竞业限制协议条款。

在拟聘用该类劳动者之前应审慎审查其有关竞业限制及保密协议所涉及的范围，要求其出具退工单原件、原劳动合同并保留书面材料，必要时可以向原企业进行背景调查。

竞业限制义务解除的，应当提供解除证明，如要求解除竞业限制的信函原件或者原企业发出的书面通知原件。

通过以上措施，就能很大程度上避免在招聘过程中，因员工自身原因导致侵犯其他企业商业秘密的用工风险。

（四）未订立书面劳动合同的合规风险

如果企业不与劳动者签订书面劳动合同，将为此支付额外的用工成本。企业应自用工之日1个月内与劳动者签订书面劳动合同；企业自用工之日起超过1个月但不满1年未与劳动者订立书面劳动合同的，应当向劳动者每月支付2倍的工资，并与劳动者补签书面劳动合同；企业自用工之日起1年不与劳动者订立书面劳动合同的，视为企业与劳动者已订立无固定期限劳动合同。

如果劳动者入职后不愿与企业订立书面劳动合同的，企业应当在其入职1个月内书面通知劳动者终止劳动关系。

企业与劳动者不签订劳动合同是比较常见的劳动合同纠纷。一些企业出于各种原因，不与劳动者签订劳动合同，但一旦与劳动者发生纠纷，将面临高额的赔偿，甚至面临劳动人事行政主管部门的处罚。因此，为实现合规化管理，避免不必要的纠纷，企业都应当建立劳动合同的监督机制，及时审查劳动合同的签订情况并及时更新签订状态。

（五）劳动合同保管的合规风险

劳动合同作为建立劳动关系的书面凭证，对保护企业和劳动者的合法权益、规范企业的用工管理起着至关重要的作用。

例如，吴某向人民法院请求确认其与某公司之间存在劳动关系，并要求某公司支付未签订书面劳动合同的双倍工资。法院认为，某公司系员工劳动合同的保管者，同时也应当对双方劳动合同的签订情况举证。然而在庭审过程中，某公司提供的证据不足以证明双方签订了劳动合同，以及在已签订劳动合同的情况下是吴某自行取走了合同。此外，尽管吴某系人事专员，但根据双方提供的证据，法院无法直接认定吴某具有签订劳动合同的职权，某公司应当承担举证不能的不利后果。

建议企业建立健全档案管理制度，由专员负责员工档案的保管和日常管理，或采取签订电子合同的形式，确保人事管理的高效运行，确保在劳动纠纷中不会因无法提供劳动合同这种关键证据而导致败诉。

（六）未签订专项培训协议的合规风险

为劳动者提供培训的，应当与其签订服务期协议即专项培训协议。签订服务期协议时应当注意如下事项：

首先，根据《劳动合同法》第22条的规定，企业只有在为员工提供专业技术方面的培训后，才可以约定服务期，如企业对员工提供的仅是岗前培训、入职培训等，其目的是了解公司基本状况及业务情况，并非专业技术方面的培训，那么企业便不能与员工约定服务期。

试用期内的员工不受服务期约束，即使与其签订了服务期协议，试用期员工一旦辞职，也无须支付违约金。建议企业在员工试用期满后，再安排专业技术培训工作，且尽量选择劳动年限较长的岗位，综合评价后优先选择忠诚度较高的员工。

其次，培训服务期协议的内容一般应当包括培训时间、地点、培训内容、培训费、服务期、违约情形、违约责任等，其中培训内容、服务期和违约责任是核心。服务期限要合理，应综合考虑所提供专业技术培训的时间长短、费用等确定，同时违约金数额不能超过为员工支出的培训费用总额。

如果企业对劳动者进行了专项技术培训，但未签订专项培训协议，应自行承担未签订专项培训协议的不利后果，即劳动者提前解除合同的，不受服务期的限制，无须支付违约金。

（七）未提供劳动安全保护措施的合规风险

劳动安全设施是否合格，是保障劳动者安全的重要一环。建议企业提供以下安全措施：

1. 劳动卫生设施

劳动卫生设施是指为防止和减少有毒有害物质造成的职业损害而采取的防范措施。其主要有：（1）噪声防范措施；（2）强光防范措施；（3）辐射防范措施；（4）防暑抗低温措施；（5）防尘防毒设施；（6）消毒设施；（7）通风设施。

2. 劳动安全设施

劳动安全设施是指为防止和减少伤亡事故的发生而采取的防范措施。其主要有：（1）防护装置；（2）保险装置；（3）信号装置；（4）照明装置；（5）危险警示和识别标志。

3. 个人防护设施

个人防护设施是保障劳动者安全健康的辅助措施。《劳动法》第54条明确规定，企业必须为劳动者提供必要的劳动防护用品。防护用品品种很多，按其防护部位不同，有安全帽类、呼吸护具类、眼部防护用具、耳听力防护用具、手的防护用具、鞋防护用具、护肤用品等。

4. 生产辅助设施

生产辅助设施是指为生产服务的辅助设施，是间接地保护劳动者安全和健康的措施。如为劳动者设置的饮水设施、淋洗设备、盥洗设备、更衣室、存衣箱、工作服洗涤及消毒、食物加热设备、倒班休息室、为女工准备的卫生室及洗涤设备等。根据《劳动法》第53条的规定，劳动安全卫生设施必须符合国家规定的标准。

企业应当充分认识到提供劳动保护的必要性，对安全生产足够重视，措施到位，确保劳动者享有安全、卫生的劳动条件，远离职业危害，以降低安全生产风险和事故发生、扩大的概率。

（八）未定期进行员工职业健康检查的合规风险

为保护劳动者的健康权益，国家制定实施了《职业病防治法》《职业健康检查管理办法》等职业健康保护法律、法规，其中规定，企业有责任和义务组织职工进行职业健康检查。

在司法实践中，对于未经职业健康检查且离岗后被检测患上职业病的劳动者，司法、行政机关往往从有利于保护职工合法权益的角度出发，认定其工伤系原工作造成，除非能够证明两者之间不具有因果关系，否则企业可能因此被责令限期改正、面临巨额罚款，直接负责的主管人员和其他直接责任人员可能被给予降级或者撤职的处分。

职业健康检查的目的是及时发现劳动者的职业禁忌和职业健康损害。企业应当根据劳动者接触的职业病危害因素，组织劳动者在入职前、离岗前进行职业健康检查，这既是法定义务，也是避免将患有职业病或者职业禁忌的劳动者安排在不合适的岗位，以防范和降低用工风险。

（九）安排加班超过工时上限的合规风险

企业安排加班一般每日不得超过 1 小时；特殊原因，在保障劳动者身体健康的条件下延长工作时间每日不得超过 3 小时，但是每月不得超过 36 小时。

根据《劳动保障监察条例》第 25 条的规定，企业违反劳动保障法律、法规或规章延长劳动者工作时间的，劳动行政部门有权给予警告，责令限期改正，并按照受侵害的劳动者数量处以罚款。

（十）工资制度中罚款的合规风险

罚款，属于行政处罚的种类。根据我国《立法法》和《行政处罚法》的规定，可以设定行政处罚的只有法律、法规和行政规章，并且有相应的复议、行政诉讼等救济程序。而企业不是行政处罚的主体，不具备实施经济处罚权的主体资格，对员工作出经济处罚是没有法律依据的。

劳动者的工资是基于劳动关系，按照劳动者提供劳动的数量和质量，以货币形式支付给劳动者本人的全部劳动报酬。罚款是对经济利益的直接剥夺，必须有相应的法律依据。因此，企业是没有权利直接对员工进行罚款的，即使其规章制度通过民主程序和公示程序也不能有效适用。

对于劳动者的管理，如一般性违纪情况，可以通过批评教育或者建立有效的绩效考核机制等方式来解决，或者设置多元化的薪酬支付结构，如全勤奖，规定员工迟到、早退、缺勤的，不向其支付当月全勤奖。对于其他违纪行为，用浮动绩效奖金代替直接罚款，员工更加容易接受。而对于更严重的违纪行为，企业可依法予以解除劳动合同。

（十一）拖欠工资的合规风险

企业应当严格按照法律规定和劳动合同约定，及时足额向劳动者发放工资，否则有如下合规风险：

1. 劳动者可以解除合同并要求支付经济补偿金

根据《劳动合同法》第 38 条的规定，企业对劳动者未及时足额支付劳动报酬的，劳动者可以解除劳动合同。同时根据第 46 条的规定，企业还应当向劳动者支付经济补偿金。

2. 支付赔偿金

根据《劳动法》第 91 条、《劳动合同法》第 85 条的规定，企业未按照劳动合同的约定或者国家规定及时足额支付劳动者劳动报酬的，由劳动行政部门责令限期支付劳动报酬、加班费或者经济补偿；逾期不支付的，责令企业按应付金额 50% 以上 100% 以下的标准向劳动者加付赔偿金。

（十二）拒不支付劳动报酬涉嫌犯罪的合规风险

根据《刑法》、最高人民法院《关于审理拒不支付劳动报酬刑事案件适用法律若干问题的解释》及相关规定，有以下情形的，企业可能要承担刑事责任：（1）恶意欠薪达 5000 元至 2 万元以上，构成"数额较大"的；（2）实施了转移、隐匿财产等方法逃避支付劳动者劳动报酬的行为的；（3）经政府有关部门责令支付仍不支付的，如劳动监察大队已向其送达《行政处罚决定书》仍不支付的。

若构成刑事犯罪，企业还可能被处以罚金，其他直接负责的主管人员和其他直接责任人员可能被处 3 年以下有期徒刑或者拘役，并处或者单处罚金；造成严重后果的，处 3 年以上 7 年以下有期徒刑，并处罚金。

【案例】胡某分包了某县某景观的部分施工工程，之后聘用多名民工入场施工。施工期间，胡某累计收到发包人支付的工程款 51 万余元，已超过结算时确认的实际工程款。工程完工后，胡某以工程亏损为由拖欠李某等 20 余名民工工资 12 万余元。之后某县人力资源和社会保障局责令胡某支付拖欠的民工工资，胡某却于当晚订购机票并在次日早上乘飞机逃匿。工程总承包商代胡某垫付民工工资 12 万余元。公安机关决定对胡某以拒不支付劳动报酬案立案侦查，后将其抓获。人民法院认定，胡某犯拒不支付劳动报酬罪，判处其有期徒刑 1 年，并处罚金人民币 2 万元。

若企业已经涉嫌犯罪，应当及时筹措资金向员工支付工资并承担相应的赔偿责任。在侦查机关刑事立案前或检察机关提起公诉之前支付员工工资并承担相应赔偿责任，满足相关条件时，可以依法不作为犯罪处理或者免除刑事处罚。

（十三）竞业限制补偿金包含在劳动者工资报酬中发放的合规风险

一些企业出于减少竞业限制补偿金的支出或其他因素考虑，会约定将竞业限制补偿金包含在支付给劳动者的工资报酬中。竞业限制补偿金何时发放，法律并无明确直接规定，但在司法实践中更倾向于在劳动关系结束后发放。《劳动合同法》第 23 条第 2 款规定，对负有保密义务的劳动者，用人单位可以在劳动合同或者保密协议中与劳动者约定竞业限制条款，并约定在解除或者终止劳动合同后，在竞业限制期限内按月给予劳动者经济补偿。

（十四）约定不缴纳社保的合规风险

实践中常常出现企业采用书面形式与劳动者约定不缴纳社会保险，或者约定以现金等形式免除自身缴纳社保的责任等。该约定因违反法律强制性规定，而属于无效约定。对于不依法参加社会保险的企业，如劳动者投诉举报或申请仲裁时，不仅不能免除企业应承担的社会保险缴费义务，反而可能面临行政处罚；如因未缴社会保险给劳动者造成了社会保险待遇损失，还将面临更大的赔偿责任，如赔偿失业待遇损失、工伤保险待遇损失等。

（十五）工伤未及时申报的合规风险

根据《工伤保险条例》第 17 条第 1 款和第 4 款的规定，职工发生事故伤害或者按照职业病防治法规定被诊断、鉴定为职业病，所在单位应当自事故伤害发生之日或者被诊断、鉴定为职业病之日起 30 日内，向统筹地区社会保险行政部门提出工伤认定申请。

企业与劳动者对于工伤认定有争议的，建议企业仍需要在 30 日内积极履行申报义务，但可在申报的书面材料中明确表示不认可工伤的意见，否则，企业极有可能因此承担从事故伤害发生之日或职业病确诊之日到社会保险行政部门受理工伤认定申请之日间发生的医疗费、伙食补助费、交通费和工亡职工亲属抚恤金等责任。

无论企业与劳动者对工伤认定是否存在争议，在劳动者未及时申报的情况下，企业都应当及时申报。现实中一些企业常常忽视此问题，导致其遭受不必要的损失。例如，唐某是某企业的员工，因工作原因致使左脚受伤，该企业一直未向社会保险行政部门提出工伤申请，之后唐某申请并认定为工伤，唐某要求企业承担申请工伤认定前的医疗费，最后法院依据《工伤保险条例》的规定，判决申请工伤认定之前符合《工伤保险条例》规定的医疗费、住院伙食补助费用由企业承担。

（十六）企业单方调岗的合规风险

企业根据自身生产经营状况，有时会对员工进行岗位调整。但是企业单方调岗也应当遵循合理性原则，才有利于维持劳资关系平稳。

根据实践经验，企业在进行调岗时，其合理性至少应当同时满足以下情形：（1）符合劳动合同的约定或者企业规章制度的规定；（2）符合企业生产经营的客观需要；（3）调整后的工作岗位的劳动待遇水平与原岗位基本相当；（4）调整前后工作岗位具有相近性，同时应当考虑到劳动者个人的专业能力得到正常发挥；（5）调岗后不会增加劳动者的劳动成本，或者是否给予相应补偿，比如工作岗位地点变更是否会对劳动者产生较大不利影响，是否会对其造成较大负担（家庭照顾、通勤时间成本等），是否对其劳动权益构成侵害；（6）调整工作岗位不具有歧视性、侮辱性；（7）不违反法律法规的规定。

（十七）未及时续签劳动合同的合规风险

实践中，大多数企业已经具备在首次用工时与劳动者订立书面劳动合同的合规意识，但忽视了劳动合同期满时及时续订或终止的重要性，进而产生相关的合规风险并引发劳动争议。

1. 提前通知续订合同的程序

企业应注意劳动合同和劳动法律法规是否对提前通知续订的义务具有明确约定或规定。若已限定提前通知的时限，则应当按照要求向劳动者送达续订书面劳动合同的通知书。在双方无明确约定和法律法规规定提前通知期限的情况下，建议企业提前一个月向劳动者送达是否续订书面劳动合同的通知，并在通知中限定劳动者在合同期满前给予明确答复。同时，企业应当妥善留存相应的证据材料，如通知书回执、通知书签收的快递单据、沟通记录等。

2. 未及时续签劳动合同的法律后果

《劳动合同法》第82条规定，用人单位自用工之日起超过一个月不满一年未与劳动者订立书面劳动合同的，应当向劳动者每月支付两倍的工资。

建议在劳动合同期满前，企业与愿意续签劳动合同的劳动者就继续用工涉及的劳动条件、劳动报酬等核心权利义务进行平等协商。此外，企业在此过程中还应保存相应的证据材料，如访谈记录、录音、微信记录等。

企业与劳动者就继续用工达成合意的，根据《劳动合同法》第10条，则应当自劳动合同期限届满后继续用工之日起一个月内及时与劳动者续订书面劳动合同并办理相关手续。

3. 终止劳动关系的法律后果

（1）劳动者不愿意续订劳动合同的情况。如果企业同意续订劳动合同，但是续订的劳动合同条件比原来的条件差或是更不利于劳动者，劳动者不同意续订合同的，企业应当支付经济补偿；如果企业维持或者提高劳动合同约定条件续订劳动合同，劳动者不同意续订的，企业不需要向劳动者支付经济补偿。

（2）企业不愿意续订劳动合同的情况。如果企业不同意续订劳动合同，劳动者希望订立的，企业应当支付经济补偿；如果企业不同意续订劳动合同，劳动者也不希望续订劳动合同，企业也应当支付经济补偿。即只要企业不同意续订劳动合同，就需要支付经济补偿。

（十八）解除劳动合同需支付经济补偿金或赔偿金的合规风险

劳动合同解除的法律纠纷是劳动争议案件的重灾区，尽管劳动者和企业都具有单方解除劳动合同的权利，但是如何合法有效行使该权利，是每个企业必须面对和思考的问题。

1. 劳动者解除劳动合同的 15 种情形

（1）企业未按照劳动合同约定提供劳动保护；

（2）企业未按照劳动合同约定提供劳动条件；

（3）企业未及时足额支付劳动报酬；

（4）企业未依法为劳动者缴纳社会保险费；

（5）企业的规章制度违反法律、法规的规定，损害劳动者权益；

（6）企业以欺诈手段，使劳动者在违背真实意思的情况下订立或者变更劳动合同，致使劳动合同无效；

（7）企业以胁迫手段，使劳动者在违背真实意思的情况下订立或者变更劳动合同，致使劳动合同无效；

（8）企业乘人之危，使劳动者在违背真实意思的情况下订立或者变更劳动合同，致使劳动合同无效；

（9）企业免除自己的法定责任、排除劳动者权利，致使劳动合同无效；

（10）企业订立劳动合同违反法律、行政法规强制性规定，致使劳动合同无效；

（11）企业以暴力手段强迫劳动；

（12）企业以威胁手段强迫劳动；

（13）企业以非法限制人身自由的手段强迫劳动；

（14）企业违章指挥危及劳动者人身安全；

（15）企业强令冒险作业危及劳动者人身安全。

2. 企业解除、终止劳动合同的 16 种情形

（1）企业提出，双方协商解除劳动合同；

（2）劳动者患病或者非因工负伤，在规定的医疗期满后不能从事原工

作，也不能从事由企业另行安排的工作，企业提前 30 日以书面形式通知劳动者本人后解除劳动合同；

（3）劳动者不能胜任工作，经过培训或者调整工作岗位，仍不能胜任工作，企业提前 30 日以书面形式通知劳动者本人后解除劳动合同；

（4）劳动合同订立时所依据的客观情况发生重大变化，致使劳动合同无法履行，经企业与劳动者协商，未能就变更劳动合同内容达成协议，企业提前 30 日以书面形式通知劳动者本人后解除劳动合同；

（5）企业依照《破产法》规定进行重整，依法裁减人员；

（6）企业生产经营发生严重困难，依法裁减人员；

（7）转产、重大技术革新或者经营方式调整，经变更劳动合同后，仍需裁减人员，企业依法定程序裁减人员；

（8）其他因劳动合同订立时所依据的客观经济情况发生重大变化，致使劳动合同无法履行，企业依法定程序裁减人员；

（9）劳动合同期满，劳动者同意续订劳动合同而企业不同意续订劳动合同，由企业终止固定期限劳动合同；

（10）因企业被依法宣告破产而终止劳动合同；

（11）因企业被吊销营业执照而终止劳动合同；

（12）因企业被责令关闭而终止劳动合同；

（13）因企业被撤销而终止劳动合同；

（14）因企业决定提前解散而终止劳动合同；

（15）因企业经营期限届满不再继续经营导致劳动合同不能继续履行；

（16）因企业终止以完成一定工作任务为期限的劳动合同。

企业与劳动者解除或终止劳动合同的，需要依法向劳动者支付经济补偿金。

3. 经济补偿金的计算标准及法律依据

（1）计算年限

根据《劳动合同法》第 47 条第 1 款的规定，经济补偿按劳动者在本单位工作的年限，每满一年支付一个月工资的标准向劳动者支付。6 个月以上不满一年的，按一年计算；不满 6 个月的，向劳动者支付半个月工资的经济补偿。

根据《劳动合同法》第 47 条第 2 款的规定，劳动者月工资高于企业所在直辖市、设区的市级人民政府公布的本地区上年度职工月平均工资 3 倍的，向其支付经济补偿的标准按职工月平均工资 3 倍的数额支付，向其支付经济补偿的年限最高不超过 12 年。

（2）计算基数

根据《劳动合同法》第 47 条第 3 款的规定，月工资是指劳动者在劳动合同解除或者终止前 12 个月的平均工资。

根据《劳动合同法实施条例》第 27 条的规定，经济补偿的月工资按照劳动者应得工资计算，包括计时工资或者计件工资以及奖金、津贴和补贴等货币性收入。劳动者在劳动合同解除或者终止前 12 个月的平均工资低于当地最低工资标准的，按照当地最低工资标准计算。劳动者工作不满 12 个月的，按照实际工作的月数计算平均工资。

4. 解除劳动合同需支付经济赔偿金的合规风险

企业支付赔偿金通常基于两种情形：其一，企业违法解除劳动合同；其二，企业违法终止劳动合同。上述赔偿金仅是违法解除和终止劳动合同的赔偿金，不涉及用工过程中其他违法行为导致的赔偿责任。

根据《劳动合同法》第 87 条之规定，用人单位违反规定解除或者终止劳动合同的，应当按照该法第 47 条规定的经济补偿标准的两倍向劳动者支付赔偿金。

（十九）企业不能解除劳动合同的合规风险

《劳动合同法》第 42 条规定，劳动者有下列情形之一的，企业不得依照该法第 40 条、第 41 条的规定解除劳动合同：

第一，从事接触职业病危害作业的劳动者未进行离岗前职业健康检查，或者疑似职业病人在诊断或者医学观察期间的。包括两类劳动者：一是未进行离岗前职业健康检查的从事接触职业病危害作业的劳动者；二是在诊断期间或者在医学观察期间的疑似职业病病人。

第二，在本单位患职业病或者因为因工负伤并被确认丧失或部分丧失劳动能力的。包括两层含义：一是劳动者在本单位患职业病或者因工负伤；二是劳动者被确认丧失或者部分丧失劳动能力。职业病是指劳动者在劳动过程中受职业危害因素的影响而导致的疾病。因工负伤是指工伤，是根据《工伤保险条例》应当被认定为工伤的情形和视同工伤的情形。

第三，患病或者非因工负伤，在规定的医疗期内的。医疗期是指职工因患病或者非因工负伤停止工作治病休息不得解除劳动合同的期限。医疗期一般在 3—24 个月，根据职工实际参加工作的年限和在本单位的工作年限而有所不同。

第四，女职工在孕期、产期、哺乳期的。

第五，在本单位连续工作满 15 年，且距法定退休年龄不足 5 年的。这两个条件缺一不可。

第六，法律、行政法规规定的其他情形。

企业依照《劳动合同法》第 39 条解除劳动合同，即劳动者有主观方面的过失时，不受上述情形限制。

劳动人事主要规范性文件

1. 劳动和社会保障部办公厅《关于劳动合同制职工工龄计算问题的复函》（2002 年 9 月 25 日）

2. 劳动和社会保障部《关于非全日制用工若干问题的意见》（2003 年 5 月 30 日）

3.《劳动保障监察条例》（2004 年 12 月 1 日）

4.《劳动争议调解仲裁法》（2008 年 5 月 1 日）

5.《工会法》（2009 年 8 月 27 日修正）

6. 人力资源和社会保障部《非法用工单位伤亡人员一次性赔偿办法》（2011 年 1 月 1 日）

7.《女职工劳动保护特别规定》（2012 年 4 月 28 日）

8.《劳动合同法》（2012 年 12 月 28 日修正）

9. 最高人民法院《关于审理拒不支付劳动报酬刑事案件若干问题的解释》（2013 年 1 月 23 日）

10. 人力资源和社会保障部《劳务派遣暂行规定》（2014 年 3 月 1 日）

11. 人力资源和社会保障部《拖欠农民工工资"黑名单"管理暂行办法》（2018 年 1 月 1 日）

12. 人力资源和社会保障部《工伤职工劳动能力鉴定管理办法》（2018 年 12 月 14 日）

13.《劳动法》（2018 年 12 月 29 日修正）

14. 人力资源和社会保障部《失业保险金申领发放办法》（2019 年 12 月 9 日）

15. 最高人民法院《关于审理劳动争议案件适用法律问题的解释（一）》（2021 年 1 月 1 日）

本节小结

本节从社会热点劳动人事纠纷事件引入劳动人事风险概念，重点提示了 19 个劳动人事风险点，基本涵盖了从企业管理制度制定到劳动管理管理，再到劳动争议纠纷产生原因和处理的劳动人事管理全过程。企业在经营管理过程中应当予以重点关注，不断增强风险意识，及时发现并防范风险。

第三节　财税管理合规风险

一、财税管理合规概述

企业财税管理风险是指由于企业财务制度不健全、内部组织架构不完善，以及财会人员缺乏职业道德等引起的财务管理系统失灵或者造成企业财产损失。

财税管理风险是每个企业在经营发展中都会面临的问题，贯穿于企业管理的始终。可以说，企业进行财税合规管理的过程，就是财税风险管理的过程。正确地认识财税风险，把握财税风险的起因、表现形式及应对措施，是事关企业生死存亡的大事。企业可以通过识别财税风险、采取应对措施、构建管理体系，以降低财税风险发生的概率。

财税管理风险的后果可分为民事、行政、刑事三个方面。具体表现为，在民事上承担赔偿责任，行政上面临行政处罚，刑事上涉嫌犯罪。这些风险导致的后果，无论发生在股东还是企业身上，都会极大地影响企业的生存与发展。

充分认识财税风险形成的原因，是采取有效应对措施的前提。财税风险发生的原因有企业外部以及内部两方面的因素。外部因素主要包括国家财政和货币政策、税率、会计准则等宏观因素；内部因素主要包括企业财税管理制度、企业财务人员风险意识、财务决策、企业资产流动性等。外部因素对企业财税风险管理的影响力无疑是巨大的，其不可控性与不确定性特征使得企业必须通过调整内部因素适应外部因素的不断变化。下文从企业可操作性角度出发，对内部因素进行讨论。

企业的财税管理内容涵盖了企业基本活动的各个方面。总的来说，包括财务预算、成本控制、税务筹划、会计处理、资金收支等管理活动。企业应当建立财务管理制度实现财务控制，包括制定财务决策、编制财务预算、处理财务数据、财务审核等各个财务管理环节。如果企业财务控制不能覆盖所有部门、所有操作环节，那么很容易造成财务漏洞，给企业带来财务风险。

企业高管及财务人员缺乏风险意识，法律意识淡薄，对财税风险的客观性认识不足，忽视对企业财税风险的预测和预警，会导致企业在突发事件发生时，应变能力不足，容易带来财务风险。

依据风险主体进行分类，财税风险可以分为股东层面的风险、财务管理人员层面的风险以及企业层面的风险。股东层面的财税风险包括股东与企业财产混同之风险、股东与企业资金往来手续不全之风险等；财务管理人员层面的风险包括会计档案保管不善之风险、出具财务会计报告不实或不一致之风险等；企业层面的风险包括营业收入不入账之风险、虚开增值税专用发票之风险、贷款手续不规范或材料不真实之风险等。

为了防范财税管理风险，企业需建立相应的管理制度、设置合理的组织结构。

二、财税管理组织架构和职能

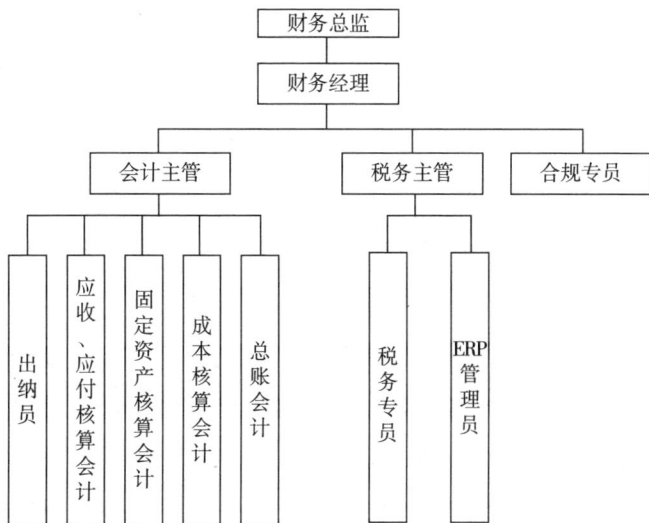

（一）财税管理部门的职责

1. 严格执行财务会计制度，建立完整的账簿管理体制和财务核算体系。

2. 健全财务管理制度，编制财务计划，加强经营核算管理。

3. 分析财务计划的执行情况，提供财务分析报告，检查监督财务纪律执行情况。

4. 当好决策参谋，及时准确地向决策者和相关管理者提供可靠的会计信息。

5. 编制记账凭证和各类报表，妥善管理会计账册档案。

6. 负责企业职工的劳动工资、职工福利的发放。

7. 负责企业各种费用的审核和报销，进行成本控制管理。

8. 协调与税务、银行部门的关系，执行国家税法政策，及时做好纳税申报工作。

9. 有效合理使用资金，根据单位资金情况做好融资工作。

10. 编制各种计划统计报表，完成企业领导临时布置的其他工作。

(二) 财税管理部门主要岗位及其职责

1. 财务总监

财务总监的主要工作为根据企业的战略发展规划和年度经营计划，负责企业总体财务规划，领导、监督企业的会计核算、财务管理、资金管理等各项工作，加强企业经济管理，提高经济效益，维护股东权益。

财务总监的职责主要包括：（1）在董事会和总经理领导下，总管企业会计、报表、企业预算体系建立、企业经营计划、企业预算编制、执行与控制工作。（2）组织协调企业财务资源与业务规划的匹配运作，企业财务战略规划的制定与实施。（3）负责制定企业利润计划、财务规划、开支预算或成本费用标准。（4）建立健全企业内部核算组织，指导建立数据管理体系。（5）建立企业内部会计、审计和内控制度，完善财务治理结构、财务控制流程，对会计人员实施有效管理。（6）负责现金流量管理、营运资本管理及资本预算、企业分立或合并相关财务事宜、企业融资管理、企业资本变动管理等。（7）会同经营管理部门开展经济活动分析，组织编制企业财务计划、成本计划，努力降低成本、增收节支、提高效益。（8）监督企业遵守国家财务规定和董事会决议。（9）负责与政府财税部门联系，落实财税政策。

2. 财务经理

财务经理的工作重点在执行层面，主要为协助财务总监关注会计核算执行、岗位财务分析、预算编制，会计核算报表制作，跟进下属会计人员的工作和日常考核等。

　　财务经理的职责主要包括：（1）主持本部的全面工作，组织并督促部门人员全面完成本部职责范围内的各项工作。（2）根据企业中、长期经营计划，组织编制企业年度综合财务计划的控制标准。（3）负责组织落实《会计法》及地方政府有关财务工作法律法规的各项要求，制定年度、季度财务计划。（4）进行企业成本管理，开展成本预测、控制、核算、分析工作，提高盈利水平。（5）负责建立和完善企业财务稽核制度，监督其执行情况。（6）对企业税收进行整体筹划与管理，按时完成税务申报以及年度审计工作。（7）对企业重大投资、融资、并购等经营活动决策提出建议。（8）向上级主管汇报企业经营状况，为企业高级管理人员提供财务分析数据和建议。（9）组织考核、分析企业经营成果，提出可行的建议和措施。

　　3. 会计主管

　　会计主管在财务经理指导下负责会计部门的日常工作，其下设出纳员、应收应付核算会计、固定资产核算会计、成本核算会计、总账会计等岗位，管理以上财务人员的日常工作。

　　会计主管的职责主要包括：（1）负责跟进财务计划完成情况，负责编制向人民银行、税务局报送的各种会计报表、统计报表，定期书写财务分析报告，编制会计报表说明。（2）负责企业财务预算的执行呈报。（3）组织企业会计核算及配合进行年度审计工作。（4）根据企业的各项财务制度及财务管理规定，组织本部门员工复核会计凭证，办理资金调拨，审批所有业务的付款手续。（5）负责财务监管工作，确保财务状况安全。（6）负责财务室的管理和安全，做好防火防盗工作。（7）负责年度财务决算编报工作。（8）对企业的业务部门行使财务监督权。（9）负责本部门员工的日常管理和考核。

　　会计主管之下设以下岗位：（1）出纳员。出纳是会计工作的重要环节。出纳员按照有关规定和制度，办理本单位的现金收付、银行结算等业务，其主要工作有办理银行存款和现金领取，负责支票、汇票、发票、收据管理，做银行账和现金账，报销差旅费等。（2）应收、应付核算会计。其主要工作为对企业应收应付账款进行登记、分析。做好客户回款的审核确认工作。编制收付款会计凭证。办理应付及预付款项的结算及核算工作。进行应收账款账龄分析以及坏账分析等。（3）固定资产核算会计。其主要工作是对企业固定资产进行管理。做好固定资产台账登记工作、定期组织开展固定资产的盘点工作，确保固定资产账实一致，维护企业固定资产安全。（4）成本核算会计。其主要工作为审核生产经营管理费用，看其是否已发生，是否应当发生，已发生的是否应当计入产品成本，实现对生产经营管理费用和产品成本直接的管理和控制；对已发生的费用按照用途进行分配和归集，计算各种产品的总成本和单位成本，为成本管理提供真实的成本资料。（5）总账会计。其侧重于具体的会计工作，主要负责总账工作的登记核算以及企业所有进出账的管理、填制记账凭证、编制会计报表等工作。同时负责企业各种财务分析工作，做到客观反映企业整体财务状况，为企业的经营决策、财务计划和财务控制等提供支持。

4. 税务主管

税务主管的工作主要为协助财务经理，统筹与税务相关的各项工作，其下设税务专员与 ERP 管理员两个岗位。

税务专员根据相关法律法规以及企业内部管理规章制度，负责涉税业务核算办理、税务登记变更、基层单位税务指导检查、财产损失核查报批、沟通协调等工作，以提高税务管理工作水平，保证企业规范合法纳税。

ERP 系统管理员岗位的设立主要是为了保障企业信息化工作沿着健康的轨道巩固提高，保证 ERP 系统数据的安全，防范数据丢失和系统崩溃等方面的风险，避免因为数据管理不善带来的损失，同时满足领导决策信息和信息披露的需要，提高管理效率，节约管理成本。

5. 财务合规专员

财务合规专员履行企业内部财务合规管理职能，对企业内的所有财务行为都有相应的监督及建议权。

6. 一般财务人员的职责

（1）依法按章合规办事。认真学习和贯彻执行国家有关财税的法律法规、方针政策，遵守《会计法》的规定，严格执行财政部颁布的《会计基础工作规范》《内部会计控制规范》《会计档案管理办法》等有关财务会计工作的各项制度。

（2）做好会计核算工作。切实做好财务收支、费用和债权债务等日常会计核算工作，及时完整编制年度财务预算报表和季度、年度财务决算报表，做到数字真实准确，文字说明清楚。

（3）做好账务处理工作。按规定设置总账、明细账及辅助账（页），做好收入、支出、费用、债权债务的审核和账目登记工作，做到开支归类准确，科目使用无误；每月按时结账，定期与出纳核对现金日记账和银行存款日记账余额，及时清理往来账目，每年定期进行财产清查，做到账实相符、账账相符、账证相符。

（4）做好财务稽核工作。定期检查财会制度的执行情况，研究分析财务计划执行情况和资金使用效果，揭露财会管理中的问题，及时向领导提出建议。

（5）做好资金管理工作。严格按规定办理大额资金收支等业务，妥善保管银行存款预留印鉴卡片、定期存款凭据和有价证券，确保资金安全；定期核对银行账户及存款余额，及时、准确地做好结息工作。

（6）做好发票管理工作。严格执行发票（收据）管理使用规定，做好发票（票据）登记、领购、填制、保管、回收、缴销工作。

（7）做好档案管理工作。严格执行会计档案管理规定，认真做好会计资料的归档工作，妥善保管会计凭证、账簿和财务报告等会计档案资料，并在工作岗位调整时按规定办理交接手续。

（8）做好会计监督工作。积极宣传、维护国家财政法规及政策，预防违法行为发生。

三、财税管理合规风险提示与应对

（一）财产混同之风险

民营企业家个人家庭资产与企业资产不分，或与企业之间存在资金往来，是比较常见的现象。从情理上说，民营企业由企业家创立并为之付出心血，企业家将企业视为己有似乎也无可厚非。但从法律角度看，此种做法将产生一系列的危害后果，企业家亦要承担不利的法律责任。《公司法》第20条规定："公司股东应当遵守法律、行政法规和公司章程，依法行使股东权利，不得滥用股东权利损害公司或者其他股东的利益；不得滥用公司法人独立地位和股东有限责任损害公司债权人的利益。公司股东滥用股东权利给公司或者其他股东造成损失的，应当依法承担赔偿责任。公司股东滥用公司法人独立地位和股东有限责任，逃避债务，严重损害公司债权人利益的，应当对公司债务承担连带责任。"

【案例】原告甲公司从事天冬等中草药育苗、种植、销售、回收业务。被告乙公司从事药材种植、销售等业务，公司有2个股东，分别为被告陈某、计某，出资比例为陈某51%、计某49%。双方对苗款进行结算，乙公司尚欠甲公司货款115644元。经查明，乙公司现没有财产，公司与股东陈某、计某的财产没有区分。法院审理认为，乙公司及其股东被告陈某、计某在从事业务过程中，公司与股东之间财产界限模糊，债务主体是公司还是股东无法区分，公司没有财产，失去了独立承担债务的基础，严重损害原告的利益。故最终法院判处被告陈某、计某对上述债务承担连带清偿责任。

建议企业家及企业规范企业运营管理，聘请专业的会计人员，建立独立规范的财务会计制度。保留企业全部账目、财务报表以及原始凭证。同时，在每一会计年度终了时编制财务会计报告，并经会计师事务所审计。企业与股东有任何经济往来，必须在企业账目中有明确记载，并保留相关原始凭证，以自证企业及企业家财产独立。

（二）高管或股东从企业借款之风险

在实践中，高管或股东向企业借款的情况并不鲜见，但此种情况，可能触发一系列的风险。

1. 企业不得向高管提供借款

根据《公司法》第115条之规定，公司不得直接或者通过子公司向董事、监事、高级管理人员提供借款。故股东如果同时兼任企业的董事、监事、高级管理人员，向企业借款的行为是《公司法》明确禁止的。

2. 股东向企业借款可能触发税务风险

即使股东不是上述人员，其向企业借款，长期不还，也可能存在税务风险，根据财政部、国家税务总局《关于规范个人投资者个人所得税征收管理的通知》（财税〔2003〕158号）第2条之规定，纳税年度内个人投资者从其投资的企业（个人独资企业、合伙企业除外）借款，在该纳税年度终了后既不归还，又未用于企业生产经营的，其未归还的借款可视为企业对个人投资者的红利分配，依照利息、股息、红利所得项目计征个人所得税。故股东如果在纳税年度后既不归还企业借款也未用于企业经营，未归还的借款可视为企业对个人投资者的红利分配，需要计征个人所得税。

3. 股东可能因从企业借款手续不完善而触发刑事责任

股东从企业借款，如果没有履行《公司章程》或企业内部规定的借款手续并取得其他股东的同意，便有可能涉嫌职务侵占罪或挪用资金罪。《刑法》第271条规定："公司、企业或者其他单位的工作人员，利用职务上的便利，将本单位财物非法占为己有，数额较大的，处三年以下有期徒刑或者拘役，并处罚金；数额巨大的，处三年以上十年以下有期徒刑，并处罚金；数额特别巨大的，处十年以上有期徒刑或者无期徒刑，并处罚金。"第272条规定："公司、企业或者其他单位的工作人员，利用职务上的便利，挪用本单位资金归个人使用或者借贷给他人，数额较大、超过三个月未还的，或者虽未超过三个月，但数额较大、进行营利活动的，或者进行非法活动的，处三年以下有期徒刑或者拘役；挪用本单位资金数额巨大的，处三年以上七年以下有期徒刑；数额特别巨大的，处七年以上有期徒刑。"

建议企业完善相应的资金使用制度。在股东向企业借款时，应当严格依据公司章程或者企业内部规章制度的规定，履行相应的借款手续。

（三）贷款用途不完全一致之风险

企业在申请贷款时，贷款合同约定的款项用途与实际用途不一致的情况时有发生。如以企业名义申请贷款，但款项打入企业账户之后却将其转至该企业的关联公司。一旦经营不善无法归还贷款，给银行造成损失，就可能产生法律风险，严重的要被追究刑事责任。

根据《刑法》的规定，以欺骗手段取得银行或者其他金融机构贷款、票据承兑、信用证、保函等，给银行或者其他金融机构造成重大损失，可能构成骗取贷款罪。欺骗手段包括实际用款人冒名顶替、改变贷款用途、提供不真实的财务数据，等等。

企业应当建立规范的资金使用制度，严格按照申请的贷款用途使用资金，避免产生刑事风险。

（四）对外提供财务报告不一致之风险

企业在实际经营过程中，根据不同用途可能会向多个部门提供财务报告。根据《企业财务会计报告条例》第36条之规定，企业依照本条例规定向有关各方提供的财务会计报告，其编制基础、编制依据、编制原则和方法应当一致，不得提供编制基础、编制依据、编制原则和方法不同的财务会计报告。但实践中经常存在对外提供的财务数据、财务报告与实际不一致的现象，如用于贷款申请提交给银行的财务数据与提交税务局的财务数据不一致。此种情形可能会涉嫌骗取贷款罪，企业负责人可能要承担相应的刑事责任。若该企业为具有信息披露义务的公众企业，其披露了虚假的财务报告，不仅需承担民事赔偿责任，情节严重的，根据《刑法》第161条的规定，可能涉嫌违规披露、不披露重要信息罪。

【案例】中某科为上市公司，李某、周某通过公开交易市场购买了其股票，2019年5月30日，中某科股份有限公司发布关于收到中国证监会《行政处罚决定书》《市场禁入决定书》的公告。证监会查明，中某科股份有限公司未及时提供真实、准确的盈利预测信息和虚增2013年营业收入，导致公开披露的重大资产重组文件存在误导性陈述、虚假记载。证监会责令中某科改正，给予警告，并处以40万元罚款。现原告要求中某科股份有限公司赔付其购买股票的投资款。最终，上海金融法院判决被告中某科股份有限公司应于本判决生效之日起 10 日内向周某和李某支付投资差额损失、佣金和印花税损失人民币 72.19 元。本案中，被告中某科股份有限公司因提供虚假的营业收入数据，导致其需要承担相应的民事赔偿责任。

企业在每一会计年度终了时出具的财务会计报告，必须保持其真实性、一致性以及完整性，并经会计师事务所审计，严格按照监管要求对外公布。在对外公布报告时，应当保证报告的一致性。

（五）虚开增值税专用发票之风险

现实中，企业为了少缴税款，减少成本而找票入账、虚开发票的情况时有发生。若企业取得的增值税专用发票所注明的销售方名称、印章与实际交易的销售方不符，即企业从销售方取得第三方开具的专用发票的，不仅要面临行政处罚如补税、缴纳滞纳金等，情节严重的，可能面临涉嫌虚开增值税专用发票罪的刑事风险。

企业应加强税务管理制度及发票管理制度建设。受票时仔细核对销售方的名称、印章、货物数量、金额及税额等全部内容与事实是否相符，并拒绝代开发票的行为。

（六）私设"小金库"之风险

企业高管可能会要求财会人员在企业账户之外另设"小金库"，通过截留收入、虚列开支、虚构交易等手段，将企业资金取现至"小金库"，用于日常各种花销、员工福利或直接将款项占为己有。如果"小金库"资金没有进行收入确认会计处理，可能涉嫌逃税罪；如果"小金库"中的资金未用于企业而是进行营利活动或违法活动，可能会涉嫌挪用资金罪；如果直接将资金占为己有，则可能涉嫌职务侵占罪，需要承担相应的刑事责任。

【案例】2005 年 2 月 5 日至 2016 年 4 月，宋某担任绍兴某大酒店有限公司法定代表人，负责该酒店财务事项。其间，宋某为少缴纳税款，采用酒店部分现金收入不入酒店财务账的方式设立"小金库"，金额达上千万元部分被宋某用于个人炒股。该"小金库"被税务局在税务稽查时发现，税务局对该酒店作出行政处罚，并将宋某涉嫌挪用资金罪的线索移送公安机关。

企业应当建立规范的税务管理制度，进行合理的税务筹划，而不是通过私设"小金库"这种方式逃避缴纳税款。

（七）营业外收入的账务处理之风险

部分企业在进行废料处理或固定资产处置时会产生营业外收入，此部分收入按照法律规定应当作为营业外收入进行账务处理并缴纳相应税款。否则，一旦被税务机关通过税务稽查核实，那么可能因为涉嫌逃税而承担相应的行政责任，如补交税款及罚款、缴纳滞纳金等。如该营业外收入直接被个人占有，情节严重的，可能涉嫌职务侵占罪。

企业应就废料处理、固定资产处理建立相应的管理制度，将责任落实到个人，避免企业内舞弊行为的发生。对于因上述行为而产生的营业外收入，也要予以重视，合理入账，避免税务风险和刑事风险。

（八）营业收入入私账之风险

部分企业会选择使用股东或企业员工的账户作为业务的收支账户，目的是做两套账、少交税，认为只要私人账户不开票、不申报，通过隐藏收入，就可以达到避税的效果。在这种情况下，如果通过税务稽查被查实，会被认定为逃税，会面临补齐税款、缴纳滞纳金的行政处罚。同时，在民事上，也易被认定为股东财产与企业财产混同，股东需要对企业债务承担连带责任。若该企业为多股东的企业，因营业收入本来属于企业的资产，股东利用自己职务上的便利，以非法占有为目的侵占公司的货币资金，则有可能构成职务侵占罪，需承担刑事责任。

企业应加强合同管理，在合同中注明以企业账户作为收款账户。财务部门应当按照会计规范审核收入来源，如实进行账目处理。

（九）会计档案保管不善之风险

在企业内部审计、税务检查或监管调查时，企业的高管、财会人员有时会隐匿甚至销毁会计凭证、会计账簿、财务会计报告等会计资料。根据

《刑法》的规定，情节严重的，可能构成犯罪。

【案例】2016年3月起，绍兴市地方税务局稽查局对某酒店进行税务检查。发现该酒店存在2004—2012年原始记账凭证缺失171本、记账用计算机硬盘破损无法恢复等情况。该局多次要求酒店提供账本，但酒店一直未提供。后该局将酒店涉嫌隐匿、故意销毁会计凭证、会计账簿的犯罪线索及相关证据移送公安机关，公安机关立案侦查后提交检察院审查起诉，检察院以"隐匿会计凭证、会计账簿罪"对酒店提起公诉，以"隐匿、故意销毁会计凭证、会计账簿罪"对法定代表人宋某提起公诉。

根据《税收征收管理办法实施细则》和《会计档案管理办法》等的规定，会计凭证、会计账簿、财务会计报告的保存年限为15年至永久。《刑法》规定的隐匿、故意销毁会计凭证、会计账簿、财务会计报告罪其主要保护的法益是企业财务会计管理秩序。本案中，该酒店在税务局稽查时拒不交出会计账簿以及会计凭证，且数额达到了171本之多，构成情节严重，应当追究刑事责任。最终，法院认定法定代表人宋某犯隐匿会计凭证、会计账簿罪，判处有期徒刑1年，并处罚金。

企业内部应当建立完善的会计档案保管制度，根据相应的会计档案的种类及保管年限分别进行保管，同时，严格规定会计档案出借流程，避免会计档案因保管不善而丢失的风险。

（十）财会人员未按合同规定的时间节点对外付款之风险

一些企业的财务会计人员如出纳等，因为接受供应商的行贿，故意在还未到双方合同中签订的付款节点时提前付款。该类财会人员收受供应商贿赂，利用职务便利，使供应商提前拿到货款，获得了非法利益，可能会构成非国家工作人员受贿罪。

企业应建立严格的资金支付制度，严格履行资金支付审批流程。财务部门与采购部门应加强沟通与监督，严格按照合同约定的付款时间节点付款，提前付出款项的，必须由审批权限部门确认，以避免财务人员自身风险以及企业内部风险。

财税管理主要规范性文件

1. 《企业财务会计报告条例》（2001 年 1 月 1 日）

2. 财政部《企业会计准则解释第 1 号》（2007 年 11 月 16 日）

3. 财政部《企业会计准则——基本准则》（2014 年 7 月 23 日）

4. 《税收征收管理法》（2015 年 4 月 24 日修正）

5. 最高人民法院研究室《关于如何认定以"挂靠"有关公司名义实施经营活动并让有关公司为自己虚开增值税专用发票行为的性质征求意见的复函》（2015 年 6 月 1 日）

6. 财政部《企业会计准则第 42 号——持有待售的非流动资产．处置组和终止经营》（2017 年 5 月 28 日）

7. 《会计法》（2017 年 11 月 4 日修正）

8. 《增值税暂行条例》（2017 年 11 月 19 日修订）

9. 最高人民法院《关于虚开增值税专用发票定罪量刑标准有关问题的通知》（2018 年 8 月 22 日）

10. 《个人所得税法》（2018 年 8 月 31 日修正）

11. 《发票管理办法》（2019 年 3 月 2 日修订）

12. 国家税务总局《税务登记管理办法》（2019 年 7 月 24 日修正）

13. 财政部《企业会计准则解释第 14 号》（2021 年 1 月 26 日）

14. 《契税法》（2021 年 9 月 1 日）

本节小结

　　财务是企业的血液循环系统，是企业正常经营的保证，通过财务控制手段能够有效降低企业运营成本。依法纳税是每个企业应尽的义务。本节从财税管理的重要性出发，指出了财税管理风险产生的根本原因，对该领域常见风险点作出提示，并提供了应对建议和法律规范的具体要求，以供企业在经营管理过程中加强对财税管理风险的研判与预防时参考。

第四节　资产管理合规风险

一、资产管理合规概述

在传统理论中，资产通常被认为是财务报表的组成要素，它是指企业过去经营交易或各项事项形成并由企业拥有或控制的，会给企业带来未来经济利益的资源。简单来说，就是企业可以拿来赚钱的实物和权利。而在资产管理合规定义项下，企业资产是一系列经济资源的总称，其范围应当更加宽泛。规范资产管理的根本目的在于通过反复协调、合理配置各种资源而产生现实的或未来的经济利益和新的资源，其中既包括企业为获取资产而付出的成本，也包括企业对资产进行综合运用后所带来的产出。这些产出并非全部来自企业内部资产，还可以通过整合外部资源对企业资产进行充分运用。因此，无论是以"取得成本"还是以"未来经济利益"来定义资产，都不全面。

资产是企业基于合同契约而取得或控制，由企业配置和运用，旨在为企业带来利益的经济资源的总和。各类资源以迥然相异的存在形式聚集在一起，构成企业的总资产。企业对于资产的配置和运用必然影响到经营成果和绩效。所以在经营过程中，对各项资产充分、合理运用，及时处置闲置资产，建立完善的资产合规管理体系对企业发展十分重要。

当然，不同行业的企业存在不一样的资产结构，不同资产结构的企业在经营过程中受到的风险也有巨大差别。一般在会计核算中，企业会根据资产的流动性和可变现程度而将资产划分为流动资产和非流动资产。可以根据资产的重点组成和管理需求，在会计核算资产划分的基础上，综合投资者、企业主对资产管理要求以及资产的性质，将企业资产管理划分为企业投融资及担保、固定资产与存货、无形资产管理三大部分。通过调研发现，企业通常会将研发支出直接转化为无形资产计入资产负债表。这是因为，企业仅把那些有明显研究成果或者能确定成功的技术研发支出算作"研发支出"。而在此之前，所有研究发生的费用都不计入这个项目。但是，没有研发成功不代表其不具有经济价值。尚未进行资产确认的这部分研发，也应当列入资产管理的范畴，通过技术改进、追加投入等方式对其进行进一步的资产转化。因此，资产在企业参与市场活动时能否发生作用、产生价值，关键在于企业能否对这些资产进行合理搭配和统筹安排。建议企业成立资产管理部，对企业的各项经济资源进行统筹管理。

为了将企业资产进行合理的统筹规划投入运行，最大限度地保障各项资产的价值得到百分之百的实现，从而让企业在运行中获得最大的利润，要针对企业自身特点，分析识别资产管理过程中的风险及成因，找出有效的应对办法。在进行企业资产合规风险识别时，应当尤其注意过程的独立性，防止出现盲目化和空心化，以免资产合规风险识别过程沦为应付领导要求的工具而无法有效发挥作用。独立性是企业合规的重要基础，企业可以增设合规专员独立履行合规管理职责，配合外部律师独立开展企业合规风险尽职调查监控和审查。

二、资产管理组织架构和职能

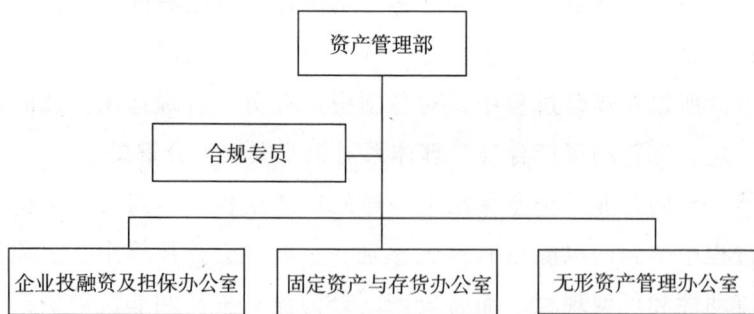

```
        ┌──────────────┐
        │   资产管理部   │
        └──────┬───────┘
               │
        ┌──────┴───────┐
        │    合规专员    │
        └──────┬───────┘
     ┌─────────┼─────────────┐
┌─────────┐ ┌──────────┐ ┌──────────┐
│企业投融资│ │固定资产与│ │无形资产管│
│及担保办 │ │存货办公室│ │理办公室 │
│公室     │ │          │ │          │
└─────────┘ └──────────┘ └──────────┘
```

企业资产管理部负责组织、制定资产配置战略计划和年度资产配置策略，经经营管理层审议后报董事会批准。资产管理部下设企业投融资及担保办公室、固定资产与存货办公室、无形资产管理办公室、合规专员。合规专员负责实施、指导和监督企业合规方针、合规制度和流程的有效执行。企业投融资及担保办公室在企业规定的投融资、担保的范围和规模内组织实施资金运用业务，管理交易过程，控制风险。建立和健全资金运用业务体系和风险管理体系，确保公司资金运用稳健合规、保值增值。固定资产与存货办公室全面负责企业固定资产的购置、使用以及处置。

（一）资产管理部

资产管理部总经理的主要工作职责包括：负责本部门职能的高效实施和落实；制定本部门的全年工作计划及部门规章制度；负责本部门团队建设和员工培养；负责本部门员工的绩效考核。

资产管理部总经理助理的主要工作职责包括：协助总经理落实部门工作；负责协助管理团队建设和员工培养；负责协助管理绩效考核；完成总经理交办的其他工作任务。

（二）合规专员

合规专员的主要职责包括：负责合规方针、合规制度和流程的实施和落实；负责制定本部门全年合规工作计划并完善部门规章制度；配合外部律师定期开展部门风险尽调、监控和审查；参与并支持部门合规培训活动；畅通合规举报机制，对举报人信息严格保密，接受并记录举报信息。

外部律师参与合规管理时的主要职能包括：为资产管理部资产配置提供法律方案支持；参与部门合规制度的执行、监督和修订，市场跟踪，政策跟踪，风险要素专题分析，新业务风险管理指标设计等工作；定期检查、监督合规记录情况；定期进行部门合规培训，做好培训记录；编制部门风险库，定期向企业通报。

（三）企业投融资及担保办公室

企业投融资及担保办公室主任的工作职责包括：负责本办公室职能的高效实施和落实；负责制定本办公室的全年工作计划及相关规章制度；负

责本办公室员工的绩效考核。

企业投融资及担保办公室专员的工作职责包括：在资产管理部整体投资策略和资产配置范围内，拟定企业投融资方案；研究资金运作渠道的创新；及时跟进投融资及担保业务的运营情况；其他应当由投融资及担保办公室履行的相关职能。

（四）固定资产与存货办公室

固定资产与存货办公室主任的工作职责包括：负责本办公室职能的高效实施和落实；负责制定本办公室的全年工作计划及相关规章制度；负责本办公室员工的绩效考核。

固定资产与存货办公室专员的工作职责包括：及时对企业固定资产采购计划备案，配合跟进企业采购部门进行资产购置；对现有企业固定资产存货进行统一管理，制定资产使用制度、定期清查盘点制度，对贵重资产、危险资产以及有保密等特殊要求的资产指定专人管理；建立集体议事决策机制，针对资产的调剂、出租、出借、处置等建立管理制度，以明确处置程序与审批权限；资产的清查盘点、使用折旧及处置，报其审批后，提交财会部门进行账务处理。

（五）无形资产管理办公室

无形资产管理办公室主任的工作职责包括：负责本办公室职能的高效实施和落实；负责制定本办公室的全年工作计划及相关规章制度；负责本办公室员工的绩效考核。

无形资产管理办公室专员的工作职责包括：负责专利及技术方案的研发立项、记录、备案；负责知识产权项目的审查、申报并登记建档；负责知识产权宣传、培训及成果输出管理；负责专利实施、转让及奖酬管理；负责企业知识产权权益维护。

三、资产管理合规风险提示与应对

（一）知识产权类合规风险

知识产权与商业秘密可以在企业运营的全过程中产生。知识产权主要包括著作权、专利权、商标权以及其他专有权益。企业类型不同，可能遇到风险也有所不同：对于文化创意型企业而言，发生著作权合规的风险较高；对于技术研发型企业而言，专利权与商业秘密合规风险较高；对于营销与产品流通企业而言，商标权合规风险较高。企业常见的知识产权类合规风险主要表现为以下方面：

1. 对职务发明的奖酬约定不明

近年来，员工与所属单位之间就职务发明奖酬支付产生的纠纷越来越多。我们在对某行业龙头企业进行合规尽调时，该企业未能提供研发记录、职务发明合同或内部规范，多达数百项发明及软件著作权奖酬不明。应当注意的是，给予职务发明人以奖励，系发明人所在的被授予专利权的单位的法定义务，这种义务具有强制性。《专利法》明确，被授予专利权的单位应当对职务发明创造的发明人或者设计人给予奖励；发明创造专利实施后，根据其推广应用的范围和取得的经济效益，对发明人或者设计人给予合理的报酬。《专利法实施细则》也规定，被授予专利权的单位未与发明人、设计人约定也未在其依法制定的规章制度中规定《专利法》规定的报酬的方式和数额的，在专利权有效期限内，实施发明创造专利后，每年应当从实施该项发明或者实用新型专利的营业利润中提取不低于2%或者从实施该项外观设计专利的营业利润中提取不低于0.2%，作为报酬给予发明人或者设计人，或者参照上述比例，给予发明人或者设计人一次性报酬；被授予专利权的单位许可其他单位或者个人实施其专利的，应当从收取的使用费中提取不低于10%，作为报酬给予发明人或者设计人。

企业在制定职务发明奖酬制度时，应当注意符合相关程序规定。依据《劳动合同法》第4条之规定，公司在制定、修改或者决定直接涉及劳动者切身利益的规章制度或重大事项时应当经职工代表大会或者全体职工讨论，提出方案和意见，与工会或者职工代表平等协商确定。

出于避免潜在的职务发明奖酬纠纷的目的，企业应当在合同或者内部规章制度中对奖酬的数额和方式、专利申请及署名等事项作出规范。

2. 知识产权管理制度中著录缺项

在 A 企业合规调研过程中，合规团队对企业的著录项目台账进行逐一分析，发现多项实用新型专利即将到期，且未制定到期后的展期及开放式保护方案。该企业自 2007 年以来，积累了大量的软件著作权和实用新型专利，但是仅仅在著录项目中列出专利号、专利名称、申请日、授权日或专用期，缺少对专利申请权来源、职务发明情况、展期预案、研发详情记录等重要内容的记录和更新。这些缺项直接导致该企业多次未及时缴费或续展，以致知识产权丧失。根据《专利法》第 42 条之规定，发明专利权的期限为 20 年，实用新型专利权的期限为 10 年，外观设计专利权的期限为 15 年，均自申请日起计算。《专利法实施细则》规定，授予专利权当年以后的年费应当在上一年度期满前缴纳；期满未缴纳的，专利权自应当缴纳年费期满之日起终止。随着企业知识产权成果的不断丰富，对这项资产的记录和保护就显得尤为重要。建议企业在知识产权管理制度中对著录项目进行完善，特别是对知识产权合规管理责任作进一步明确，一旦发生记述错误或专利终止事项，也能立刻查找到责任人员及时止损并问责。

3. 知识产权保护方案单一

在协助企业建立知识产权合规制度的过程中，发现一些本可以通过申请专利得到更好保护的技术方案，由于遭到泄露成为公开技术信息，造成既无法申请专利，也无法获得商业秘密保护的尴尬局面。更遗憾的是，一些企业为了追求效率，选择申请审查时间短、获得授权快的实用新型专利，其中不乏一些生命周期长、市场更新慢的核心技术秘密。技术秘密是企业的重要资产，实用新型专利短暂的保护期限显然不是这类资产最佳的保护方式。

建议企业采取多元化知识产权保护措施，针对不同类型的知识产权采取不同的保护措施。知识产权的保护方式不单单指著作权、产品专利，还包括技术秘密、商业秘密、方法专利等知识产权保护组合。一般来说，若技术方案本身先进性程度不高，同样或类似的技术很可能被他人研发出来，或者该技术方案容易通过反向工程技术被获取关键技术信息，则建议采用专利保护方式。例如，对于技术人员普遍知晓的公开算法运用，建议采取软件著作权的方式进行保护。对于一些企业自主研发的保密性要求较高的智力成果，建议采取商业秘密保护方案。

当然，企业也可以采取发明和实用新型双申报或商业秘密与专利相结合等混合保护方式。单独申请一个发明专利一般需要两三年的时间，而实用新型专利从申请到授权仅需要几个月。如果选择发明和实用新型双申报的方式，可以使该发明创造在极短时间里获得保护。一旦发明专利授权，便可以放弃实用新型专利权。对希望得到保护的核心技术应采用商业秘密的方式保护，严格限制接触商业秘密的人员并采取有效的保密措施。同时，对周边技术采用专利方式保护。

此外，企业知识产权部门和研发部门应尽早介入、共同讨论通过哪种方式对那些正在研发中的技术方案进行保护。这样做，不仅能起到事先防范的作用，而且能为事后法律救济提供扎实的证据材料。

4. 专利要求书撰写不当

无论是专利侵权诉讼程序，还是专利无效宣告程序，都要首先明确权利要求的保护范围。《专利法》第 64 条第 1 款规定，发明或者实用新型专利权的保护范围以其权利要求的内容为准，说明书及附图可以用于解释权利要求的内容。可见，权利要求书限定了专利权的权利范围，同时向公众公示了专利人的权利。

有的企业在进行专利要求书撰写时，为了避免专利技术被判定无效而减少对技术特征的描述。有些专利要求书的错误过于明显，甚至结合涉案专利说明书、附图、本领域共识和相关现有技术等，仍不能确定权利要求中技术术语的具体含义。无法确定专利权的保护范围，则无法将他人侵权的技术方案与自己的技术方案进行侵权对比。在实践中，对于保护范围明显不清晰的专利权，很难认定技术方案被侵权。

5. 专利侵权与专利无效

由于我国在专利权有效性和侵权问题判断上实行"双轨制"，即采用民事侵权程序处理专利侵权纠纷问题，而采用行政程序解决专利确权问题。如果专利无效，则专利权人自始至终失去了专利权，也就丧失了请求权的基础。

在专利复审和无效案件中，复审委员会和法院对权利要求中技术特征的解释规则存在差异。从近几年的判例来看，人民法院更倾向于采用最宽合理解释规则对权利要求进行解释，亦即在专利说明书没有对技术术语作出特别限定的情况下，不会对其中的术语作出限制性的理解。企业在撰写权利要求书及说明书时，应注意区分技术术语的普通含义与限定含义。如果权利要求中的技术术语在本领域有普通含义，同时在专利说明书中也对技术术语作了清楚的限定，本领域技术人员能够理解该限定的含义，则应按照该特别限定理解术语进行书写。而如果专利说明书中没有限定，或者限定不清，导致本领域技术人员无法明确限定的具体含义，则按照本领域的普通含义进行书写。

6. 中国企业海外专利竞合风险

当我国自主品牌进入海外市场后，随着销量的逐渐增长，会引起海外现有市场技术专利权人的注意。海外专利权人一般会先向我国厂家发出警告信指出可能的侵权问题，接着是关于专利许可费的报价谈判。如果双方无法达成专利许可协议，则国内企业将会面临海外专利诉讼的风险。

2019 年，中国已经成为世界知识产权组织《专利合作条约》（PCT）框架下国际专利申请量最多的国家。由于国际市场相似的战略布局、人才配置、资源储备，极易形成同质化竞争，建议相关企业尽快在国际市场上布局更多的专利，甚至提前购买相关的专利以备不时之需。

7. 商标的在先使用与恶意抢注

所谓恶意抢注，就是一些人为了蹭知名度，当嗅到一丝丝有利可图的味道时，立刻先下手注册商标。对此，我国《商标法》第59条规定，商标注册人申请商标注册前，他人已经在同一种商品或者类似商品上先于商标使用人使用与注册商标相同或者近似并有一定影响的商标的，注册商标专用权人无权禁止该使用人在原使用范围内继续使用该商标，但可以要求其附加适当区别标识。

可见，先于商标注册人使用与注册商标相近或者近似并有一定影响的商标的，注册商标专用权人无权禁止使用人继续使用。在商标侵权案件中，法院一般会重点甄别商标注册人真实的注册意图和实际使用状况。对原告抢注注册商标不具有真实使用意图，也未进行真实使用，明显违反诚实信用原则，而被告提出在先使用抗辩的，应合理降低被告未注册商标"有一定影响"的证明标准。在先使用人需要证明：第一，在先使用人对该商标有真实的使用行为；第二，一定范围内的消费者能够据此识别来源，即满足前文所述"有一定影响"的证明标准。此外，还要考察诉争商标是否通过不正当手段申请注册的，也就是商标申请人的主观恶性。

商标在先使用权制度设立的目的是保护在先使用并产生一定影响力的未注册商标能够在原有范围内继续使用，从而平衡在先商标使用人与在后商标注册人之间的利益冲突。但是，也有些企业的商标在先使用抗辩没有得到法院的支持。例如，鲜某乐公司与某宝就某商标标识发生争议，鲜某乐公司对于在先使用的事实举证不足，法院判决鲜某乐公司不构成在先使用。因此，企业应优先选择注册商标对企业标识进行公开保护并尽快使用。根据《商标法》第49条，注册商标没有正当理由连续3年不使用的，任何单位或者个人可以向商标局申请撤销该注册商标。

8. 驰名商标的"特权"

相较于一般商标，驰名商标保护力度更强。它是经过商标所有人长期宣传和使用，为公众广泛知晓，建立起了较高声誉和知名度，被国家知识产权局等有关机构认定构成驰名的商标。普通商标若想拥有所有商标类别的权力，就需要逐一注册。而驰名商标直接获得所有类别保护。并且，根据《商标法》第13条的规定，就不相同或者不相类似商品申请注册的商标是复制、摹仿或者翻译他人已经在中国注册的驰名商标，误导公众，致使该驰名商标注册人的利益可能受到损害的，不予注册并禁止使用。这就要求企业在进行商标注册时，应当提前了解驰名商标的"射程"距离防止误触。

此外，驰名商标对恶意注册人还可以打破 5 年诉讼时效的限制。根据《商标法》第 45 条，已经注册的商标，违反第 13 条第 2 款和第 3 款、第 15 条、第 16 条第 1 款、第 30 条、第 31 条、第 32 条规定的，自商标注册之日起 5 年内，在先权利人或者利害关系人可以请求商标评审委员会宣告该注册商标无效；对恶意注册的，驰名商标所有人不受 5 年的时间限制。

关于驰名商标的认定，依照个案认定、被动保护的原则，有三种途径：一是在商标注册审查、工商行政管理部门查处商标违法案件过程，由当事人向商标局请求认定其商标驰名；二是在商标评审过程中产生争议时，当事人可以向商标评审委员会请求认定驰名商标；三是在商标民事、行政案件审理过程中，人民法院根据具体情况，认为确有必要的，可以对商标驰名情况作出认定。

当事人主张商标驰名的，应当根据案件具体情况提供证据。企业在使用商标的过程中应注意搜集整理商标使用时间、行业排名、市场调查报告、价值评估以及是否曾被认定为著名商标等证据，以备驰名商标认定之用。一方面，要厘清驰名商标的权利边界，防止自己的商标误触驰名商标边界而被禁止使用；另一方面，应当积极争取打造出属于自己的驰名商标，用商标"特权"保护企业商誉维护企业利益。本书第六章的分项制度部分特别撰写了企业商标管理制度，以期在帮助企业规范商标使用的同时，不断提高商标的知名度，促使该项无形资产得以增值。

9. 注册商标上 TM 和 R 的使用

经常可以在一些品牌名称的右上角或右下角看到一个小小的 TM 或者 R。其实，这两者之间区别极大，绝不可以乱用。注册商标"R"具有排他性、独占性、唯一性等特点，属于注册商标所有人所独占，受法律保护，任何企业或个人未经注册商标所有权人许可或授权，均不可自行使用，否则将承担侵权责任。我国的法律规范性文件中没有对"TM"标记的描述，带有"TM"标记的商标不具备法律效力，并不受法律保护，也不享有商标的专用权。

法律明确将"R"作为注册商标特殊符号，只有在商标正式注册后才能标注，否则有可能构成假冒商标而受到处罚。因此，企业乱用"R"标志可能面临行政处罚的风险。根据《商标法》和《商标法实施条例》之规定，由地方工商行政管理部门予以制止，限期改正，并可以予以通报。违法经营额 5 万元以上的，可以处违法经营额 20% 以下的罚款；没有违法经营额或者违法经营额不足 5 万元的，可以处 1 万元以下的罚款。

10. 商业秘密的获取与使用风险

依据《反不正当竞争法》第 9 条第 4 款，商业秘密，是指不为公众所知悉、能为权利人带来经济利益、具有实用性并经权利人采取保密措施的技术信息和经营信息。最高人民法院《关于审理不正当竞争民事案件应用法律若干问题的解释》规定，有关信息不为其所属领域的相关人员普遍知悉和容易获得，应当认定为《反不正当竞争法》第 9 条第 4 款规定的"不为公众所知悉"。具有下列情形之一的，可以认定有关信息不构成不为公众所知悉：（1）该信息为其所属技术或者经济领域的人的一般常识或者行业惯例；（2）该信息仅涉及产品的尺寸、结构、材料、部件的简单组合等内容，进入市场后相关公众通过观察产品即可直接获得；（3）该信息已经在公开出版物或者其他媒体上公开披露；（4）该信息已通过公开的报告会、展览等方式公开；（5）该信息从其他公开渠道可以获得；（6）该信息无须付出一定的代价而容易获得。

商业秘密是否成立，是认定企业是否构成侵犯商业秘密罪的前提条件。根据上述规定，企业知识产权部门应当确保本企业的商业秘密符合秘密性、价值性、实用性，并采取合理保密措施对该秘密进行保护。具体来看，构成商业秘密应当符合以下三点：

第一，涉案信息是否不为公众所知悉。注意审查涉案商业秘密是否不为其所属领域的相关人员普遍知悉和容易获得，是否属于最高人民法院《关于审理侵犯商业秘密民事案件适用法律若干问题的规定》第 4 条规定的已为公众所知悉的情形。

第二，涉案信息是否具有商业价值。注意审查证明商业秘密形成过程中权利人投入研发成本、支付商业秘密许可费、转让费的证据；审查反映权利人实施该商业秘密获取的收益、利润、市场占有率等会计账簿、财务分析报告及其他体现商业秘密市场价值的证据。

第三，权利人是否采取了相应的保密措施。注意审查权利人是否采取了最高人民法院《关于审理侵犯商业秘密民事案件适用法律若干问题的规定》第6条规定的保密措施，并注意审查该保密措施与商业秘密的商业价值、重要程度是否相适应、是否得到实际执行。

企业在使用商业秘密时，应当事先与企业成员签订保密协议，采取相应的保密措施。在金某侵犯商业秘密案中，M公司与金某签订有保密协议，明确了保密义务信息的范围，并且约定劳动合同期限内、终止劳动合同后两年内及上述保密内容未被公众知悉期内，不得向第三方公开上述保密内容。金某离职后，以亲属名义成立F公司，从M公司的独家供货商处购入与M公司相同的材料、设备，并且生产销售与M公司相同的产品。最终，法院以侵犯商业秘密罪判处被告人金某有期徒刑1年6个月，保护了M公司的商业利益。

（二）股权常见合规风险

1. 股东知情权滥用风险

行使知情权是股东保障自身权利的重要措施，对于小股东尤其如此。同时，企业也有保护自身商业秘密的需要。企业应建立股东查阅和复制相关记录的范围、程序和方式的制度。

如果企业作为股东投资其他企业，也应当积极行使知情权，这可以通过企业的投资管理方面的内控体系来实现。

《公司法》规定有限责任公司股东有权查阅、复制公司章程、股东会会议记录、董事会会议决议、监事会会议决议和财务会计报告。股东可以要求查阅公司会计账簿。股东要求查阅公司会计账簿的，应当向公司提出书面请求，说明目的。另外，也要注意股份有限公司和有限责任公司股东知情权的差别，股份有限公司股东只能查阅相关资料，不得复制，而且不能查阅会计账簿。股东在行使股东知情权的同时，企业应该审查股东行使知情权的目的，严格按照内控流程提供相应的资料，防范股东滥用知情权损害企业及其他股东利益的风险。

2. 股权代持与股东资格确认风险

股权代持也是实务中常见的法律风险点。股权代持的原因有很多，一般分为以下四类：一是主体特定身份回避。如特定行业有执业准入限制或法律规定不得经商的，或者境外投资人为规避外资限制，借用他人名义投资入股公司；二是名为代持实为担保，如张三向李四借款，双方协议约定，张三将名下的股权转让给李四，暂由李四代持，待张三归还借款后，则李四将股权归于张三的名下；三是为了投资，如张三拥有大量闲置资金，委托 A 公司代为向 B 公司投资；四是为了节约成本公司实际控制人常常为了节约税务成本或其他考虑而将其股权交由他人代持。

股权代持的风险点主要在于股东资格纠纷，主要表现为：第一，隐名股东请求显名，即对代持股相关协议效力的确认，作为实际投资人主张行使知情权等股东权利；第二，股东对企业债务承担的纠纷，如公司债权人要求显名股东承担出资不足、出资不实的责任；第三，显名股东将代持的标的股权进行转让或者设定质押担保，隐名股东主张股权归其所有时，引发有关善意第三人（受让人、质权人）保护的问题；第四，投资资金性质的纠纷，比如一方主张其系隐名股东，经由显名股东投入企业的资金性质是股权出资，而显名股东主张该笔款项是借款。

股权代持是目前企业实践中大量存在的特殊现象。实际出资人出于某种目的选择隐身幕后，在工商登记管理部门登记备案的名义股东与实际出资人非同一主体，极易引发股东身份之争。既不利于企业内部治理，又影响企业公示信息的权威与市场交易的安全。

3. 股东出资瑕疵

企业股东出资瑕疵问题一直是企业经营领域的常见风险，由于出资瑕疵直接导致法人财产的减少，大大增加了其他市场主体与交易的风险，使债权得不到充分的财产担保。股东出资瑕疵是指违反《公司法》、发起人协议和公司章程中关于股东出资的规定，未按照规定缴纳出资或出资后抽逃的行为。虽然现行《公司法》取消了公司设立注册资本的最低限额，在一定程度上避免了注册资本过高引发的"虚假出资、抽逃出资"的出资瑕疵问题，但由于部分股东缺乏对自身应有的管理意识，而企业相关制约机制亦不能跟进或实施，因此企业设立中股东出资瑕疵引发违约的情况并不鲜见。

此外，还存在股东出资不实的情形，即股东以非货币财产出资，其实际价额显著低于公司章程所定价额。《公司法》第 27 条规定，股东可以用货币出资，也可以用实物、知识产权、土地使用权等可以用货币估价并可以依法转让的非货币财产作价出资；但是，法律、行政法规规定不得作为出资的财产除外。对作为出资的非货币财产应当评估作价，核实财产，不得高估或者低估作价。法律、行政法规对评估作价有规定的，从其规定。以知识产权出资为例，并非所有的知识产权都能作为财产出资，只有依法转让并且能够评估作价的知识产权才能作为出资财产。《公司法》中已经取消对知识产权出资上限的限制，也就是说，可以用知识产权 100% 出资。但是要注意，一方面，评估报告中对财产权利的评估系认定出资资产的重要依据。另一方面，在评估价值与出资额存在较大差异的情况下，特别是使用权评估价值远远低于拟出资额的情况下，不仅会引发出资不实的法律风险，也会导致出资形式是所有权出资还是使用权出资的纠纷。

4. 股权分配管理风险

企业在制定股权架构时，应当充分考虑下列五种控制比例的作用：

第一，67% 的绝对控制线。《公司法》第 43 条第 2 款规定，股东会会议作出修改公司章程、增加或者减少注册资本的决议，以及公司合并、分立、解散或者变更公司形式的决议，必须经代表 2/3 以上表决权的股东通过。

第二，51% 的相对控制线。《公司法》第 103 条第 2 款规定，股东大会作出决议，必须经出席会议的股东所持表决权过半数通过。对于企业一些简单事项的决策，如聘请独立董事；选举董事、董事长；聘请审议机构；

聘请/解聘总经理等需要过半数表决权通过。但《公司法》中仅规定了股份有限公司的过半数表决条款，并未明确规定有限责任公司股东会普通决议的程序，通常由股东通过公司章程自行确定。

第三，34%的安全控制线。与绝对控制线相对，2/3以上表决权即可通过公司重大事项，因此当其中一个股东持有超过1/3的表决权时，另外的股东则无法达到2/3以上的表决权，此处表述为安全控制线，意即否定性控股。但对于仅需过半数表决权通过的公司简单事宜，34%的表决权则无法否决。

第四，20%的重大同业竞争警示线。同业竞争是指所从事的业务与其控股股东或实际控制人或控股股东所控制的其他企业所从事的业务相同或近似，双方构成或可能构成直接或间接的竞争关系。实践中，关联企业特指某一公司通过20%以上股权关系或重大债权关系所能控制或者对其经营决策施加重大影响的任何企业，因此会出现20%是重大同业竞争警示线的说法。

第五，10%的临时会议权。《公司法》第39条规定，股东会会议分为定期会议和临时会议。定期会议应当依照公司章程的规定按时召开。代表1/10以上表决权的股东，1/3以上的董事，监事会或者不设监事会的公司的监事提议召开临时会议的，应当召开临时会议。第40条第3款规定，董事会或者执行董事不能履行或者不履行召集股东会会议职责的，由监事会或者不设监事会的公司的监事召集和主持；监事会或者监事不召集和主持的，代表1/10以上表决权的股东可以自行召集和主持。此外，最高人民法院《关于适用〈中华人民共和国公司法〉若干问题的规定（二）》规定，单独或者合计持有公司全部股东表决权10%以上的股东，以法定事由提起解散公司诉讼，并符合《公司法》第182条规定的，人民法院应予受理。因此，在公司僵局的情况下，10%以上表决权的股东还享有诉讼解散权。

5. 认缴但未实缴出资的连带责任风险

自2014年3月1日起，注册资本的登记管理已经从实缴登记制调整为认缴登记制。在认缴登记制度下成立公司时不再需要验资报告。这一举措减轻了创业者前期筹备公司的资金压力，同时也促进了资金的有效融通。

需要注意的是，认缴出资的意思是暂缓缴纳，并不是不缴纳。因此，在设置注册资本金额的时候，应当综合考虑公司业务范围及未来发展预期，而不能脱离实际。根据《公司法》第3条第2款之规定，有限责任公司的股东以其认缴的出资额为限对公司承担责任；股份有限公司的股东以其认购的股份为限对公司承担责任。如果股东设置的认缴出资额远远大于企业实际业务规模，且股东亦无对应出资额缴纳的资金实力，那么在债权人起诉企业的时候，企业股东可能因为未实际出资而对债务承担补充赔偿责任。

6. 企业注销未清算时股东的无限连带责任风险

企业终止后其法人资格随之消灭，无法成为实体法上民事法律关系的主体，也无法成为程序法上民事诉讼的主体。此时，原企业债权人不仅无法与原企业达成任何债务清偿协议，也无法通过诉讼向原企业追偿债务，这便导致相关债权人以诉讼方式维护自身合法权利的时候会面对不知如何确认债务诉讼主体的尴尬境地。根据《公司法》第187条以及最高人民法院《关于适用〈中华人民共和国公司法〉若干问题的规定（二）》第19条之规定可以看出，我国的法律体系实际上是默认责任主体出现缺位时，可由企业股东作为新的责任主体。根据最高人民法院《关于适用〈中华人民共和国公司法〉若干问题的规定（二）》，公司未经清算即办理注销登记，导致公司无法进行清算，债权人主张有限责任公司的股东、股份有限公司的董事和控股股东，以及公司的实际控制人对公司债务承担清偿责任的，人民法院应依法予以支持。

7. 合伙企业的风险责任

合伙企业分为普通合伙企业、特殊的普通合伙企业、有限合伙企业，这三者最大的区别就是承担的责任大小。合伙企业的责任风险主要存在于合伙人的选择、合伙财产的出资以及企业事务管理之中。合伙企业具有极强的人合性。首先，理智地选择合伙人，不仅要考察对方的诚实信用问题，更要考察对方有无一定的资本实力或软实力，谨慎选择合伙形式。其次，合伙出资形式多样，可以是货币，也可以是土地使用权、房屋所有权或使用权、知识产权。应当注意出资形式的合法性，如有限合伙人不得以劳务出资。在合伙企业事务执行方面，应当明确责任划分。虽然普通合伙企业或者普通合伙人对外承担无限连带责任，但是合伙人内部之间还是要按照一定的份额比例分红、承担债务。

（三）企业融资风险

企业融资是一把"双刃剑"，既可以给企业生产经营带来财务杠杆利益，也会带来融资风险。部分企业在融资过程中因渠道、方式问题，极易引发融资法律风险。企业应在融资制度中增加融资筹备和融资过程，在制度层面对融资信息真实性、材料合法性和行为的规范性进行把控。

1. 非法吸收公众存款

实践中，企业为了扩大再生产，向员工集资，或在本单位吸收职工存款入股。根据最高人民法院《关于审理民间借贷案件适用法律若干问题的规定》，法人或者其他组织在本单位内部通过借款形式向职工筹集资金，用于本单位生产、经营，且不存在《民法典》及本规定规定的情形，当事人主张民间借贷合同有效的，人民法院应予支持。企业在进行内部集资过程中，应注意把握合法与非法的界限。借款对象必须严格控制在本企业内部职工范围内，不要扩大到职工的亲朋好友或其他关系人。借款只能用于发展生产和扩大经营活动，不要用于诸如向其他企业或个人转贷等。借款利息最好约定在一个合理的范围内，并且不得承诺保本付息。

2. 企业首次公开幕股（IPO）的风险

从 2020 年 IPO 过会率来看，监管层对拟上市公司的审核有明显收紧的迹象。证监会对外发布《首发企业现场检查规定》，严把首发企业入口关。该规定明确：检查对象按问题导向和随机抽取两种方式确定。问题导向企业由中国证监会和证券交易所相关审核或注册部门确定，随机抽取工作由中国证券业协会依照相关规定实施。对于问题导向企业，结合重点存疑事项的性质和内容开展现场检查，并可以围绕前述存疑事项对检查范围进行必要拓展；对于随机抽取企业，重点围绕财务信息披露质量等事项开展现场检查。监管部门监管力度加大，是导致 IPO 撤单潮出现的重要原因。因为无论是中介还是企业，一旦现场检查出问题，遭受处罚所受代价太大。企业盲目硬性申报，交易所将启动现场调查。因此首发企业不得不撤单。而在此之前，每家企业都已经经历了数轮融资，聘请了有保荐资格的证券经营机构作为辅导机构，以及聘请律师和具有证券业务资格的注册会计师分别着手开展核查验证和审计工作。此时撤单，之前的一切投入都将付之东流。因此，企业要结合自身实际，不要盲目跟风上市潮。IPO 并不等于企业经营的成功。如果 IPO 之后业绩不能持续增长，企业无法做大，市值就无法持续增长，市值没有流动性支持，即使成功过会，也不会带来实质性溢价。

3. 过桥融资的风险

过桥融资，是企业通过短期资金的融通，达到与目标融资资金对接的条件，然后以该融资资金偿还过桥资金的行为。比如，某企业以房产抵押向银行贷款 100 万元，到期后企业因资金周转困难无力归还贷款，银行提出企业先偿还 100 万元先前贷款，可以继续用房产抵押贷款 100 万元。该企业从第三方融入 100 万元短期过桥资金归还银行贷款，在银行贷款发放后再归还给第三方。

现实中企业一般是通过企业主的私人关系或者小贷公司等机构获得过桥资金，偿还银行贷款以便获得银行续贷资金，短期融资的借款利率一般远高于银行贷款利率，这给企业带来较高的财务成本。正常情况下，银行同意继续贷款是能够正常发放的，企业也能够及时归还融资成本较高的过桥资金。但银行在审核通过前，也会出现因信贷政策变化、银行资金紧张等介入因素而无法发放贷款的情况。此种情况下，企业无力偿还短期借款，高额利息可能导致企业资金链断裂，甚至会造成资不抵债而破产的严重后果。

（四）固定资产风险

1. 固定资产的投保及运行维护

固定资产的投保制度不健全，可能导致应投保资产未投保，索赔不力，不能有效防范资产损失的风险。企业应重视和加强固定资产的投保工作，对应投保的资产项目按规定程序进行审批，办理投保手续，规范投保行为。对重大固定资产项目的投保，考虑采取招标方式确定保险人。对于已投保的固定资产发生损失的，及时调查原因及受损金额，并办理索赔手续。

固定资产操作不当、失修或维护不到位，可能使资产使用效率低下或资源浪费，甚至发生事故，生产停顿。建议企业，一是制定和完善固定资产维护和安全防范制度，将日常维护流程制度化、程序化、标准化，定期对资产的使用情况进行检查，及时消除风险。二是建立固定资产运行管理档案，据以指定合理的日常维修和大修理计划，并经主管领导审批。同时对固定资产的修理实行分类管理，其中简单的维护可由操作人员或内部技术人员完成；大修理则需专人负责，必要时可聘请外部技术人员或专业机构。三是对特殊设备使用人进行岗前培训，持证上岗，确保资产使用流程与既定操作流程相符，实现安全运行，不断提高使用效率。

2. 固定资产舞弊风险

企业为了生产产品、提供劳务、出租或者经营管理，而持有的价值达到一定标准的非货币性资产，就是固定资产。它包括房屋、建筑物、机器、机械、运输工具以及其他生产经营活动有关的设备、器具、工具等。作为企业的劳动生产手段，固定资产是一家企业赖以生产经营的主要资产。在固定资产管理的各个环节，都存在舞弊风险，如虚增固定资产价值、监守自盗等。

企业可以聘用第三方安保公司，独立开展固定资产看管工作。首先，第三方可以作为责任主体，通过合同方式约定责任，一旦出现损失，也可以按照合同的约定索取赔偿。其次，第三方安保公司的存在，可以给外界带来一种威慑。当然，也需要企业管理人员定期和不定期的巡检作为补充，并在此基础上建立起相关的流程，如巡检制度、审批制度、汇报制度、盘点制度等。固定资产安保措施具有一定的价值。很多时候，固定资产一旦失窃，哪怕是一个设备部件的缺失，都有可能带来难以估量的损失，远远超过安保服务的费用。

（五）企业对外担保风险

1. 无股东决议的对外担保仍可能有效

《公司法》第 16 条规定，公司向其他企业投资或者为他人提供担保，依照公司章程的规定，由董事会或者股东会、股东大会决议；公司章程对投资或者担保的总额及单项投资或者担保的数额有限额规定的，不得超过规定的限额。公司为公司股东或者实际控制人提供担保的，必须经股东会或者股东大会决议。前款规定的股东或者受前述规定的实际控制人支配的股东，不得参加前述规定事项的表决。该项表决由出席会议的其他股东所持表决权的过半数通过。本条规定了企业为股东或者实际控制人提供的关联担保和为他人提供的非关联担保两种情况，即企业为他人提供担保的，应当依照公司章程规定由董事会或者股东会决议；而企业为公司股东或者实际控制人提供担保的，则必须经过股东会决议。但是，该规则效力评判并非绝对。根据最高人民法院《关于适用〈中华人民共和国民法典〉有关担保制度的解释》（以下简称《担保解释》），存在以下情形，即便没有公司决议，也应当认定该担保符合公司的真实意思，从而认定担保有效：一是金融机构开立保函或者担保公司提供担保；二是公司为其全资子公司开展经营活动提供担保；三是担保合同系由单独或者共同持有公司 2/3 以上对担保事项有表决权的股东签字同意；四是上市公司公开披露的关于担保事项已经董事会或者股东大会决议通过的信息并对外签订担保合同。

即使企业对外担保确定不发生效力，也并非不产生相应法律后果，企业依然有可能要承担民事责任。根据《民法典》及《担保解释》的规定，担保合同被确认无效后，债务人、担保人、债权人有过错的，应当根据其过错各自承担相应的民事责任。公司承担选任、监督法定代表人的过错责任，根据过错程度，依照法律规定承担相应的民事责任。此外，被担保人可要求该法定代表人履行担保合同约定的义务，或者参照《民法典》第 171 条的规定承担相应的责任。

企业对外提供担保时，最大的法律风险在于法定代表人、高级管理人员或负责人越权对外违规担保，导致公司承担相应的民事责任。建议企业加强事前内部控制，即：完善对外担保相关制度、流程、检查、监督等内控机制，约束企业法定代表人、高级管理人员或负责人的对外担保行为。而对于事后的补救措施，建议积极收集相关证据，证明被担保人未尽必要形式审查义务，不构成表见代表，担保合同对公司不产生效力。

2. 企业对外担保方式带来的风险

担保方式包括保证、抵押、质押、留置等。保证是人的担保，自然人或者法人可以作为保证人，机关法人一般不得作为保证人，以公益为目的的非营利法人、非法人组织不得为保证人，保证的方式包括一般保证和连带责任保证。抵押、质押、留置担保是物的担保。

一般建议企业对外担保尽量选择保证担保和一般保证方式。根据《民法典》第 687 条第 2 款的规定，除以下四种情形之外，一般保证的保证人在主合同纠纷未经审判或者仲裁，并就债务人财产依法强制执行仍不能履行债务前，有权拒绝向债权人承担保证责任：债务人下落不明，且无财产可供执行；人民法院已经受理债务人破产案件；债权人有证据证明债务人的财产不足以履行全部债务或者丧失履行债务能力；保证人书面表示放弃该款规定的权利。而《民法典》第 688 条第 2 款规定，连带责任保证的债务人不履行到期债务或者发生当事人约定的情形时，债权人可以请求债务人履行债务，也可以请求保证人在其保证范围内承担保证责任。承担一般保证的担保责任是以人民法院执行债务人财产仍履行不能为前提，是补充责任；若不考虑债务人提供物保的情况，承担连带保证责任不以债务人的财产履行为前提，债权人可以任意选择向连带责任保证人或债务人主张实现债权。可见，连带责任保证的风险大于一般保证。

资产管理主要规范性文件

1. 国家版权局《著作权行政处罚实施办法》（2009 年 6 月 15 日）

2. 国家版权局《著作权质权登记办法》（2011 年 1 月 1 日）

3. 国家知识产权局《专利实施强制许可办法》（2012 年 5 月 1 日）

4.《商标法》(2019 年 4 月 23 日修正)

5.《反不正当竞争法》(2019 年 4 月 23 日修正)

6. 公安部、最高人民检察院《关于修改侵犯商业秘密刑事案件立案追诉标准的决定》(2020 年 9 月 17 日)

7.《专利法》(2020 年 10 月 17 日修正)

8.《著作权法》(2020 年 11 月 11 日修正)

9.《出版管理条例》(2020 年 11 月 29 日修订)

10. 国家知识产权局《专利审查指南》(2020 年 12 月 11 日)

11. 最高人民法院《关于审理侵犯专利权纠纷案件应用法律若干问题的解释(二)》(2020 年 12 月 29 日)

12. 最高人民法院《关于审理著作权民事纠纷案件适用法律若干问题的解释》(2020 年 12 月 29 日)

13. 最高人民法院《关于审理注册商标、企业名称在先权利冲突的民事纠纷案件若干问题的规定》(2020 年 12 月 29 日)

14. 最高人民法院《关于审理不正当竞争民事案件应用法律若干问题的解释》(2020 年 12 月 29 日)

15. 最高人民法院《关于适用〈中华人民共和国民法典〉有关担保制度的解释》(2021 年 1 月 1 日)

本节小结

本节分析了资产管理的重要性及风险来源和风险类型，着重对投融资及担保、固定资产及存货、无形资产等领域作了详细的风险提示，并结合案例提出应对建议和防范措施。

第五节 产品运营合规风险

一、产品运营合规概述

产品运营是指以市场为导向，完成产品生产或提供服务的经营过程，是企业生存与发展的核心环节。

为了让企业能够更加清晰地认识到产品运营管理所涉及的风险，本节特把产品运营管理职能划分为五大板块，分别是产品研发管理、产品生产管理、产品质量管理、安全生产管理以及环境保护管理。

在产品研发层面，企业需要对市场进行充分调研，其研发的新产品更加贴合市场需求，具有一定的前瞻性。企业研发的新产品往往因研发项目具有立项风险、技术可行性风险、研发资金风险等，可能导致研发失败或者与市场需求不匹配的风险，给企业带来巨大的经济损失。

在产品生产层面，企业往往因产品质量、产品生产安全、环境保护等方面管理不善，从而给企业带来的极大的运营风险。企业需要时刻着重关注产品质量把控、生产安全监管、与环境保护监管，尽到相应的产品生产管理责任。

通常来说，企业产品的目标客户对于企业提供的产品质量、产品安全以及产品环保会比较关心，如果企业在这些方面运营管理不善，将会给企业在管理成本，甚至是商业信誉上带来极大的负面影响。如果因产品质量、安全事故、环境污染等原因导致不良影响，并带来严重后果，企业还可能因此受到相应的行政处罚或刑事处罚。

企业的中高层管理者掌握着企业的战略、财务、人力资源、产品研发、产品生产、生产安全和环境保护等大方向的决策权和管理权，提高他们对合规经营重要性的认识非常重要。

二、产品运营管理组织架构和职能

企业产品运营管理部门负责企业新产品的技术研发、产品生产以及生产过程中的产品质量控制。产品运营管理部门下设技术研发部门、生产管理部门、质量管理部门。合规专员具有监督上述三个管理部门合规运营的职能，负责指导和监督合规管理制度的执行，监督产品运营的管理制度的执行等。

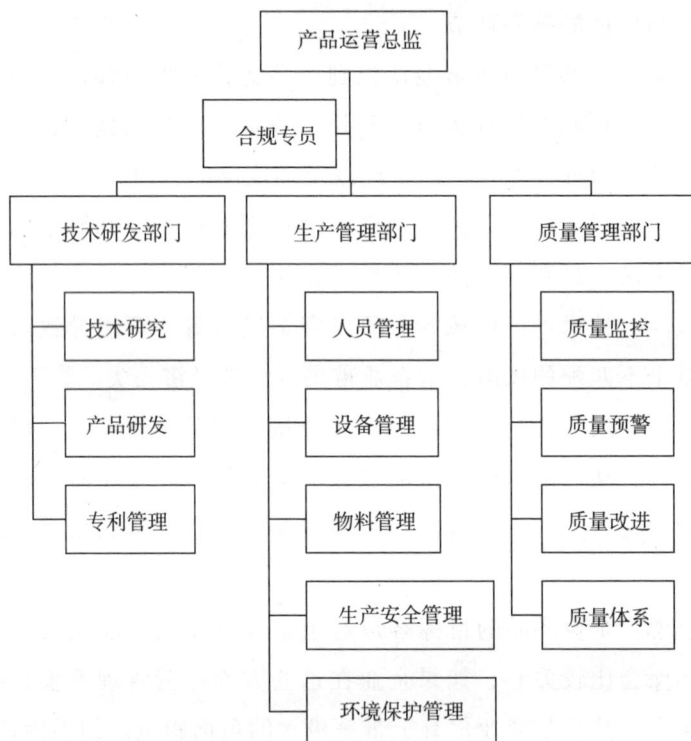

```
                    ┌─────────────┐
                    │  产品运营总监  │
                    └──────┬──────┘
                       ┌───┴───┐
                       │ 合规专员 │
                       └───┬───┘
        ┌──────────────────┼──────────────────┐
   ┌────┴─────┐      ┌─────┴─────┐      ┌─────┴─────┐
   │ 技术研发部门 │      │ 生产管理部门 │      │ 质量管理部门 │
   └────┬─────┘      └─────┬─────┘      └─────┬─────┘
    ┌───┴───┐        ┌─────┴─────┐      ┌─────┴─────┐
    │ 技术研究 │        │ 人员管理   │      │ 质量监控   │
    └───────┘        └───────────┘      └───────────┘
    ┌───────┐        ┌───────────┐      ┌───────────┐
    │ 产品研发 │        │ 设备管理   │      │ 质量预警   │
    └───────┘        └───────────┘      └───────────┘
    ┌───────┐        ┌───────────┐      ┌───────────┐
    │ 专利管理 │        │ 物料管理   │      │ 质量改进   │
    └───────┘        └───────────┘      └───────────┘
                     ┌───────────┐      ┌───────────┐
                     │ 生产安全管理 │      │ 质量体系   │
                     └───────────┘      └───────────┘
                     ┌───────────┐
                     │ 环境保护管理 │
                     └───────────┘
```

（一）产品运营总监的职责

1. 全面负责生产计划的统筹安排，管控产品质量。

2. 加强管理，明确本部门各岗位人员工作职责，建立质量管理体系。

3. 负责组织生产现场管理工作，重视环境卫生工作，抓好劳动防护管理。

4. 抓好生产管理人员的安全生产培训工作，并对安全生产方面定期检查、考核、评比。

5. 负责生产管理环境保护监督，保证"三固"按照法律规定合法排放。

（二）技术研发部门的岗位设置及工作职责

```
                    ┌──────────┐
                    │  研发经理  │
                    └──────────┘
        ┌──────────────┼──────────────┐
   ┌─────────┐    ┌─────────┐    ┌─────────┐
   │ 研发技术员 │    │ 工艺技术员 │    │ 研发资料员 │
   └─────────┘    └─────────┘    └─────────┘
```

1. 研发经理的职责

（1）依据项目背景、技术资料、项目基本状况，负责审核、指导《项目可行性报告》；

（2）负责组织产品需求调研、需求分析和概要设计工作，撰写《研发立项申请书》，对研发方案进行审核、指导；

（3）负责企业研发工作的组织实施，保证产品质量；

（4）负责研发过程的管理与监控；

（5）制定研发部门工作规范并监督执行，并对研发部人员进行定期考核。

2. 研发技术员的职责

（1）负责编撰《项目可行性报告》，交由研发经理进行审核、指导；

（2）负责撰写研发方案，并按照研发方案规定进行项目开发；

（3）负责产品研发样品（包括自制、外购样品）的确认；

（4）协助工艺技术员对新开发产品转化为量产的生产工艺文件进行编制；

（5）负责对包装设计及物料清单的编制；

（6）负责图纸设计；3D、2D 文件以及其他相关技术文件的绘制。

3. 工艺技术员的职责

（1）负责对新开发产品转化为量产的生产工艺文件的编制；

（2）协助生产部门对新产品试产跟进；

（3）负责对量产产品的改进与变更；

（4）负责对新研发产品进行全面质量管理，参与质量守关活动。

4. 研发资料员的职责

（1）负责对产品研发文件的收集、整理、保存归档，并另提交一份至资产管理部门备案；

（2）负责对研发新产品的样品存放管理；

（3）负责对新产品型号及物料代码的编制、管理；

（4）负责对研发核心人员进行信息登记，并另提交一份至人力资源部门备案。

（三）生产管理部门的岗位设置及工作职责

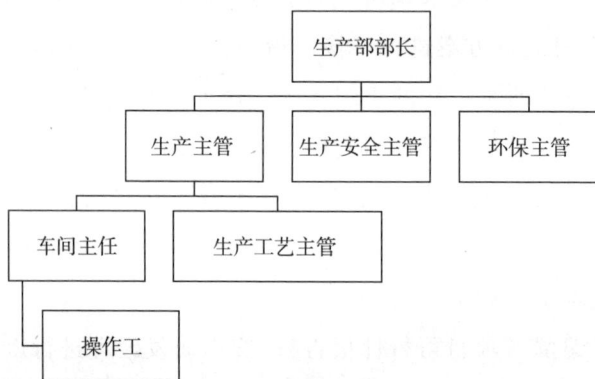

```
                    生产部部长
          ┌────────────┼────────────┐
       生产主管      生产安全主管    环保主管
     ┌──────┴──────┐
   车间主任      生产工艺主管
     │
   操作工
```

1. 生产部部长的职责

（1）根据企业整体发展目标，制定年度生产计划，编制月生产计划，并全面落实实施；

（2）负责对生产消耗指标及费用的控制情况进行分析评价，进行成本核算，提出改进意见并对执行情况进行监督、检查与考核；

（3）合理安排原材料的进货、储存、使用，保证订单生产的顺利进行，力求达到最低库存成本；

（4）负责生产现场管理，负责所辖各车间生产、安全环保、质量、设备、消耗等事项整体规划，建立健全各车间管理运行体系、核心业务流程。

2. 生产主管的职责

（1）协助生产部部长做好生产车间的各项管理工作，努力提高管理水平，提高生产效益；

（2）负责车间各项规章制度执行工作；

（3）负责车间各项数据的记录、汇总工作；

（4）负责处理车间日常各项行政管理工作。

3. 车间主任的职责

（1）根据工艺方案、工艺流程的设计，组织车间工艺审核，设备、工装模具调配；

（2）参与新产品的设计开发，协助车间制定新产品的试制工作计划；

（3）协助车间按计划组织生产，与质量部门密切合作，分析工艺流程冲突，对与工艺有关的问题提供解决方法，及时妥善处理生产现场出现的质量、技术问题；

（4）审核车间工艺方案，按工艺流程设计填写生产和生产工艺卡，对现场管理、工艺改进和成本控制进行调研，收集工艺数据；

（5）编制工艺文件，培训操作人员正确地维护并操作已有的和新购设备、工装，配备工位器具，指导员工严格按工艺流程进行生产；

（6）负责员工的技术培训工作，组织员工学习生产规程和各种标准操作程序。

4. 操作工的职责

（1）负责按生产规范和工艺流程进行生产工作，确保产品满足客户要求；

（2）负责严格把住质量关，确保不合格的零部件不投入装配，经装配不合格的配件不流入下道工序；

（3）规范生产流程，建立和保持文明生产秩序，确保生产线上除生产所需的零部件和工位器具外，不得放其他无关的杂物。

5. 生产工艺主管的职责

（1）参与产品项目立项可行性调研，参与系统方案设计；

（2）拟制产品结构设计方案，提升产品性能和质量；

（3）进行产品公差分析和产品检查；

（4）解决产品开发中的问题、问题跟踪以及与客户讨论技术问题；

（5）为产品的量产提供技术支持。

6. 生产安全主管的职责

（1）建立并完善企业的生产安全管理制度并进行监督实施；

（2）组织企业员工进行生产安全检查，保证生产按照生产安全规范进行；

（3）组织策划安全生产宣传活动，定期对企业员工进行安全培训，并进行考核；

（4）编写安全生产事故的应急预案；

（5）组织员工进行安全设施检查，定期对设备进行维护和保养。

7. 环保主管的职责

（1）提高企业环境管理与监督人员素质，组织企业环境保护制度培训；

（2）建立健全企业环境管理台账和资料，指导企业做到台账和资料完善整齐，装订规范，监测记录连续完整；

（3）建立和完善企业内部环境管理制度，指导有关企业结合实际，建立健全企业污染减排计划、环境应急管理制度、环境治理设施、设备运行管理等制度；

（4）指导有关企业在醒目位置放置污染源分布图、污染物处理流程图和企业环境管理责任体系图；

（5）规范管理企业环境管理与监督人员，建立企业环境管理与监督人员登记备案管理制度和报告制度等。

（四）质量管理部门的岗位设置及工作职责

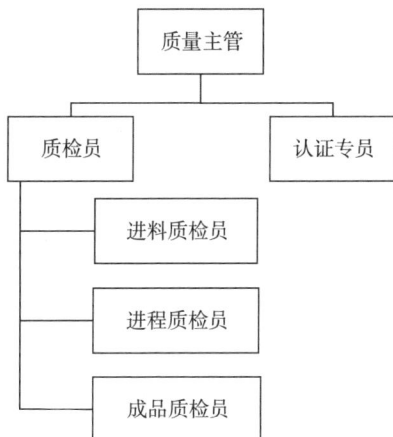

```
          ┌──────────┐
          │ 质量主管 │
          └────┬─────┘
      ┌────────┴────────┐
  ┌───┴────┐      ┌─────┴────┐
  │ 质检员 │      │ 认证专员 │
  └───┬────┘      └──────────┘
      │    ┌────────────┐
      ├────┤ 进料质检员 │
      │    └────────────┘
      │    ┌────────────┐
      ├────┤ 进程质检员 │
      │    └────────────┘
      │    ┌────────────┐
      └────┤ 成品质检员 │
           └────────────┘
```

1. 质量主管的职责

（1）负责质量管理体系的建设和组织实施；

（2）组织制定质量管理方针，监督相应的质量目标；

（3）审核企业质量控制流程及制度规范，并监督检查质量执行情况；

（4）组织制定质量改善计划并指导、监督各部门执行；

（5）负责对质量问题的处理，组织开展对产品的质量监控工作，及时发现和解决产品质量问题；

（6）负责对员工进行质量培训教育，对员工的工作进行评价、考核。

2. 进料质检员的职责

（1）负责制定、审核和批准进料质量检测标准；

（2）制定进料抽样计划对来料进行抽样检验，并将结果及时记录；

（3）负责进料样板的管理（建档、标识、保管及更新）；

（4）安排和组织质量控制的日常工作；

（5）来料检验不合格时，填写进料检验不合格品处理单，退给采购部。

3. 进程质检员的职责

（1）负责制定、审核和批准制程检验标准；

（2）制定生产进程抽样计划，对抽样的样品进行检验，并将结果及时记录；

（3）负责生产进程样板的管理（建档、标识、保管及更新）；

（4）安排和组织质量控制的日常工作。

4. 成品质检员的职责

（1）负责制定、审核和批准成品检验标准和成品包装规范；

（2）制定成品检验抽样计划，对抽样的样品进行检验，并将结果及时记录；

（3）负责成品样板的管理（建档、标识、保管及更新）；

（4）安排和组织质量控制的日常工作；

（5）按成品检验标准及其抽样计划对生产线提交的成品机进行外观、功能、包装等方面进行抽样检验，填写成品抽检报告。

5. 认证专员的职责

（1）组织制定并完善企业质量管理体系文件；

（2）监督企业质量管理体系的实施情况及其有效性并向上级主管汇报；

（3）制定文件和资料控制程序（制定/修订、审批、发放、回收、归档等）。

三、产品运营合规风险提示与应对

（一）生产研发风险

1. 立项风险

大多数企业在新产品研发中存在技术实力低、经验积累少等短板，而新产品的研发难度一般很大，对技术掌握程度和技术精度有着严格而苛刻的要求。企业在进行新产品研发项目前，应当由研发技术员负责撰写项目可行性报告，报告在研发经理审核后应当递交立项申请，所有文件资料应当交由研发资料管理员进行管理、备案。若在研发立项前因无数据支持未进行可行性研究，或未对立项项目未进行风险评估，可能导致项目无法正常进行或风险出现时没有及时的应对方案，造成研发失败，给企业带来经济损失。

项目可行性报告的内容，主要包括研发项目的背景、前期准备资料、项目基本情况、市场分析报告、实施计划、知识产权及研发过程中可能出现的风险，并拟定相应的应对措施。

2. 技术风险

技术是产品研发的重中之重。企业研发部门工作人员的研发能力和研发经验影响产品研发项目的实现。研发部门工作人员的技术水平及研发经验的欠缺，可能使得产品研发缺乏合理的进度安排、开发流程不完善，最终导致研发项目无法按期完成，项目工作人员工作效率低下，研发成果质量无法保障。

因此，产品研发项目经理应当根据各研发人员目前的工作任务分配及时间安排等情况，进行项目安排、制定项目时间进度及人员安排计划。

3. 资金风险

企业首次研发新产品，对于可能出现的问题无法提前给出解决方案，大量的试错会大大增加研发成本。企业研发方案和预算制定不合理，导致研发项目管理混乱，研发资金安排不合理，造成企业研发资金运作不畅、研发过程中断。此外，由于缺乏及时的研发，技术会随着时间的推移而贬值或被竞争对手超越，这样一来，企业的初期研发投入就会白白浪费。

对此，企业研发部门应当对审批立项的研发项目进行备案登记管理，并另提交一份由财务部门备案。研发部门在研发过程中，研发人员应当建立研发费用记录台账，将研发过程中所有的费用支出，包括前期调研费用、研发设备或材料采购及成果鉴定等费用一并详尽记录下来，等研发项目完成后作为项目研发资料一并交由研发资料员归档。

4. 知识产权类风险

（1）商业秘密

企业研发过程中，在商业秘密的保护中企业面临的最大风险就是商业秘密泄露的法律风险。如侵犯他人的商业秘密，情节严重的，可能构成侵犯商业秘密罪。企业商业秘密一旦遭到侵犯，即使获得赔偿，有关信息的秘密性也随之丧失，企业商业利益将受到损失。

此外，企业研发部门在进行新产品研发时会涉及商业秘密，如何保护这些商业秘密即成为研发部门及整个企业重点关注的一点。实践当中，研发部门的核心成员往往都会接触到企业核心商业秘密，在产品研发阶段，对于研发核心技术等信息缺乏保护，尤其是对核心技术人员所掌握的技术数据和成果缺少有效监控，若部分技术数据和技术成果不经意公开，可能使企业技术成果价值流失。另外，企业研发部门核心成员的跳槽带走技术秘密和客户资源也将给企业带来难以估量的损失。

因此，企业应当建立严格的核心研究人员管理制度，明确界定核心研究人员范围和名册清单，签署符合国家有关法律法规要求的保密协议。企业与核心研究人员签订劳动合同时，应当特别约定研究成果归属、离职条件、离职移交程序、离职后保密义务、离职后竞业限制年限及违约责任等内容。

（2）专利

对于获取专利权而言，其不利的代价就是在申请的过程中要公开技术秘密，容易被他人通过专利申请检索获取关键信息，进行模仿或利用，发生申请者尚未取得专利权，而市场上已出现同类产品的情况，由此产生复杂的法律风险。

如果一个企业缺少专利权保护意识，就有可能将全部技术秘密或核心技术成果通过法定的公布程序公开，其后果可想而知。因此，公开范围的大小、是否涉及核心技术秘密，是否容易被模仿等，都应是企业在申请专利的过程中必须考虑的问题。企业对于通过验收的研究成果，可以将相关研发资料统一上交至研发资料员，并由其委托相关机构进行审查，审查企业研发成果是否应当申请专利或作为非专利技术、或商业秘密等进行管理。

此外，专利侵权的另一个风险一般是因为在进行新产品研发立项时，未进行详尽的专利信息检索，因此造成自主研发的成果侵犯他人专利，以致不能使用，反而构成侵权。对此，在研发经理审核研发方案时，应当自行或联合其他相关机构，对研发方案中所涉及的技术方案、技术成果进行核查，以确认是否为他人专利，避免专利权侵权的风险。

（二）产品生产风险

1. 生产计划失误

在明确客户的产品需求后，生产部部长应当依据客户需求和结合企业发展整体目标编制月度、年度生产计划。如果在制定生产计划时失误，容易造成企业仓库中库存短缺、库存积压或交货时间延长，进而导致客户满意度受到影响或库存成本增加，给企业的商业声誉和企业运营成本带来不良影响。

为了避免上述不良影响的产生，企业在制定生产计划时，首先，应当弄清所有生产产品的物料清单，摸清楚所生产产品和材料库存信息。其次，应当定期分析每个客户的订单数量，以此制定出合理的安全库存量。最后，要考虑到采购生产原料的到货周期，因为每种生产原料的采购周期是不一样的，这就要求生产部部长在制定生产计划时考虑提前下达采购计划，以避免生产原料延迟到货的风险。

2. 生产过程中的风险

因生产过程中的各项生产工序未得到及时优化，相关生产流程标准制定得不合理，易造成生产计划无法顺利完成，从而导致生产效率的降低，进而导致客户满意度受到影响或库存成本增加，给企业的商业声誉和企业运营成本带来不良影响。

产品生产部门的所有工作人员应当依据事前设计好的工序、标准进行生产，及时制作工序交接单。生产部门工作人员在发现因工序未及时得到优化而造成相应不良影响时，应及时向上级领导报告，经上级领导批准及时对所设计的工序进行优化，以保证后续生产计划能够正常进行。

3. 工作人员素质方面的风险

依据企业的规章制度，所有新进员工在新入职时必须进行岗前培训，在进行操作时需要进行必要的操作培训，并对培训进行相应的考核，以对自己岗位职责达到充分了解的地步。实践中常见的负责生产的工作人员对其应当操作的器械使用方法不够熟悉或工作人员在生产过程中因生理、心理不适，导致生产效率不稳定、生产效率下降或低于行业平均水平，将给企业产品交付、客户满意度以及产品质量等方面带来巨大影响，严重影响企业商业声誉、增加企业运营成本。

企业应当规范所有生产部门工作人员的入职前培训及操作培训，经常组织工作人员进行技能训练，加大对其的培训考核并做好相应培训台账。同时企业应当建议及时关注工作人员的工作状况（例如，员工的精神状态、工作进度状况和熟练程度），随时指导员工解决生产过程中出现的问题，对于不能解决的问题要及时向上级领导反映，避免对生产工作带来不良影响。

4. 设备运转不良

企业在生产运营的过程中，未定期对使用的生产机器设备及时进行维修、保养，可能导致生产机器设备运转不良（如机器功能调试不当），严重影响生产效率、增加生产成本甚至造成安全事故。企业生产部门应当按照产品生产管理制度对生产机器、模具、设备定期进行保养并及时填写设备保养记录。机器、模具、设备的保养都需要建立台账，台账中需要明确记录设备的功率、精度等级、制造日期、投入使用日期、设备状态、设备保养资料等基本内容。

5. 委托加工风险

委托加工是指由本企业（委托方）提供原材料、半成品或加工标准给受托加工企业（受托方），受托方按照委托方提供的图纸和工艺技术要求进行加工，完工后将成品返回委托方，验收合格后由委托方向受托方支付加工费的业务方式。企业在生产运营中，在委托加工业务中存在以下风险：

（1）对委托加工业务的选择失误产生的风险。委托加工的根本目的是在保持企业核心竞争力的前提下，提高生产效率，降低生产成本，因此，选择"什么"业务委托加工就显得尤为重要。如果企业对自身的核心业务与非核心业务、优势业务与劣势业务分辨不清，对业务的经济附加值及含金量缺乏科学合理的评估，盲目地作出判断和选择，将会给企业带来核心技术机密泄露、核心竞争力丧失、成本上升的风险。

（2）对受托方选择不当产生的风险而产生的质量风险，即选择的受托方本身技术实力或设备水平达不到加工的要求，但为了争夺订单，什么条件都答应，给委托企业产品质量及商业信誉带来不良影响。

（3）对受托方选择不当产生的交货逾期风险。如果受托方生产能力不足，不能按约定的交货期交货，就会打乱委托企业正常的生产计划安排，面临成本上升、合同违约的风险。

为了防范、应对上述风险，建议企业采取以下防范措施：

首先，实施不相容职务分离控制。企业应建立委托加工业务的岗位责任制，明确相关部门和岗位的职责、权限，确保委托加工业务办理过程中不相容职务相互分离、相互制约。在委托加工业务中，需要职责分离的岗位有：委托加工申请与审批；受托加工方的选择与审批；合同拟订与审核；委托加工实施、验收与会计记录；付款的申请、审批与执行等。

其次，建立科学的受托方评价和淘汰制度，确定合格的受托方清单。由采购部门组织，生产部门、技术部门、财务部门、质量检验部门参加，对受托方每年进行一次综合评价。根据评价结果，按照优胜劣汰的原则，选择合适的受托方，并将选择结果报上级领导进行审批。

最后，完善合同条款内容，明确双方权利、义务和违约责任。采购部门应根据审批手续齐全的委托加工申请单，与已审批确定的加工商进行采购谈判，签订委托加工合同。合同应就主要条款，如委托加工零部件的名称、规格型号、加工数量、单价及总价、质量和验收标准、交货时间、交货地点、付款方式及时间、技术保密、违约责任及赔款等内容作出明确的约定。

（三）产品质量风险

1. 生产经营环境不符合要求

实践中，部分制造型企业对于产品生产制造的环境有着极高的标准，例如医疗器械制造企业，依据 2011 年实施的《无菌和植入医疗器械生产质量体系管理规范》，对众多医疗器械生产企业的厂房选址、厂房建设、厂房环境都有着严格要求，以达到无菌生产环境标准。如果环境卫生不符合要求，会导致生产工作车间环境沉降菌和悬浮粒子超标，造成成品中微生物不符合质量要求，从而导致产品质量不达标。

企业对于厂房及内部设施应合理设计，满足国家或者行业监管要求。

2. 生产设备不满足生产需求

生产设备不满足生产要求或生产技术参数达不到生产标准，将会直接导致所生产成品质量不符合标准。

3. 工作人员没有取得相应资质

重点工作人员没有取得相应资质，易造成生产操作错误，严重影响成品的产品质量，严重的会引发重大安全事故。依据《安全生产法》的规定，生产经营单位的特种作业人员必须按照国家有关规定经专门的安全作业培训，取得相应资格，方可上岗作业。

企业应当参照产品生产管理制度，对特种作业人员（如锅炉工、电工、焊工、压力容器操作、压力管道操作、吊装、厂内车辆驾驶、安全附件维修等）按《特种作业人员安全技术考核管理规则》要求，由主管部门进行安全技术培训、考核，取得特种作业证后，持证上岗。相关特种作业人员资质应当另提交一份至人力资源部门进行登记、备案。

4. 设备未定期维护、保养

设备生产能力不适合将会导致生产成本上升，未定期维护保养设备将难以保障产品质量的稳定。产品质量出现问题将会给企业与客户之间签订的合同带来不良影响，也严重影响到企业的商业信誉。

生产部门应当设定设备定期校正维护的周期，作为设备定期检定、校准、维护计划的拟订及执行的依据。同时，对于设备的定期检定、校准、维护应当由专人做好台账，记录在案。

5. 生产流程不稳定

不稳定的工艺规程会导致产品质量不稳定；领料、称量错误会造成生产的严重偏差，造成严重的质量问题；生产过程控制错误将会造成成品质量问题。企业应当规范生产流程，建立严格的产品质量控制和检验制度，严把质量关，禁止缺乏质量保障、危害人民生命健康的产品流入社会。

6. 瑕疵产品召回问题

召回计划往往由企业制定，是企业实施召回的前提和依据。从生产者角度而言，召回将给企业带来一定的经济负担，但是出于利益最大化的考量，企业在制定召回计划时，不排除为规避风险、降低成本而采取避重就轻、简化措施的可能。因此，一旦企业的召回计划存在瑕疵或缺漏且未被及时发现和更正时，将给后续的召回实施带来阻碍，给企业的声誉也带来影响。因此，企业应当加强产品的售后服务，售后发现存在严重质量缺陷、隐患的产品，应当及时召回或采取其他有效措施，最大限度地降低或消除缺陷、隐患产品的社会危害，降低对企业商誉的不良影响。

7. 产品包装风险

产品包装不符合产品质量要求，也会造成整个成品产品的质量问题。有关食品安全的产品，应当关注内包装微生物是否超标；涉及有毒、有害材料的包装，应当提供符合标准的检测报告和相关指标符合包装材料的验收标准。

（四）安全生产风险

1. 生产安全风险

生产工作人员未按操作规范、个人防护用品穿戴不到位、身体自身条件和体能状况，设备自身缺陷安装不到位、未及时维护或更新换代，生产违反操作规范、生产工作协调方面出现问题，均可能导致工作人员人身安全受到威胁、发生事故、造成财产损失和人身伤亡损失。造成重大安全事故或其他严重后果的，还可能构成重大责任事故罪。此外，如企业法定代表人或直接负责人因企业运营管理职责不到位，或未履行安全生产法定职责，未按照规定设置专门的安全生产管理机构或任命专职安全生产管理人员，致使企业存在重大的安全隐患，企业的法定代表人或直接负责人也将可能以重大劳动安全事故罪而被追究刑事责任。

【案例】山东某企业员工徐某在一天晚上值班时，因操作不当引发油罐区发生火灾，火灾导致企业仓库大量库存、设备损毁，造成企业损失共计483.9878万元。法院认为，徐某操作不当，致使输油管线压力过高导致燃油泄漏，泄漏的燃油遇静电放电或电气火花引起火灾，对事故发生负直接责任。于某某作为该企业的法定代表人，企业安全责任落实不到位，未按照规定设置专门的安全管理机构或者任命专职安全生产管理人员；企业职工安全教育培训流于形式；厂房建设上油罐区与仓库区相连未保持安全防火间距，仓库区房顶使用不符合消防安全规定的易燃材料，油罐区未设置明显的安全警示标志，配备照明等应急设施，且未办理消防设计审核、消防竣工验收等相关手续，存在重大安全隐患，对事故的发生承担主要领导责任。综上，徐某被判处犯重大责任事故罪，于某某被判处犯重大劳动安全事故罪。

企业应当按照规定设置专门的安全管理机构或任命专职安全生产管理人员，设置显眼的安全标志，并对生产部门员工定期进行安全生产培训并及时记录好相对应的培训台账，以消除企业重大安全隐患。

2. 消防安全风险

企业工作人员消防意识淡薄，企业缺乏完备的消防安全规范，机器设备未及时保养维护，消防器材未得到检测更新，消防通道发生阻塞，未制定合理的消防逃生路线，可能引起火灾等消防隐患，造成财产损失、人员伤亡。

【案例】陈某某作为 A 公司的生产科科长、消防安全管理人，负责公司的消防安全管理等工作。2014 年 4 月 28 日、2016 年 11 月 26 日 A 公司因占用、封闭疏散通道、安全出口等违反消防管理法规的行为，先后被派出所两次下发责令整改通知书要求整改。而陈某某作为公司的消防安全管理人，未对责令文书上的上述问题落实整改，导致被害人许某在 A 公司厂房于 2017 年 6 月 23 日 2 时左右发生的火灾中死亡，并导致 A 公司在火灾中经济损失达 205.3726 万元。法院认为，陈某某作为 A 公司的消防直接责任人员，违反消防管理法规，经消防监督机构通知采取改正措施而未予执行，发生火灾造成严重后果，其行为已构成消防责任事故罪。综上，依据《刑法》，陈某某被法院以消防责任事故罪判处有期徒刑9个月，缓刑1年。

依据现行法律法规，企业应当对生产经营现场的消防器材和应急用品定期进行检查、保养，并做好相应记录。企业如果因消防器材和应急用品未定期维护、保养而引起生产消防安全事故，企业的法定代表人或消防安全部门负责人将被追究法律责任。

为避免生产消防风险，企业应当完善消防安全教育培训制度，定期组织工作人员参与消防演习培训，做到"人人参与"，并做好记录。企业消防管理人员主要检查企业的各项消防管理制度的落实情况，安全出口、疏散通道，疏散指示标志完好情况，各类消防设施的运行情况，以便及时发现火灾隐患，并做好记录；企业应保持疏散通道、安全出口畅通，严禁占用疏散通道，严禁在安全出口或疏散通道上安装栅栏等影响疏散的障碍物；企业的消防栓应进行定期检查、修理，并由安全员建立台账，及时做好检查记录，每次检查、调校都要有确认签字，避免重大生产消防安全隐患的发生。

3. 危险源未分级

通常来说，在生产制造型企业中都存在或多或少的风险，有的风险源于生产原料、有的风险源于生产设备等，这些风险对于企业的生产运营带来的巨大的生产安全威胁与影响。依据《安全生产法》，对未对重大危险源登记建档，或者未进行评估、监控，或者未制定应急预案的生产经营单位，责令限期改正，可以处10万元以下的罚款；逾期未改正的，责令停产停业整顿，并处10万元以上20万元以下的罚款，对其直接负责的主管人员和其他直接责任人员处2万元以上5万元以下的罚款；构成犯罪的，依照《刑法》有关规定追究刑事责任。

危险源的评估可以采用风险矩阵法。首先，确定风险源发生事故的可能性和后果的严重程度，然后通过风险矩阵确定其风险等级，作为两者的综合指标。风险评估完成后，应当对上述风险登记建档，依据风险源危险程度高低，制定不同的应急措施。风险程度高的，应急措施应当更为完善。企业各部门、车间应根据作业内容，对各自作业活动、设备设施和管理活动的内容进行确定，并分别列出本企业的作业活动清单与设备设施清单；按"工作危害分析法、安全检查表分析法、预危险性分析法"识别出作业活动中的危害因素并进行风险评价。生产安全部门负责审核、汇总各部门识别出的危害因素。以不同车间为独立主体分别制定风险源评估、分级方案，制作出风险源识别表，在每个车间醒目的地方张贴，这样能够使得每个车间内不同生产过程中需要使用的不同器械的风险更加清晰。

4. 个人劳动防护用品使用不当

企业在生产活动中存在的危险源包括但不限于粉尘、噪声、电磁辐射等，作为企业的工作人员应当按照规定佩戴好个人劳动防护用品，如降噪耳塞、防护服等。

企业应当完善个人劳动用品使用规范，以保障工作人员的跟人劳动防护用品使用到位，并在车间内显眼的地方张贴标识。（1）规定工作人员进入生产装置或施工作业现场，必须按照规定穿戴防护用品，否则按照相关规定处罚；（2）约定各车间对特种型防护用品，如防毒面具、防护服、空气呼吸器等建立台账，常用的防护用品应存放在公众易于取用场所，做到防潮、防高温、防锐器损坏；（3）对使用方法比较复杂的防护用品，如防毒面具、呼吸器等必须认真研读使用说明，正确掌握其使用方法；（4）对因工作原因造成损坏的特种型防护用品，由生产安全部门审批、更换。

（五）环境污染风险

如果企业在生产过程中没有遵循排污标准，违规排放污染物（固废、废水、废气等），没有及时进行管道施工工程、雨污分流工程，对环境造成破坏，可能受到行政部门的处罚，也可能作为侵权人或者公益诉讼的被起诉方被诉至法院，进而承担民事责任。情节严重的，还可能以污染环境罪被追究刑事责任。

【案例】安徽省 A 化工科技公司经理杨某违规将 29.1 吨废碱液交给

无危险废物处置资质的孙某处置，孙某联合其他人共同将上述废碱液违规排入长江，造成了严重的环境污染，导致江苏省某市集中式饮用水源断水 40 多个小时，给居民生活带来巨大不便。上述污染事件发生后，市环境保护局和市人民检察院联合委托省环境科学学会对污染损害进行评估。省环境科学学会经调查、评估，作出了评估报告。省人民政府向市中级人民法院提起公益诉讼，请求判令 A 化工科技公司赔偿生态环境修复费用 3637.90 万元，生态环境服务功能损失费用 1818.95 万元，承担评估费用 26 万元及诉讼费等。法院认为 A 化工科技公司作为化工企业，对其在生产经营过程中产生的危险废物废碱液负有防止污染环境的义务；A 公司放任该公司经理杨某将废碱液交给不具备危险废物处置资质的个人进行处置，导致废碱液被倾倒进长江，严重污染环境；依法判处 A 化工科技公司承担侵权赔偿责任。

企业应当重视生态保护，加大对环保工作的人力、物力、财力的投入和技术支持，不断改进工艺流程，降低能耗和污染物排放水平，实现清洁生产。企业应当加强对废气、废水、废渣的综合治理。同时，应当通过宣传教育等有效形式，不断提高员工的环境保护意识。

生产运营主要规范性文件

1. 《使用有毒物品作业场所劳动保护条例》（2002 年 5 月 12 日）

2. 《放射性污染防治法》（2003 年 10 月 1 日）

3. 《生产安全事故报告和调查处理条例》（2007 年 6 月 1 日）

4. 《城镇排水与污水处理条例》（2014 年 1 月 1 日）

5. 《特种设备安全法》（2014 年 1 月 1 日）

6. 《环境保护法》（2015 年 1 月 1 日）

7. 《产品质量法》（2018 年 12 月 29 日修正）

8. 《职业病防治法》（2018 年 12 月 29 日修正）

9. 《环境噪声污染防治法》（2018 年 12 月 29 日修正）

10. 《土壤污染防治法》（2019 年 1 月 1 日）

11.《废弃电器电子产品回收处理管理条例》(2019 年 3 月 2 日修订)

12.《生产安全事故应急条例》(2019 年 4 月 1 日)

13.《固体废物污染环境防治法》(2020 年 9 月 1 日)

14.《消防法》(2021 年 4 月 29 日修正)

15.《安全生产法》(2021 年 6 月 10 日修正)

本节小结

产品和服务是企业的内在价值,企业的市场竞争力主要是以提供的产品和服务加以体现。本节以生产型企业为例,围绕产品研发、产品生产、产品质量、安全生产、环境保护等生产环节展开分析,结合走访企业发现的问题,介绍了产品运营过程中的风险成因及后果,并提出了相应的应对建议,给企业就产品运营风险管理提供了解决方案。

第六节 供应管理合规风险

一、供应管理合规概述

供应管理是为了保质、保量、经济、及时地供应生产经营所需要的各种物品,对采购、存储、物流等一系列供应过程进行计划、组织、协调和控制,以保证企业经营目标的实现。鉴于供应管理在企业中的巨大作用,也是企业经营活动的重要组成部分,对供应管理合规风险也应当予以重视。供应管理方面,其风险点主要集中在采购和仓储物流过程中,企业应当重点监管。

企业作为生产主体,为了完成产品生产,需要进行大批量的生产原材料、生产设备等物资采购。企业采购是企业运营的基础和保障,企业在采购时不仅对采购的标的质量、数量、标准、供应商等要严格要求,还需要对自身的采购需求进行研究分析，做到采购每个环节规范化、合理化，保证企业生产所需的原料物资适时适量地供应。

同样，仓储物流也是企业生产经营中重要的环节。仓储物流环节包含存储、保管、装卸、配送等流程。企业要通过分析产品生产的供应链，针对性地形成仓储物流管理制度，优化流程，落实每个环节中的合规要求，进而保障企业在正常高效运转的情况下，避免或减少企业仓储物流造成的损失。

我们通过走访企业、搜集企业合规资料，发现采购存在权力寻租的情况，其原因是制度设计不合理，造成人为干预操作空间大。这些企业在制定采购计划时，往往存在一定的模糊性、不确定性，缺少流程控制，缺少稽核与审批机制。有些虽然建立了审批机制，但没有有效执行，也没有事后监督和违规查处机制。在仓储物流环节也存在类似的问题。

企业可以设置科学合理的组织架构，建设规范的供应管理制度，为满足合规管理需要可以专设合规专员岗位。通过有效执行供应管理制度和合规管理制度，有效防范供应管理合规风险。更为重要的是，供应管理人员和员工应当充分理解合规制度的意义，并自觉遵守。合规是自上而下的，如果高层领导不重视，或者不遵守，即便员工认识到了合规的重要性，也无法实现企业合规经营，毕竟一个小的决策失误都有可能引发企业的多米诺骨牌效应。

二、供应管理组织架构和职能

现行企业的供应管理组织架构大多是基于各职能部门的专业化模式设计的，按照职业化专业化的要求对劳动者进行分工，使劳动者每单位时间处理问题的能力提高，以提升企业整体的运转效率。但是，企业整体的运转效率并不等于劳动者单位效率的简单累计，还需通过各职能部门的相互协作共同实现企业战略目标。对于供应链组织的划分应当符合企业战略目标，符合一定的操作科学性：既不能划分太粗，使战略重点和层次不清；也不能划分太细，使得多部门多工种协作困难，而影响企业供应管理效率。同时还应当注意各部门之间的相互制约，防止舞弊行为的发生。可以将供应管理划分为采购部与仓储物流部两个部门，采购到的物料在进入仓库之前，由仓储物流部经手核实，以此限制并监督采购人员权利的行使。其中，部门合规专员通过独立行使合规管理职能，有效监督各职能部门制度的实施情况。

（一）采购部

采购部统一管理企业物料采购工作，以尽可能合理的价格购买符合企业质量要求的物料，并应当在采购过程中重点注意对供应商资质、信誉、履约能力等方面进行核查，审慎签订采购合同。

1. 岗位设置

采购部设置采购部部长，根据需要设置部长助理，并根据企业规模大小，设置采购主管、采购员。同时，为了体现出合规管理的独立性原则，采购部需设置合规专员。

2. 岗位职责

（1）采购部部长的主要职责是统筹采购物资成本管理、统筹供应商管理、批准物资采购计划、审核采购合同、组织采购部人员的管理培训。

（2）采购部部长助理的职责是协助部长的日常工作。

（3）采购主管的主要职责是根据生产部门及其他职能部门需要制定采购计划、督促和监督采购员业务实施、制作供应商调查表。

（4）采购员的职责是具体实施各项采购项目、按照企业规定展开供应商调查、提交拟签订的采购合同、具体负责采购物料与仓储物流部的入库对接。

（5）合规专员的职责是履行采购管理合规职责。

（二）仓储物流部

仓储物流部统一管理采购物料以及相关成品的仓储保管与出入库管理工作，要求确保仓储物料及成品的存放安全，并且做好出入库相关的核查、登记等工作，同时禁止利用工作便利以不登记、少登记等方式侵占企业财物。

1. 岗位设置

仓储物流部设置部长，根据需要设置部长助理，并根据企业规模大小，设置物流主管、仓储主管、保管员。同样，为了体现出合规管理的独立性原则，仓储物流部也需设置合规专员。

2. 岗位职责

（1）仓储物流部部长的职责是全面负责物流与仓储管理工作，有效控制物流与仓储成本；完善仓储与物流管理流程；统筹协调各职能部门的物资需求等。

（2）仓储物流部部长助理的职责是协助部长的日常工作。

（3）仓储主管的职责是制定仓库管理规范；组织本部门人员培训；定期组织库存数量盘点工作，及时整理过期物资并上报。

（4）物流主管的职责是制定物流管理规范；制定并优化物流方案；组织本部门人员培训；协调处理物流异常情况并统计分析及时上报。

（5）保管员的职责是负责物料的仓储安全、物料及成品的入库和出库的登记、用料部门领料登记、定期统计物料仓储情况。

（6）合规专员的职责是履行仓储物流合规管理职责。

三、供应管理合规风险提示与应对

供应管理合规风险，是指在企业的供应管理过程中，因未能够与法律、法规、政策和行业标准以及企业制度规范保持一致，供应管理内控流程设计不完善或未能有效实施，以及相关从业人员未适当履行职业道德规范而引起的风险。为了防范供应管理合规风险，企业应当建立一套行之有效的供应管理合规制度，使企业能够识别供应管理合规风险，主动采取相应的应对措施，避免违法、违规行为导致的法律制裁或经济、声誉等损失。作为企业经营运转的重要环节，供应管理合规风险的防范和应对的重要性不言而喻。本节将梳理采购、仓储物流环节可能发生的合规风险，并结合案例分析风险成因和应对措施。

（一）采购过程中的风险提示与应对

1. 供应商识别出错

供应商是指可以为企业生产和研发提供原材料、设备、工具以及服务的企业，其既可以是生产企业，也可以是流通企业或服务企业。每一家企业都希望找到能够提供优质产品、良好服务，按时供货且售后完善的供应商。企业供应商识别出错主要表现为以下几点：

（1）供应商欠缺资质。在采购过程中，有些领域对供应商的资质认证有明确要求，供应商必须具备，否则就没有资格参与其中。资质认证按强制程度分为自愿性认证（非强制性认证）和强制性认证。强制性认证主要集中在工程、医疗器械、特种设备、计量器具、安全技术防范系统及产品、计算机信息系统安全专用产品类等领域，还包括节能产品等强制性产品认证。选择不具备资质的供应商，将会对企业的生产、销售环节造成巨大的隐患。

（2）供应商履约能力不足。采购人员应当特别注意供应商是否存在以下情形：以虚构的单位或者冒用他人名义签订合同；以伪造、变造、作废的票据或者其他虚假的产权证明作担保；没有实际履行能力，以先履行小额合同或者部分履行合同方法，骗取企业继续签订和履行合同；收受企业给付的货款、预付款或者担保财产后逃匿。

供应商识别错误，轻则导致合同无法按约履行，影响企业的正常经营；严重者，可能导致企业遭到合同诈骗，造成较大的财产损失。企业在实际经营过程中，买卖合同纠纷占较高比例，"赢了官司赢不到钱"的现象普遍存在，大多企业在最初的供应商识别上出错，没有进行风险识别与流程控制，最终造成企业受损。

针对以上风险，企业可以通过制定采购管理制度，对供应商评审程序进行严格的规定，通过由采购专员、质量部门成员、技术部门成员以及生产部门成员组成的供应商评审小组，对物料品质、供应商资质、经营状况、处罚记录及诉讼事项进行全面审查，从而使企业在采购之初，对供应商的履约能力进行全面评估，加强企业对供应商的管理，对该风险进行规避。

2. 供应商向采购人员进行商业贿赂

企业在自主选择供应商过程中，采购人员直接接触供应商并全程参与了从意向选择到签订供货合同的整个过程，极易受到商业贿赂，涉嫌非国家工作人员受贿罪。根据《刑法》的规定，非国家工作人员受贿罪，是指公司、企业或者其他单位的工作人员利用职务上的便利，索取他人财物或者非法收受他人财物，为他人谋取利益，数额较大的行为。

【案例】夏某担任某公司物资采购部高级主管。在其工作过程中，利用职务上的便利，非法收受他人财物共计人民币 97.8 万元，其行为已构成非国家工作人员受贿罪。本案是企业经营过程中比较典型的采购人员商业受贿的案件，因采购主管拥有选择供应商，以及填制供应商申请表，并参与供应商选择的整个流程的管理权，这种管理权就会滋生供应商进行商业贿赂的想法及做法，最终使企业员工走上犯罪的道路，不仅给企业造成经济损失，还影响了企业的声誉。

采购人员的下列行为可能构成非国家工作人员受贿罪：在采购过程中吃请或者接受供应商给付的财物，或有财产性利益的服务；私下拿回扣；在订货会、展销会、年会等各种场所，接受供应商大额礼品；被许诺离职后给付金钱或财产性利益；供应商给予干股；逢年过节、婚丧嫁娶收受供应商礼金；采购人员索贿等。

针对采购环节，企业可以制定供应管理部门反舞弊制度，在该制度中明确规定接收商业贿赂的情形，以及相应的处理办法。

3. 采购人员与供应商串通投标

在招标形式的采购中，存在采购人员（招标方）与供应商（投标方）之间私下串通的可能，而串通投标不仅会给企业造成损失，也会给企业的声誉造成影响。情节严重的，还可能构成串通投标罪，需承担刑事责任。

实践中，投标者与招标者串通投标一般表现为以下几种：

（1）招标者故意泄露标底，即招标人有意向某一特定投标人透露其标底；

（2）招标者私下启标泄露，即招标人在公开开标之前，私下开启投标人标书，并通告给尚未报送标书的投标人；

（3）招标者故意引导促使某供应商中标，即招标人在要求投标人就其标书作澄清事实时，故意做引导性提问，以促成该投标人中标；

（4）招标实行差别对待，即招标在审查、评选标书时，对同样的标书实行差别对待，或者对不同的投标者实施差别对待；

（5）招标者故意让不合格投标者中标，即招标者允许不符合投标资格的投标者参加投标，并让其中标；

（6）投标者贿赂获密，即投标者通过贿赂手段，在公开开标之前，从招标者处获取投标条件或者其他投标者的投标价的行为；

（7）投标者给招标者标外补偿，即投标人有意与招标人商定，在公开投标时压低标价，中标后再给招标人以额外补偿。

对于串通投标，多数是采购部门与投标者在招标活动中，以不正当手段从事私下交易，使公开招标投标流于形式的行为。该风险实质上与上述接受商业贿赂风险是一致的，均是由于采购部门的与供应商之间的不合法、不合规的行为导致的。企业应制定相关采购合规管理制度，对企业的招标流程进行明确的规定，要求采购部门严格执行。同时，企业还可以将该风险情形也列入供应管理部门反舞弊制度，在该制度中对串通投标的情形，以及相应的处理办法予以明确的规定。

4. 采购人员挪用资金或利用职务之便侵占企业财物

按照企业的制度，尽管采购人员不接触采购资金，但是在实际采购过程中仍然存在采购人员接触采购资金的可能。此外，按照制度规定，采购物料应由仓库受理，但是采购人员仍有可能接触甚至代管采购物料，从而也存在职务侵占的可能。

在采购过程中采购员私藏附赠商品，在企业多开发票、在交易过程中虚增不必要的环节等行为都会视为职务侵占。随着社会的发展，除了传统的职务侵占手段，如今利用职务之便，通过修改网络订单的方式将企业财物占为己有的案例也频频发生。

【案例】被告人吴某于 2015 年 6 月至 7 月期间，利用其担任某贸易公司业务经理的职务便利，多次进入该公司企业门户管理系统，将该公司销售的多款苹果电信合约机的商品属性修改为"可单独销售"状态，并伙同他人购买上述商品共计 300 部，后加价予以销售，获取利润共计人民币 28 万余元，造成该公司经济损失共计人民币 395280 元。吴某以非法占有为目的，利用职务上的便利侵占本单位财物，数额较大，其行为已触犯了《刑法》，构成职务侵占罪，依法应予惩处。

企业应进一步完善采购管理制度，采购资金应通过转账方式支付，避免使用现金；建立供应商信息沟通机制，避免因信息不畅产生舞弊空间；核实各采购环节的真实性和必要性，避免采购人员增设交易环节从中牟利。

5. 采购合同签订中的风险

企业的经营离不开合同的签订，对于采购部门来说，合同签订的重要性不言而喻。而采购合同的签订，如果在标的物、质量标准、履约方式、期限、到货地点、付款方式和期限、质保、违约责任等方面约定不明，则可能导致诉讼败诉风险。如果标的物约定不明确，根据我国《民法典》的规定，在这种情况下，首先允许当事人通过协议进行补充；不能达成补充协议的，按照合同的有关条款或者交易习惯来确定；如果仍然不能确定的，按照国家标准、行业标准履行；没有国家、行业标准的，按照通常标准或者符合合同目的的特定标准履行。企业作为采购方，在采购合同中如果没有对标的物进行详细、明确的约定，产生争议后可能影响生产进度，甚至还会造成经济损失。

【案例】A 公司作为甲方于 2015 年 3 月 1 日与作为乙方的王某某签订《合作协议书》，指定王某某作为 A 公司的销售代理商，并约定，乙方签订合同必须将货款转入甲方公司账户或甲方指定账户，否则将视为无效付款，公司将不予发货。2015 年 12 月 19 日，A 公司与王某某签订《金属波纹管价格表》，对不同规格金属波纹管的价格进行了约定，并约定斜口部分按整装管 55% 计算，此单价自 2015 年 12 月 19 日起执行。2016 年 6 月 27 日，某道隧集团工程有限公司改建工程第四合同段项目经理部作为定作方与作为承揽方的 A 公司签订了《加工定作合同》一份，约定定作物品是金属波纹管，规格型号为 HFHG（直径 2m），单价 3185.00 元，计量单位为 m，金额为 2636128.95 元，按实际发货量结算；定作方盖章确认收到货物即视为定作方已收到货物。合同签订后，A 公司分别于 2016 年 7 月 6 日、7 月 11 日、7 月 19 日、7 月 30 日、8 月 15 日、8 月 26 日、9 月 9 日、9 月 20 日通过物流公司分八批次向某道隧集团工程有限公司改建工程第四合同段项目经理部送货，某道隧集团工程有限公司改建工程第四合同段项目经理部予以签字盖章确认，供货金额共计 2670814.45 元。A 公司于 2016 年 9 月 23 日及 9 月 28 日通过物流公司向某道隧集团工程有限公司改建工程第四合同段项目经理部供货，但货物验收单及对账单上均没有某道隧集团工程有限公司改建工程第四合同段项目经理部签字、盖章确认，此两笔货款金额为 366497.95 元。

某道隧集团工程有限公司辩称斜切金属波纹管应按整装管 55% 计算，但法院认为因《加工定作合同》中统一约定了金属波纹管的计算标准，并未单独约定斜切金属管的计算标准，且《金属波纹管价格表》关于"斜口部分按整装管 55% 计算"仅系王某某与 A 公司间约定，故法院对某道隧集团工程有限公司此项辩称不予支持。

另外，交易中，双方对于货物意外灭失的风险也应当做明确的约定。其中买卖双方尤其应当对货物交付的时间点、期限、地点、交付方式作出明确的约定，以防止出现争议，降低损失和诉讼败诉的风险。

建议采购部门在签订采购合同前，对合同内容的主要条款，如标的、数量、金额、标准、付款方式等，进行重点审核。也可以交由企业的法务部门进行二次审查，以确保能够在合同签订前规避风险。同时，对于合同履行过程中，采购部门可以分配专人进行合同履行管理，确保发现风险时能够及时应对处理。

（二）仓储物流过程中的风险识别

1. 仓储过程中爆炸、失火的风险

企业仓储的重点是仓储安全，而仓储安全的隐患之一就是火灾。在既有仓储风险中，火灾是造成仓储重大损失的主要原因，尤其是仓库中储存的特殊物品如化工原料、农药、化肥、医疗用品等，具有不同程度的易燃易爆、毒害、腐蚀等危险特性，需要尤其注意这些物料的入库和储存。在物料接触火源、热源、雨淋、水浸时，在受到较为剧烈的震动、撞击摩擦时，在接触性质相抵触的物品时，都可能引发爆炸、燃烧的巨大灭失风险，甚至导致人员伤亡。

对于此种风险产生的后果，较为典型、影响也较大的案例就是"3·21响水化工企业爆炸事故"。2019 年 3 月 21 日 14 时 48 分许，江苏省盐城市响水县陈家港镇化工园区内江苏天嘉宜化工有限公司（以下简称天嘉宜公司）化学储罐发生爆炸事故，并波及周边 16 家企业。事故共造成 78 人死亡、76 人重伤，640 人住院治疗，直接经济损失 19.86 亿元。后法院经审理查明，天嘉宜公司无视国家环境保护和安全生产法律法规，长期违法违规贮存、处置硝化废料，企业管理混乱，是事故发生的主要原因；天嘉宜公司主要负责人由其控股公司江苏倪家巷集团有限公司（以下简称倪家巷集团）委派，重大经营管理决策需倪家巷集团决定、批准。倪家巷集团与天嘉宜公司共同决策实施不法行为，为了集团自身利益，在天嘉宜公司技术、设备不过关的情况下仍同意上马间苯二胺项目生产线和硝化工段，明知硝化废料有毒、易燃易爆且储存地点不符合安全条件，仍未加强安全管理，未对硝化废料大量、违法贮存予以制止或提出合理处置方案，放任天嘉宜公司非法储存危险物质，最终造成重大人员伤亡和财产损失，倪家巷集团和天嘉宜公司相关责任人应依法对事故后果承担刑事责任。该事故因违规违法存储化学物料，除了造成直接的财产损失，及相关人员受到刑事处罚外，还对当地造成了大范围的事故影响，如企业停产、学校停课、暂停供电等影响。

对于该类风险，企业可以制定严格的仓储管理制度，通过制度规定，将仓储流程以及仓储安全保障等步骤精细化、职责明确化。同时，企业要保障仓储部门合规专员的独立性，确保合规专员履行职责所需充分的知情权和独立的调查权，通过部门内部管理与合规制度落实相结合，避免该种风险。

2. 仓储物料霉烂变质的风险

企业可以通过制定仓储管理制度，对于每一类物料的存放要求进行明确规定，并要求仓储人员严格执行，防止出现因仓储管理不善而造成的货物减值、灭失的巨大损失。

另外，对于保质期较短的物料，应遵循"推陈储新"、先进先出的原则，防止该类物料因过期而导致企业的损失。

3. 物资被盗以及监守自盗的风险

仓储物资被盗，是由企业仓储部门对仓储安全疏于管理而造成的。企业应制定仓储管理制度，明确仓储保管的要求，以及保管员的职责，定期检查仓储记录，合规专员进行流程管控监督，从而避免物资被盗的风险。

【案例】张某某在被聘为福建省厦门市某储运有限公司（以下简称储运公司）门卫后，利用其负责检查、看管某保税区海关验货场内集装箱货柜之职务便利，伙同黄某某盗窃厦门某进出口贸易有限公司（以下简称贸易公司）寄存在海关验货场的3个集装箱货柜，货柜内装有华隆牌多元酯加工丝（即涤纶丝）1860箱。货柜、货物以及连同盗走的3个车架，共计价值659878元。经法院审理，储运公司在承包经营海关验货场后，对进入验货场的货物负有保管责任。因此，货物在受储运公司保管期间，视同储运公司所有的财产。张某某通过与储运公司签订临时劳务合同，受聘为储运公司承包经营的海关验货场门岗。受聘期间，张某某利用当班看管场内货物和核对并放行车辆、代理业务员、核算员对进出场货柜车进行打卡、收费的职务便利，与黄某某共谋，内外勾结共同窃取储运公司负责保管的货柜，其行为构成职务侵占罪。

针对以上风险，企业对仓储安全加强管理的同时，要对员工的行为进行约束。企业可以通过制定具体的供应管理部门反舞弊制度，明确规定监守自盗的情形，以及相应的处理办法。同时，在员工入职时进行舞弊处理办法的培训并签署承诺书，承诺已接受企业培训，且严格遵守相关规章制度。

4. 物流过程中的入库验收风险

物料在进入仓库前，如果保管员未严格进行审核和验收，发生物料质量、数量等与合同约定不符的情况，会影响生产、造成损失。

企业仓储部可以在物资入库前，会同质检部门对物料进行质量检验和数量验收。在物资的质量检验、数量验收合格后，仓储人员填写"物资入库单"。物资入库后，再次进行清点核对检验。在入库环节制定严格的入库流程，做到"一环节一检验"，最终达到避免损失的目的。

5. 出库物资被骗风险

同样，企业在物资出库过程中，可能发生因为保管员审核不严格，而导致物资被骗的风险。尤其是在近些年，不法分子通过货车改装，重车过磅、轻车回皮进行诈骗的案件层出不穷。

针对此类风险，企业在仓库保管员进行物资出库时，要严格按要求审核，对运输工具进行检查，防止运输工具通过非法改装对企业进行诈骗。

供应管理主要规范性文件

1. 公安部《仓库防火安全管理规则》（1990 年 4 月 1 日）

2. 国家工商行政管理总局（现国家市场监督管理总局）《关于禁止商业贿赂行为的暂行规定》（1996 年 11 月 15 日）

3. 最高人民法院《关于审理贪污.职务侵占案件如何认定共同犯罪几个问题的解释》（2000 年 7 月 8 日）

4. 商务部办公厅《关于印发〈继续做好商务领域治理商业贿赂重点工作的安排〉的通知》（2008 年 6 月 3 日）

5. 国务院办公厅《关于进一步加强政府采购管理工作的意见》（2009年4月10日）

6.《政府采购法》（2014年8月31日修正）

7. 国务院办公厅《关于促进跨境电子商务健康快速发展的指导意见》（2015年6月16日）

8. 最高人民法院、国家发展和改革委员会、工业和信息化部等部门《关于在招标投标活动中对失信被执行人实施联合惩戒的通知》（2016年8月30日）

9.《招标投标法》（2017年12月27日修正）

10. 国家税务总局《网络发票管理办法》（2018年6月15日修正）

11.《电子商务法》（2019年1月1日）

12.《道路运输条例》（2019年3月2日修订）

13. 国家税务总局《发票管理办法实施细则》（2019年7月24日修正）

14. 最高人民法院《关于审理铁路运输损害赔偿案件若干问题的解释》（2020年12月23日修正）

15.《民法典》合同编（2021年1月1日）

本节小结

供应管理服务企业生产，是保障物资供应的内外循环系统。本节从仓储管理和物流管理两个方面详细介绍供应管理各个环节和合规风险。主要涉及供应商管理、采购流程管理、仓储安全管理、物资检验管理等风险提示和应对，其中有些风险是企业能够预见到的，也有一些风险是容易被忽视的。

第七节　营销管理合规风险

一、营销管理合规概述

"营销"从字面意思而言可分为"营"和"销"两部分，"营"是指市场；"销"是指销售。企业生命的维持依靠于"销"，而"销"之业绩来源于"营"。"销"是企业一切经营活动的最终落点，在企业人、财、物、产、供、销六大模块中，只有打通了"销"这一模块，才能让企业各环节正常循环，健康发展。

正是由于营销这一模块对企业的发展影响甚大，很多企业在营销管理方面更多关注的是营销的效果，而忽略了营销合规风险的控制以及营销合规体系的建设。尤其是在出现库存积压、销售受阻等影响企业命脉的情形出现时，有的企业领导层会为了解决销售压力而"不惜一切代价"，这种从上而下的唯"销"至上的思维导向无异于饮鸩止渴，往往销售问题还未解决，却先触碰到法律的红线。

（一）企业宣传推广环节

企业的品牌建设和宣传推广是营销管理中"营"的重要组成部分，即运用品牌策略、宣传推广、广告创意、公关活动、媒体投放等手段，增加品牌曝光度，提升产品美誉度，稳定客户忠诚度，贯通品牌—产品—客户条线，促进消费者完成购买行为，推动"销"的最终闭环。

自 20 世纪 90 年代以来，企业对宣传推广重要性的认识不断提升，从央视标王的争夺到传统媒体的抢占，从户外广告的崛起到网络营销的炙热，从朋友圈微商的疯狂到直播带货的发展，宣传推广的模式和花样层出不穷。然而，大量在宣传推广中大放异彩的企业最终如昙花般迅速枯萎，其中不乏因触犯法律甚至涉嫌刑事犯罪而坍塌的商业"巨擘"。

在中国当代企业营销史上，三株是一个绕不过去的名字。1993年，三株的注册资本仅有30万元，在其后的4年里，三株的净资产飙升到48亿元，其年销售额80亿元的业绩更创造了中国保健品行业史上的纪录。三株销售业绩的飙升，离不开其宣传推广的投入。当时，各大电视台、平面媒体随处可见三株口服液的广告，男女老少都对三株口服液的广告耳熟能详，就连农村的土墙、电线杆上都刷着三株的广告。夸张点说，在中国大地上，几乎每一个有人烟的地方，都能看到三株的墙体广告。

正所谓萝卜快了不洗泥，在三株销售至上的目标导向下，产品宣传开始出现大量冒用专家名义、夸大功效、诋毁同行的言语。单在1997年上半年，三株公司就因"虚假广告"等原因而遭到起诉10余起。三株也因此被部分地方卫生部门吊销药品批准文号，1995年5月，三株因虚假广告宣传而被广东省卫生厅专门发出了《关于吊销三株口服液药品广告批准文号的通知》。

导致三株集团迅速下滑的导火索应属"成都事件"，三株成都市场部人员在编写宣传材料时，未经患者同意就将其作为典型病例进行大范围宣传，结果产生了纠纷。中央电视台《焦点访谈》栏目跟进报道，事件由成都波及全国，产生了极大负面影响，三株从此开始走下坡路，再难重现昔日的辉煌。

三株集团的迅速崛起离不开广告宣传的助推，其一夜坍塌也正是因为广告不合规的反噬，正所谓成也广告，败也广告。如果说广告宣传是一把"双刃剑"，那么我们必须要将其装入刀鞘之中，而这刀鞘，就是企业合规制度，有了合规制度保驾护航的宣传推广才能为企业所用，成为企业在商战中披荆斩棘的利器。

（二）企业销售管理环节

在中国，大多数企业提到销售管理这个环节首先联想到的是如何获客、如何签单、如何维护客户。也因此，国内绝大部分企业的销售管理治理结构相对简单，营销人员也常常是"将在外，君命有所不受"，很多单位的销冠拥有诸多特权。传统"销量为王"的管理思路导致企业营销人员对企业的销售合规建设不以为然，认为只要搞定客户就万事大吉。在这样环境中成长起来的营销人员，自然不会对企业销售各阶段的合规风险进行管控。正如饱受诟病的电话销售轰炸式骚扰，相信很多人都有过被电话销售困扰的经历。即使面对消费者极其厌烦的态度，这些电话销售人员仍乐此不疲。究其原因，是因为电话销售目前仍是性价比最高的销售前期邀约手段之一，尤其是对于没有客户积累、没有稳定渠道的销售"菜鸟"而言，电销这个概率游戏成了业绩的救命稻草。

在当代市场经济优胜劣汰的法则下，不少企业家已经逐渐意识到了销售合规的重要性，虽然销售机会稍纵即逝，但销售合规对企业的影响更加直接，稍有不慎就会犯下致命错误，置企业于绝境。因此，许多企业制定了销售合规体系，将企业销售板块置于合规体系的保护之下，以保证企业稳健发展。然而，由于传统观念的影响和现实利益的诱惑，基层销售人员往往会突破企业销售合规制度的底线，并对企业隐瞒违规行为。待到问题集中爆发时，企业将面临无可挽回的巨大损失。

例如，某大型制造企业十几年来一直是由总经理本人直接谈项目签单。虽然销售合同审批流程上明确要求，必须经由企业销售、财务、法务审批之后再由总经理签字确认才能放行。但是在实践中，由于获客签单都是由总经理本人直接负责的，因此只要总经理签字确认，销售、财务、法务根本不会仔细审核，就直接放行。由于缺乏对营销供方的评价体系以及有效监督，也未对营销费用进行分类严控，导致该企业营销管理混乱、随意性较大，经常超预算支出，甚至存在舞弊等风险，严重影响了企业经济利益和企业形象。

通过总结实践经验，下文将从广告、知识产权、促销、品牌形象、销售、合同、定价、渠道八个细分维度总结我国企业常见的营销管理合规风险。

二、营销管理组织架构和职能

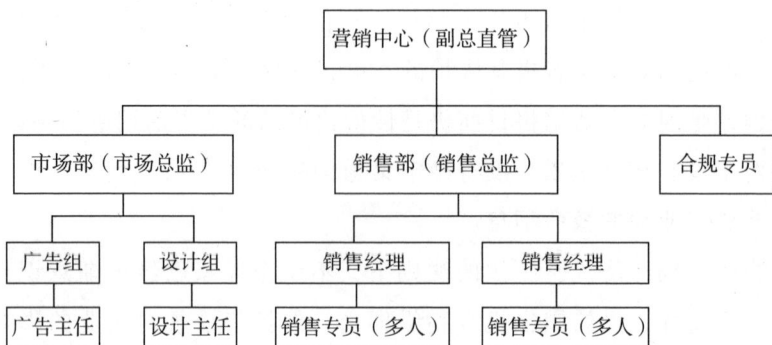

根据企业类型不同，营销管理的部门设置和岗位设置也不尽相同。不少企业为了便于内部协同管理、增加效率，会将广告推广和市场营销合为一个部门，如市场营销部。尤其是产品型企业，市场部门的推广策略要依据销售部的销售目标制定，销售行为又要根据市场部的推广动作进行落实，二者需要配合联动。

不过，这种设置方式的弊端也很明显，市场营销部为了完成销售目标，往往会在广告审查方面降低标准。同时，相较于企业人事、生产、财务、资产等部门，宣传推广和销售工作大部分发生在企业之外，合规审查难度更大，违规行为隐藏更深，长此以往会给企业的长久稳定发展埋下诸多隐患。

企业可以将市场部和销售部作为独立建制，两部门各司其职、责任各担。同时，两部门共同组成营销中心，由副总经理（销售总监）兼任营销中心总监。营销中心另设专门合规专员，以两部门合规审查作为主要职责。

这种组织架构，一来可以由副总经理直接协调市场部和销售部两部门间的营销联动，降低沟通成本；二来可以提前发现宣传推广中的不合规行为和产品销售中的舞弊情形。此外，合规专员作为市场部和销售部的平行岗，不受市场营销部门的掣肘，更容易发现埋藏在基层的合规问题，提升企业合规有效性。

（一）市场部的岗位设置及职责

市场总监，是企业市场开发负责人，会同销售部共同制定企业年度营销目标和整体市场营销工作规划，制定品牌的长期经营和竞争策略，制定年度各阶段市场推广计划和预算，监督投放过程并及时评估和调整。

广告主任，是企业广告宣传负责人，依据企业整体市场营销工作规划，制定品牌年度、季度及月度宣传计划，负责企业品牌创意及公关活动策划，负责广告排期、投放和监控，并与研发、设计和销售部门沟通，共同编制企业年度广告预算。

设计主任，是企业设计制作负责人，依据企业产品（品牌）推广计划，负责制定规划相应的品牌 CIS 系统，完成各阶段营销活动所需物料的设计与配置计划，负责外协广告设计、物料制作单位相关工作的审查验收。

（二）销售部的岗位设置及职责

销售总监，是企业销售业务负责人，会同市场部共同制定企业年度营销目标和整体市场营销工作计划，全面落实企业销售活动、客户开发、客户维系、服务监督等工作。

销售经理，是所属销售团队业务主管，管理本组客户服务工作，负责本营销组的业务开发、客户维系、合作项目策划及实施，完成相应销售目标。

销售专员，负责日常销售业务开发、客户维系等工作，完成相应销售任务。

（三）合规专员的岗位职责

合规专员以销售部和市场部的合规审查作为主要工作职责。

三、营销管理合规风险提示与应对

（一）宣传推广中的合规风险

推广风险包括广告风险、侵犯知识产权风险、促销风险及品牌形象风险等。

1. 广告风险

（1）侵犯肖像权的风险。有的企业为节省代言费，未征得本人同意擅自使用明星形象照，属于侵犯肖像权。除了明星之外，普通人的形象照也不能随意使用。随着明星维权力度的加大，企业擅用明星形象的现象已逐渐减少，转而使用一些不知名人物照片，试图降低侵权风险。实际上，这种采用侵犯肖像权发布广告的行为，会给企业埋下很多隐患，而且即使企业想要着手整改，也难以排查。因为这些涉嫌侵权的广告会在网络上不断散布，根本没法清理干净，这就极易造成肖像权侵权纠纷。

因此，企业应提前确立好广告制作合规制度，规范广告素材来源，加强广告审核力度，将肖像权侵权风险扼杀在萌芽阶段。

（2）损害商誉的风险。商誉是经营者在市场经营活动中对其产品或服务的市场推广、技术研发以及广告宣传等领域经过长期努力建立起来的企业形象和市场评价，是企业赖以生存的无形资产。

诋毁他人商誉的行为主要包括：第一，利用散发公开信、召开新闻发布会、刊登对比性广告、声明性公告等形式，制造、散布诋毁竞争对手的虚假事实。第二，组织人员，以顾客的名义，向有关经济监督管理部门作关于竞争对手产品、服务质量低劣的虚假投诉。第三，唆使他人在公众中制造有损于竞争对手商誉的谣言等。在实践中，如果侵犯企业商誉，应承担民事赔偿责任，还可能受到行政处罚，甚至构成损害商业信誉、商品声誉罪。

【案例】九眼泉公司系"杏香源"杏皮茶生产经销商并于2017年12月14日取得"杏香源"商标。2018年6月，该公司发现瀚森瑞达公司法定代表人在其微信朋友圈发送"郑重声明"载明："经由老味道饮料厂生产的杏香园牌杏皮茶现有非常严重的产品质量问题，我厂要求市场全部撤回，请各店方务必重视，立即联系配货人员无条件将产品如数退回，如无视此声明出现的任何相关问题，均由店方全部承担，本厂概不负责。同时我厂老味道牌杏皮茶、独壹品牌杏皮茶无问题正常使用。"该声明经在微信朋友圈传播对九眼泉公司的商誉造成不良影响。九眼泉公司遂向工商部门举报，甘肃省酒泉市肃州区工商局依法作出对瀚森瑞达公司罚款1万元的处罚决定。后九眼泉公司以诋毁商誉为由提起诉讼，要求瀚森瑞达公司停止侵害、消除影响并赔偿损失。人民法院经审理认为，瀚森瑞达公司在明知九眼泉公司经营"杏香源"牌杏皮茶且自身对"杏香园"三字不享有知识产权权利的情形下，无任何事实依据，自行编造"郑重声明"在其微信朋友圈发布。该声明中的"杏香园"牌杏皮茶与九眼泉公司享有商标专用权的"杏香源"注册商标仅一字之差，且读音一致，形成高度近似，足以造成公众误解，其行为破坏了公平竞争的市场经营秩序，构成对九眼泉公司商誉的诋毁，判决瀚森瑞达公司在原微信朋友圈范围内消除影响并赔偿九眼泉公司经济损失。①

（3）虚假广告风险。商品宣传的内容与所提供的商品或者服务的实际质量不符，或者广告宣传使得受众对商品的真实情况产生错误的联想，从而影响其购买决策，这些行为均属于虚假广告行为。

2020年疫情期间，抖音短视频带货红极一时，但其中也出现了大量虚假宣传的现象。如短视频广告中的大鱿鱼，网友买回来后却是小乌贼；说好的喷两下就能防渗、防漏的材料，买回来喷完一整罐该漏还是漏等。其实买家秀、卖家秀的问题被消费者诟病多年，网购行业一度因为虚假宣传产生严重信任危机。对于企业而言，这种建立虚假宣传基础上的销量是极不稳定的，还会产生大量纠纷，营收进账还不够支付违约赔偿。营销推广始终还是要以产品为基础，以实事求是作为推广的基本原则，再辅以适当的艺术加工。

（4）广告内容违规风险。《广告法》第9条规定了大量广告内容违禁情形，主要包括：含有淫秽、色情、赌博、迷信、恐怖、暴力的内容；使用或者变相使用中华人民共和国的国旗、国歌、国徽，军旗、军歌、军徽；使用"国家级""最高级""最佳"等用语；含有民族、种族、宗教、性别

---

① 2021年5月31日，最高人民法院发布的互联网十大典型案例之六，酒泉九眼泉食品有限责任公司与酒泉市瀚森瑞达商贸有限责任公司商业诋毁纠纷案。

歧视的内容。

近年来，出现了很多广告翻车的案例。刚步入 2021 年，某品牌就贡献了广告翻车的第一个案例。为了宣传旗下卸妆产品的清洁功效，某品牌拍摄了一则小剧场广告。内容是一名面容姣好的女子深夜回家途中，被男子尾随，随后女子急中生智，一秒卸妆吓跑歹徒，成功自保。视频中还配有歹徒看到女子素颜后的字幕"呕"字，以及呕吐音效。该广告发布后，引起网友的强烈斥责和抵制，被指广告创意建立在女性的恐惧之上，美化跟踪者，丑化受害者，鼓吹"颜值原罪论"。再如，某钙奶的广告"从 A 喝到 D"，某椰汁的广告"从小喝到大"，暗示产品具有丰胸功效，低俗营销且涉嫌虚假宣传。

以上种种广告翻车案例，究其根本，是因为相关企业广告宣传合规意识不足、合规制度缺失，或者企业虽设有合规制度，但合规审查形同虚设。

（5）儿童代言的风险。企业利用儿童做广告的案例并不少见，童星代言产品也成为了众多企业博取好感的撒手锏。儿童天真烂漫、顽皮可爱的形象，不易引起消费者对广告的反感，在代言儿童产品时，更能刺激孩子们的购买欲望。

《广告法》第 38 条规定，不得利用不满 10 周岁的未成年人作为广告代言人。这是否意味着儿童不能再出现在广告中？实际上，"儿童广告代言人"与"儿童广告表演者"还是有区别的。广告代言人在广告中表达了自己对该产品的看法（推荐或证明），而广告表演者在广告中只是起到了背景提示作用或者是吸引眼球的作用，并没有在广告中表达对该产品的看法。因此，当企业决定做儿童广告时，一定要准确把握"儿童广告代言人"与"儿童广告表演者"的界限，避免触碰到《广告法》的红线。

（6）特殊行业广告风险。国家广告监管部门对药品、医疗器械、农药、食品、酒类、化妆品、烟草、出国移民、地产业等行业设有广告刊播具体要求，发布广告时要严格按照要求进行。

比如，烟草产品不能利用或变相利用广播、电影、电视、报纸、期刊等媒体发布广告，也不能在各类等候室、影剧院、会议厅堂、体育比赛场馆等公共场所设置烟草广告。再如，处方药不得在大众传播媒介上发布广告或者以其他方式进行以公众为对象的广告宣传。

2. 侵犯知识产权的风险

（1）侵犯著作权的风险。企业在自媒体上发表文章时，未征得他人同意，私自使用他人的文章、图片、音频、视频等素材，属于侵犯著作权。

（2）侵犯专利权的风险。企业对外宣传时，将他人的专利谎称为自己的专利，属于侵犯专利权。

（3）侵犯商标权的风险。未经商标权人许可，在相同或类似商品上使用与其注册商标相同或近似的商标。

对于侵犯知识产权类的合规风险，合规部门应当做好双向审查。一方面制定详细的创意、创作、研发规范指引，另一方面要注意保护企业自身的知识产权不被侵犯。

3. 促销风险

（1）采用违法的促销手段，如采用转盘、抽奖等射幸手段，但人为控制抽奖结果，可能涉嫌欺诈、诈骗。常见的转盘抽奖中，一些商家会在转盘后用吸铁石、磁化等手段，使指针永远指向"谢谢参与"。这种情形属于典型欺诈，如果达到一定金额，还可能构成诈骗罪。

正规企业的促销一般不会采用这种手段，但如果管控措施不到位，很可能出现活动现场，执行人员为了私吞企业奖品欺上瞒下做手脚，这就对企业合规审查的深度提出更高要求。是对远离企业办公场所的各类经营活动，企业合规部门应格外关注。

（2）采用误导他人的促销手段，比如采用"砍一刀"、玩游戏送红包等形式，让消费者不断推广却始终达不到领奖条件，涉嫌欺诈。

永远砍不完的"砍一刀"，永远拿不到红包的"送红包"，这些被网友们笑称为"收智商税"的猫腻一直像"小强"一样活跃在促销领域。但这种耍小聪明式的营销方式出问题是迟早的事。2021年3月，上海律师刘某某参加了拼多多"砍价免费拿"活动。砍价期间，刘某某邀请多位好友砍价，但始终差"0.09%"才可免费拿。刘某某认为，拼多多在提供网络服务时，涉嫌违背诚实信用原则，使用虚假数据，隐瞒规则，已构成欺诈且严重影响社会风气，便将拼多多告上法院。虽然本案目前仍在审理之中，但网友们却纷纷为刘某某叫好。这种促销手段即使可以一时提升销售业绩，却会对品牌美誉度造成严重损害。

（3）虚增原价再降价的手段。《价格法》规定，禁止商家虚构原价、虚构降价原因和优惠折扣价等，通过虚假的价格手段诱骗消费者。

每年的天猫"双十一"、京东"618"，都是消费者的购物狂欢节，在这狂欢的背后，各商家也如八仙过海，各显神通。消费者逐渐发现，一些商家发布的放血折扣价根本就是无中生有，而是先把价格抬高，再标出诱人的折扣，将消费者玩弄于股掌之中。

其实早在 2001 年，国家发改委就发布了《禁止价格欺诈行为的规定》，明确指出"原价"是指经营者在本次促销活动前 7 日内在本交易场所成交，有交易票据的最低交易价格；如果前 7 日内没有交易，以本次促销活动前最后一次交易价格作为原价。虚增原价再降价的促销手法，将受到不同程度的处罚。

（4）炒信风险。运用各种手段，给竞争对手刷差评、不切实际地给自己刷好评的方式误导消费者。

消费者进行网购，最重要的参考标准之一就是商品和店家的好评度以及产品的销量，而店家通过自我交易的方式刷单刷好评，恶意给竞争对手刷差评，会误导消费者的购买行为，属于不正当竞争。

（5）大数据杀熟风险。大数据杀熟不仅侵犯了消费者的合法权益，还属于非法获取和使用用户数据，侵犯公民个人信息。

【案例】2020 年 7 月，胡女士通过携程 App 订购了某酒店的一间豪华湖景大床房，支付价款 2889 元。然而，离开酒店时，胡女士偶然发现，酒店的实际挂牌价仅为 1377.63 元。胡女士不仅没有享受到星级客户应当享受的优惠，反而多支付了一倍的房价。为此，胡女士以携程公司采集其个人非必要信息，进行"大数据杀熟"等为由诉至法院，要求退一赔三。最终法院认定被告携程公司存在虚假宣传、价格欺诈和欺骗行为，支持原告退一赔三的诉讼请求。①

4. 品牌形象风险

品牌形象是企业或其某个品牌在市场上、在社会公众心中所表现出的个性特征，它体现公众特别是消费者对品牌的评价与认知。品牌是企业的重要财富，良好的品牌形象是企业稳步发展的基础，也是获得消费者青睐的不二法门。品牌形象可能出现的风险如下：

（1）形象代言人丑闻风险

第一，明星所拥有的曝光度、影响力、引流能力等优势无疑会对企业的营销产生巨大的推动作用，不过明星一旦出现负面新闻，对所代言品牌的负面影响同样是巨大的。2021年某吴姓男明星因强奸罪被刑事拘留。保时捷中国、宝格丽、乐堡啤酒、腾讯视频、得宝、康师傅冰红茶、云听App、韩束、滋源、立白等由吴某代言的品牌纷纷发布声明宣布与吴某解约，与其有合作的部分品牌，也纷纷在官方微博中删除相关内容。其中，韩束是该事件爆发后首个与吴某解约的品牌，这一行为极大地拉高了网友们对品牌的好感度。原本只有几十人的该品牌直播间在短短几个小时内人数疯涨至百万人，成为本次事件最大赢家。这也被网友戏称：想不到代言人的流量价值居然在解约的那一刻体现了出来。

企业在选择形象代言人时，应仔细审查代言人的家庭背景、习惯喜好、以往作风等相关信息，对代言人的影响力持续时间、品牌形象契合度、出现负面影响可能性等指数进行综合评估，出具背景调查报告后慎重选择。同时，提前做好品牌代言人危机公关预案，以便代言人出现负面新闻时，企业能够迅速回应，解除合同、终止合作，及时切断消费者对企业品牌的负面联想，降低代言人对企业品牌的负面影响。

另外，形象代言合同应明确约定代言人的形象维持义务，并明晰违约条款和违约责任，即形象代言人因过错或重大过失而导致形象贬损，构成

---

① 《浙江一女子以携程采集非必要信息"杀熟"诉请退一赔三获支持》，载《人民法院报》2021年7月13日，第3版。

违反形象代言合同的违约责任，包括形象使用人解除合同，不再向形象代言人支付其余报酬，或要求形象代言人赔偿损失。

第二，企业除了要实时关注代言人本身的动态外，也不能忽视代言人"粉丝团"的动向。目前，"饭圈"充斥着应援集资、高额消费、投票打榜、互撕谩骂、拉踩引战、刷量控评等负面行为，严重影响代言人形象的同时会影响品牌形象。

2020年某肖姓明星的粉丝团因对一篇涉及肖某的同人作品不满，发起大规模人肉搜索和实名举报，此举也导致其他同人作品发布平台访问受限，引起众人不满，肖某形象也随之下滑。2021年《青春有你3》选秀节目被爆出，某选手粉丝为应援将成箱的奶倒进水沟引起网络热议，最终节目被叫停录制，明星形象也受到波及。

（2）有偿删帖风险

如果媒体或网络出现企业的负面新闻，不少企业会选择有偿删帖的途径来控制舆情。但根据最高人民法院、最高人民检察院《关于办理利用信息网络实施诽谤等刑事案件适用法律若干问题的解释》第7条的规定，有偿删帖的行为（删帖执行方）可能涉嫌非法经营罪。企业在事件中也会受到牵连，舆情控制的效果也无法实现。

（3）品牌被侵权的风险

如果出现企业品牌被冒用、他人贬损企业品牌等被侵权的情形，企业应及时运用法律手段维护自身权益，及时全面收集证据，消除不良影响，避免消费者被误导。

（二）业务风险

1. 销售风险

企业必须通过销售业务实现经营目的，只有不断促进销售稳定增长，才能扩大市场份额，同时必须规范销售行为，严格把握合同条款，严格规范签约程序，依法合规履行合同。

（1）回款风险的应对

①适时评估客户信用度，设置合理信用期限，提高回款率，降低死账烂账风险。

②选择安全结算方式，如选择对公结算，避免销售人员经手销售款项，降低销售人员利用职务之便侵占销售款项的风险。

③规范销售合同的收款条款、违约责任以及管辖约定，为诉讼做好准备。

④销售人员在催讨应付款项时应依法合规进行，不能采用暴力、威胁、欺诈等手段，否则可能出现涉嫌故意伤害罪、寻衅滋事罪等风险。

⑤催讨逾期款项时，不能采用静坐、骚扰等软暴力手段，亦不可使用跟踪、窃听等手段，以上行为不仅违反相关规定，还有可能涉嫌侵犯公民个人信息犯罪，非法使用窃听、窃照专用器材罪等。

（2）销售团队管理风险的应对

①尽量避免销售团队人员频繁流动的情况，保持人员稳定性有助于保持业务的稳定性。

②加强客户信息、营销策略等销售领域商业秘密的保护，制定商业秘密管理制度，要求所有销售人员签字确认。同时采用物理上的保密手段，如电子版客户信息文档加密、纸质版产品商业计划书加锁保存等。

③对于销售人员在销售过程中采集的客户个人信息，企业应当及时收取、统一管理，客户信息一旦泄露不但影响企业竞争力，也可能涉嫌侵犯公民个人信息犯罪。

④加强销售人员廉洁教育，预防销售人员拿回扣、收礼物等行为，以上行为涉嫌职务侵占罪和非国家工作人员受贿罪等罪名。

⑤明晰销售人员权限，明确销售人员因个人故意或重大过失造成企业损失应承担的责任，降低销售人员超权限承诺客户的风险。一般而言，企业员工为企业经营而作出的职务行为，其法律后果将由企业承担。我们建议企业建立规范的合规管理制度，有效切割企业责任与员工责任，避免由于员工的违规行为使得企业承担责任。

⑥企业若选择电话销售的方式，首先要注意目标客户个人信息的来源要合法，私下购买的消费者电话、地址、电邮等信息有可能构成侵犯公民个人信息罪。还要注意对销售员进行电话销售话术培训，避免出现骚扰、辱骂消费者等情况。

（3）销售过程中公关风险的应对

①对于需要投标的项目，应严格按照《招标投标法》《招标投标法实施条例》及其他相关法律规定，规避串通招投标、围标、陪标等行为，也不能以低于成本价投标。

②在面对政府采购、事业单位采购等项目时，不能与公职人员和事业单位工作人员在工作时间、工作场合之外进行交流，保持合理距离，避免行贿行为。近年来，国家对公职人员廉洁性要求极高，行贿犯罪风险极大。

③在与民营企业业务往来过程中，给予非国家工作人员财物以谋取不正当利益的行为涉嫌对非国家工作人员行贿罪，该风险很容易被民营企业忽视。

2. 合同风险

合同风险主要是指合同签订前、签订中及签订后可能会出现的风险，主要包括：（1）签约主体不适格，以致合同无效或无法履行的问题；（2）合同条款不明确，难以执行的问题；（3）合同签订后，没有专人跟踪，导致货款不能完全收回的问题；（4）管辖权约定不明，起诉维权将备受诉累的问题；（5）违约条款、赔偿条款、合同解除条款不明晰的问题；（6）合同内容用词不准确，出现歧义的问题；（7）合同空白处不填写也不划掉的问题；（8）格式条款中排除或者限制消费者权利、减轻或免除经营者责任的问题；（9）格式条款未尽到合理提示义务的问题；（10）其他可能影响合同效力和履行的问题。

3. 定价风险

定价风险是指企业为产品或服务所制定的价格不当而陷入法律风险的情况，主要包括：

（1）低价风险。低价竞争存在被认定为倾销的风险。《价格法》第14条规定，经营者不得有不正当价格行为，包括为排挤竞争对手或者独占市场，以低于成本的价格倾销，扰乱正常的生产经营秩序，损害国家利益或者其他经营者的合法权益。

（2）高价风险，是指企业在某些特殊时期、特殊条件下，利用市场调控作用失灵的时机，采用高价策略牟取高额利润而涉嫌违法的风险。根据最高人民法院、最高人民检察院《关于办理妨害预防、控制突发传染病疫情等灾害的刑事案件具体应用法律若干问题的解释》的规定，违反国家在预防、控制突发传染病疫情等灾害期间有关市场经营、价格管理等规定，哄抬物价、牟取暴利，严重扰乱市场秩序，违法所得数额较大或者有其他严重情节的，依照《刑法》第 225 条第 4 项的规定，以非法经营罪定罪，依法从重处罚。

【案例】2020 年 1 月疫情期间，天津市某大药房连锁企业的实际控制人张某、贾某决定提高企业下属药店所售疫情防护用品、药品的价格，随后通知该企业下属 7 家药店，大幅提高 20 余种疫情防护用品、药品的价格。其中，进价 12 元的口罩提价至 128 元，疫情发生前售价 2 元的 84 消毒液提价至 38 元。仅 6 天内，非法经营额达 100 余万元。案发后，张某、贾某等人均以涉嫌非法经营罪被批准逮捕。

（3）价格垄断风险，表现为：①低价垄断。以大幅低于市场价的价格抢占市场，夺取市场垄断地位，视为不正当竞争行为。②高价垄断。在形成绝对市场优势后，利用自身的优势地位大幅抬高价格牟利。或者联合多家具有市场优势地位的企业，统一高位定价，均可能涉嫌垄断市场。③平台二选一。

2021 年 4 月 10 日，国家市场监督管理总局开出罚单，对阿里巴巴在中国境内网络零售平台服务市场实施"二选一"垄断行为作出行政处罚，罚款高达 182.28 亿元。自 2015 年起，淘宝便开始对平台内的商家提出"二选一"要求，禁止平台内商家在其他竞争性平台开店或参加促销活动。淘宝对商家提出平台"二选一"的要求，属于滥用市场支配地位，利用优势地位和商家对其依赖性，限定商家的交易行为，构筑竞争壁垒，是垄断的表现形式之一。

依据《反垄断法》第 46 条的规定，经营者违反本法规定，达成并实施垄断协议的，由反垄断执法机构责令停止违法行为，没收违法所得，并处上一年度销售额 1% 以上 10% 以下的罚款。阿里巴巴 182.28 亿元的罚款，就是按照本条规定，以其 2019 年中国境内销售额 4557.12 亿元的 4% 的标准作出的处罚。

4. 渠道风险

目前，大多数企业都选择代理商或经销商销售产品，对代理商或经销商管理不当不仅会影响企业销售业务，还可能引起法律风险和品牌形象风险。

（1）传销风险。根据《刑法》第 224 条之一的规定，组织、领导以推销商品、提供服务等经营活动为名，要求参加者以缴纳费用或者购买商品、服务等方式获得加入资格，并按照一定顺序组成层级，直接或者间接以发展人员的数量作为计酬或者返利依据，引诱、胁迫参加者继续发展他人参加，骗取财物，扰乱经济社会秩序的传销活动的，处 5 年以下有期徒刑或者拘役，并处罚金；情节严重的，处 5 年以上有期徒刑，并处罚金。

【案例】2019 年 1 月 7 日，包括天津权健公司董事长束某某在内的 18 人，因涉嫌组织领导传销活动罪被公安机关刑事拘留，至此权健这个百亿规模的传销网络被画上了休止符。时隔一年后，天津市武清区人民法院对束某某等 12 人组织、领导传销活动一案依法公开宣判，认定权健公司及束某某等 12 人均构成组织、领导传销活动罪，依法判处权健公司罚金人民币 1 亿元，判处束某某有期徒刑 9 年，并处罚金人民币 5000 万元。

传销的本质是"庞氏骗局"，国家明令禁止，通过传销建立起来的商业模式，无论其规模有多大，也只是风雨飘摇中的空中楼阁。

（2）各级代理商、经销商以假充真、以次充好的风险。代理商、经销商为牟取更高利润，从不法渠道获取假货、次品，换上正品的包装售卖。一旦出现该情形，企业品牌、产品口碑将受到严重损害。如果出现产品侵权等情形，生产商还要承担不真正连带责任。

（3）串货风险。因各地域经济发展的差异，不同地区的产品定价一般不尽相同。代理商、经销商进行串货不仅会影响企业对销售数据的掌控，而且对于特许经营类别产品串货可能涉嫌违法。

例如，根据《烟草专卖法实施条例》第 59 条，违反本条例规定，未取得国务院烟草专卖行政主管部门颁发的烟草专卖批发企业许可证，擅自跨省、自治区、直辖市从事烟草制品批发业务的，由烟草专卖行政主管部门处以批发总额 10% 以上 20% 以下的罚款。

（4）加价销售并占有差价。经营销售点在企业给出的基础价格上加价销售给客户，并截留差额款项，该行为属于职务侵占。

经销商、代理商以及经营销售点是企业销售的触角，能使企业获得更佳销售半径。但各渠道商距离企业本部较远，容易形成合规审查死角。因此，企业可以根据渠道商数量，合理配备合规岗，同时采取有效措施避免合规专员被渠道商拉拢，将各渠道商纳入企业合规监管体系。

营销管理主要规范性文件

1. 国家发展计划委员会（现国家发展和改革委员会）《关于商品和服务实行明码标价的规定》（2001 年 1 月 1 日）

2. 国家发展计划委员会《禁止价格欺诈行为的规定》（2002 年 1 月 1 日）

3. 最高人民法院《关于审理反倾销行政案件应用法律若干问题的规定》（2003 年 1 月 1 日）

4.《反倾销条例》（2004 年 3 月 31 日修订）

5.《反垄断法》（2008 年 8 月 1 日）

6.《消费者权益保护法》（2013 年 10 月 25 日修正）

7. 财政部《政府采购评审专家管理办法》（2017 年 1 月 1 日）

8. 国家发展和改革委员会《必须招标的工程项目规定》（2018 年 6 月 1 日）

9.《招标投标法实施条例》（2019 年 3 月 2 日修订）

10. 国务院反垄断委员会《经营者反垄断合规指南》（2020 年 9 月 11 日）

11. 国家市场监督管理总局《侵害消费者权益行为处罚办法》（2020

年 10 月 23 日）

12. 国家市场监督管理总局《关于加强网络直播营销活动监管的指导意见》（2020 年 11 月 5 日）

13. 最高人民法院《关于审理不正当竞争民事案件应用法律若干问题的解释》（2020 年 12 月 23 日修正）

14. 最高人民法院《关于审理因垄断行为引发的民事纠纷案件应用法律若干问题的规定》（2020 年 12 月 23 日修正）

15. 国务院反垄断委员会《关于平台经济领域的反垄断指南》（2021 年 2 月 7 日）

本节小结

营销是企业将产品或者服务提供给客户的过程，是企业实现经济目标的最后一环，也是经济价值转换最重要的环节。本节将营销管理分为市场管理和销售管理，围绕企业在宣传推广、市场调查、投标管理、产品价格、销售渠道等营销管理领域可能产生的合规风险，辅以社会热点事件展开分析。

下　篇

第五章 企业合规管理制度

概要

　　企业合规背景下的企业管理制度包括合规管理制度和日常经营管理制度，两者共同构成合规管理体系。在合规管理体系中我们把企业日常经营管理制度称为商业行为准则，而合规管理制度是确保商业行为准则有效实施而建立的管理制度。

第一节 合规组织体系管理制度

　　合规组织体系包括决策层（董事会、监事会、合规管理委员会）、管理层（合规负责人、部门经理、合规专员）、执行层（企业全体成员）。

一、合规决策层

　　企业的决策层是企业合规管理体系的最高权力机构，对企业管理体系负最终责任。企业决策层主要包括"三会"，即董事会、监事会、合规管理委员会。

　　（一）董事会的合规管理职责

　　1. 批准企业合规管理战略规划、基本制度和合规报告。

　　2. 审核发布并推动完善合规管理体系。

3. 决定合规管理委员会、合规部门设置以及合规管理负责人的任免，听取并审议合规管理委员会工作计划、工作报告。

4. 研究决定合规管理有关重大事项。

（二）监事会的合规管理职责

1. 监督董事会的决策与流程是否合规。

2. 监督董事和高级管理人员合规管理职责履行情况。

3. 对引发重大合规风险负有主要责任的董事、高级管理人员提出罢免建议。

4. 向董事会提出撤换公司合规管理负责人的建议。

（三）合规管理委员会的合规管理职责

1. 建立合规管理战略，明确合规管理目标。

2. 建立和管控合规管理部门的组织架构、工作计划、财务预算以及权责履行情况。

3. 审查合规管理体系、各项管理制度、风险识别与评估报告、分项合规报告等。

4. 听取合规管理工作汇报，指导、监督、评价合规管理工作，包括管理层反馈。

5. 管控针对企业、董事、高管、员工或者聘用外部机构开展的重大内外部合规调查。

6. 提出对董事或者监事合规审查预案，提交监事会、董事会或者股东大会讨论决定，并按照权限决定对有关违规人员的处理事项。

二、合规管理层

（一）合规负责人（首席合规官 CCO）的职责

合规负责人是合规管理部门的负责人，独立于企业内部其他职能部门，并与其他部门负责人一起合作，促进合规管理体系的建立和实施，以确保企业所有部门的合规性。合规负责人的主要管理职责包括：

1. 贯彻执行企业决策层对合规管理工作的各项要求，全面负责企业的合规管理工作，确保合规管理与合规目标保持一致。

2. 负责合规风险识别与评估，制定符合企业内部要求和外部要求的企业合规管理制度，并构建有效运行的合规管理体系。

3. 协调合规管理与企业各项业务之间的关系，确保合规管理制度得以认真执行。

4. 定期组织并且实施合规审查，监测企业合规管理制度的落实情况，并进行有效性评估，及时解决合规管理中出现的重大问题。

5. 负责收集合规管理反馈信息，监测企业内部与外部环境变化，及时调整并完善符合新要求的合规管理体系。

6. 负责举报信息的搜集与处理，主持内部调查程序，形成调查处理报告。

7. 负责应对外部调查，确保调查程序中企业应对调查的合规性。

8. 领导合规管理部门，加强合规管理队伍建设，做好人员选聘培养，监督合规管理部门及各部门合规专员认真有效地开展工作。

（二）部门经理的职责

1. 起草部门合规管理制度草案，全力配合合规负责人制定部门合规管理制度。

2. 严格执行合规管理计划，确保合规管理制度得到有效实施。

3. 按照合规计划制定本部门合规管理实施方案，确保合规要求融入业务领域。

4. 积极组织和支持合规培训，培养部门员工合规意识，指导部门员工执行合规管理各项规定。

5. 鼓励部门员工提出合规问题并给予支持，及时发现、纠正、上报部门内部不合规行为，排除任何形式的报复行为。

6. 积极参与管理和解决本部门不合规问题。

7. 具有本部门合规专员提名权。

（三）合规专员的职责

为保证每个职能部门履行合规义务，企业可在每个部门单独设置合规专员岗位，主要职责为：

1. 合规专员受合规管理部垂直领导，保证合规管理的独立性。

2. 负责拟订合规管理制度草案提交给合规负责人，各部门合规专员负责本部门内部的合规管理制度草案拟订。

3. 负责贯彻落实各项合规管理制度，包括对员工进行合规文化培训、风险防范报告、内部控制实施、合规记录、记录文件保管，等等。

4. 合规负责人交办的其他事项。

三、合规执行层

任何部门和个人都是合规管理制度的执行主体，上到董事、高级管理人员、监事，下到普通员工。

第二节　风险防范体系合规管理制度

一、风险识别与评估制度

建立风险识别与评估制度是制定和完善各项合规管理制度的基础，以促进企业经营行为符合合规义务，是合规管理体系的重要组成部分。

企业风险识别与评估的方法是以风险为导向，根据法律法规以及其他规范对企业合规义务的要求，企业需投入必要资源确保该程序有效运行。风险识别与评估应当以客观独立性为核心原则，全面覆盖到各领域和岗位人员的合规风险。

风险识别与评估主体可以是聘请的第三方律师事务所或企业内部合规管理部门。聘请律师事务所的，应当考察其在合规管理领域的相关业绩和专业能力。

实施风险识别与评估遵循以下基本程序：由董事会或者合规管理委员会决议并发布由律师事务所或者合规管理部门对企业进行风险识别与评估

的决定；各业务部门根据尽职调查清单提供相应资料和相关问题反馈；律师事务所或者合规管理部门通过尽职调查程序，形成风险识别与评估报告，上报董事会或者合规委员会审核；最终风险识别与评估报告和相应书面材料由档案管理部门存档保管。

风险识别与评估应当关注重点领域与重点人员。重点领域包括但不限于企业设立与清算、资本运作、市场交易、安全环保、产品质量、劳动用工、财务税收、知识产权、商业伙伴、诉讼争议等。重点人员包括但不限于董事、监事、高级管理人员、各业务和管理部门负责人、财务人员、采购人员、销售人员等重要风险岗位人员。

企业应当注意以下风险原因：规章制度不完整，规章制度内容不符合法律法规或者其他监管要求，经营行为与规章制度不相符，企业人员对合规管理的认知和接受程度。

企业应当建立定期评估机制，随着法律法规和监管要求的变化，以及企业经营战略方针的变化，对新环境下企业面临的风险进行重新识别和评估，并根据风险识别、分析、评估情况，结合风险成因，制定相应的风险应对策略。实行风险通报和培训制度，企业对审核通过的风险识别与评估报告应当予以通报各部门，并通过座谈会、定期培训等方式加强企业人员风险预防、风险管理、风险应对的意识，并提升相应能力。

二、风险防范报告机制

风险防范报告机制是避免风险或者降低风险的有效屏障和重要举措，通过对风险的及早发现和处置健全合规管理体系。

本机制适用于企业内部所有人员，不论公司高层领导还是普通员工均有风险报告义务。同时，商业伙伴等第三方也可向本企业反映合规风险。

企业应当建立定期汇报和临时举报两种风险汇报形式，保证汇报渠道的畅通，支持匿名举报。

风险防范报告的程序和内容如下：各业务和管理部门应当定期向合规管理部门汇报合规管理制度的实施情况、内部与外部环境变化情况、违规行为的产生原因和处理情况等，对于发生的重大风险和违规行为，应当及时汇报。合规管理部门定期向合规管理委员会汇报各部门合规管理制度的实施情况、现行合规管理体系是否符合监管要求、违规行为产生的原因及应对等。

企业中任何人员发现任何违规行为、合规管理制度缺陷、制度落实不到位等情况，应当及时举报。企业应当建立保密制度，保护举报人免受报复。

合规管理部门应当将风险防范报告范围、报告程序、举报通道、举报保护措施、举报处理反馈、举报奖惩制度，通过公告或者培训的方式，让每位员工知晓。

合规管理部门应当设立专门电子邮箱或者意见箱的形式接受举报，明确举报通道和接受举报处理的相关负责人。

企业可以聘请律师事务所作为接收和处理举报的独立第三方，扩展举报通道，确保对风险判断及处理的独立性，促进合规管理体系运行的有效性。

合规管理部门应当督促各部门履行风险防范汇报义务，对不能按期进行汇报的部门予以重点关注，找出原因并改进。

合规管理部门应当建立合规举报奖惩制度。对不按规定定期汇报的业务部门进行惩戒，对于隐匿不报的行为加重处罚，对积极且有效的举报行为予以奖励。

第三节　合规支持体系管理制度

一、领导支持承诺制度

领导支持承诺制度是指企业高层和中层领导确立目标、制定政策、分配资源，通过言语和行为支持合规管理，促使合规管理体系有效设立、运行和评估。

董事会、监事会、合规管理委员会成员、高级管理人员，在本制度中称为高层领导；合规管理负责人、各业务和管理部门负责人，在本制度中称为中层领导。

高层领导应当制定合规管理战略规划，明确合规目标。根据合规战略制定完整的合规政策，通过相应机构的决策程序制定文件，并且根据合规文件规定内容以身作则。

合规政策应当通俗易懂，便于员工理解。具体内容包括遵守合规管理的重要性、合规义务（企业经营行为准则和合规管理制度清单）、合规管理机构的职责和权限、不遵守合规义务的后果、举报机制、配合合规管理的义务和违反后果等。

高层领导应当提供足够的人员、资金保障合规管理实施，批准合规管理财务预算，配置专业的合规管理人员。授予合规管理人员独立权限并受监督管理，在合规管理方面合规部门的权限应当高于业务部门和其他管理部门。授予合规管理人员可以直接向董事长汇报工作的权限。

高层领导应当遵守承诺，严格执行合规政策，对合规管理需要的资源保障充足供应，对违反合规义务的人员严肃处罚，杜绝将合规文件当作摆设，杜绝"下不为例"的通融做法，杜绝找理由、讲人情。

高层领导应以实际行动表示对合规制度的支持，比如每周可以设置一天开放日，专门处理员工反映的问题，或者面对面听取员工意见。

中层领导应当在本部门积极担负起合规管理的职责，业务管理与合规管理并重，两手都要抓。在本部门内强调遵守合规义务的重要性，传达合规政策并鼓励员工严格执行。

中层领导应当全力配合合规管理调查、培训等工作，不怕暴露问题，不可隐藏问题。在制定部门内各岗位职责时应当将合规职责包括在职位描述中。

中层领导应严格遵守合规承诺，根据合规管理政策处理违规行为。同时，应当通过奖惩措施鼓励员工遵守合规义务。

二、合规管理独立权限制度

合规管理部门是企业合规管理的主导机构，独立于其他部门，具有独立性，并受监事会监督。

合规管理部门组织架构包括合规管理委员会、企业合规管理部，合规管理人员包括合规管理委员会委员、合规负责人、合规管理部合规专员、业务部门和其他管理部门合规专员。

合规管理部门的目的是识别与评估合规风险，建立符合监管要求的合规管理体系，并对合规管理体系运行进行评估。主要承担以下具体工作：一是持续关注法律、规则和准则的最新发展，正确理解法律、规则和准则的规定及其精神，准确把握法律、规则和准则对企业经营的影响，及时为高级管理层提供合规建议。二是制定并执行风险为本的合规管理计划，包括合规管理制度的实施与评价、合规风险评估、合规测试、合规培训与教育等。三是审核评价企业各项规章制度的合规性，组织、协调和督促各部门对各项政策、程序和操作指南进行梳理和修订，确保各项政策、程序和操作指南符合法律、规则和准则的要求。四是组织员工进行合规培训，包括新员工的合规培训，以及所有员工的定期合规培训，并成为员工咨询有关合规问题的内部联络部门。五是组织制定合规管理程序以及合规手册、员工行为准则等合规指南，并评估合规管理程序和合规指南的适当性，为员工恰当执行法律、规则和准则提供指导。六是积极主动地识别和评估与企业经营活动相关的合规风险，包括为新产品和新业务的开发提供必要的合规性审核和测试，识别和评估新业务方式的拓展、新客户关系的建立以及客户关系的性质发生重大变化等所产生的合规风险。七是收集、筛选可能预示潜在合规问题的数据，如客户投诉、异常交易等，建立合规风险监测指标，按照发生的可能性和影响，确定合规风险的优先考虑序列。八是实施充分且有代表性的合规风险评估和测试，包括通过现场审核对各项政策和程序的合规性进行测试，询问政策和程序存在的缺陷，并进行相应的调查。合规性测试结果应按照企业内部风险管理程序，通过合规风险报告路线向上报告，以确保各项政策和程序符合法律、规则和准则的要求。九是保持与监管机构日常的工作联系，跟踪和评估监管意见和监管要求的落实情况。十是进行定期、不定期的检查，处理涉及公司和工作人员违法违规行为的投诉等。

三、合规文化建设制度

合规文化建设由合规管理部门负责组织实施，企业领导机构支持，其他部门积极配合，以建设主动合规、长效合规的机制，加强合规文化建设，倡导、培育和推行合规人人有责、主动合规、合规创造价值的正确合规理念。

合规文化建设通过统筹规划、整体联动、多策并举，持续推进合规理念、合规风险、合规执行、合规评估、合规调查为内容的合规文化建设，形成企业员工高度认同、自觉遵守的行为规范。

合规文化建设应坚持从高层做起。企业领导不仅是合规管理的决策者、倡导者、推动者，也是合规制度的执行者，要起到带头作用，积极推进合规文化建设。

合规管理部门负责人是合规文化建设的第一责任人，对合规文化的组织、实施、推动、成效等方面全面负责。其他各部门负责人全面负责部门内的合规文化建设。

一要加强树立合规理念，明确建立合规管理制度的意义，实现"要我合规"向"我要合规"的转变，由"形式合规"向"实质合规"的飞跃。

二要全面、客观、持续梳理和建设企业各项规章制度，确保各项制度的合规性，符合法律法规、道德规范及监管要求。

三要建立合规教育培训制度，从思想上促使合规管理制度融入企业经营活动中。合规管理部门制定合规手册发放给每位员工，让员工全面了解合规要求，每位员工签署合规承诺书。企业应当从宣传角度形成合规文化，设立合规教育活动室，放置合规书籍、合规制度供员工翻阅，在合规文化栏中公布合规典型案例作为警示教育；还可通过合规知识讲座的方式组织员工集中学习。

四要建立合规管理交流机制。通过建立例会制度，不断巩固与提高员工的合规意识，便于及早发现问题展开自查。通过建立联席会议制度，加强业务部门与合规管理部门的衔接，进行有效信息沟通，形成系统的合规管理，防止部门之间相互背离。

五要建立合规管理表彰制度。企业应当在员工自查和内控评价基础之上，定期召开合规建设总结会议。总结交流合规文化建设经验，表彰在合规文化建设中的先进个人和部门，树立典型。

六要建立合规动态管理机制。合规体系中的各项合规管理制度不是一成不变，持续性改进是合规体系有效性的要求，也是合规文化建设的重要内容。

四、合规记录文件管理制度

本制度是对合规管理制度设立、执行、评估，以及内部调查和外部调查进行记录的要求。记录资料应当遵循及时性、客观性、完整性的原则。

合规管理部门是资料记录的管理和执行部门，设立资料保管员负责监督检查其他部门的文件资料记录保管，同时记录保管本部门内的合规文件资料。其他业务部门和管理部门的合规文件资料统一交由合规管理部归档，业务部门留复印件存档。

合规管理过程中的以下信息应当有记录：合规战略规划、合规政策、组织结构与职责、领导支持合规承诺、合规文化建设制度、风险防范报告制度、合规内控指引等一系列合规管理制度；合规执行工作记录、合规反馈信息、合规文化建设措施等一系列合规制度执行信息；风险识别与评估报告、内部调查报告、自查报告与纠正措施、外部调查过程信息、合规计划、违规处理事项等一系列合规调查信息；其他外部文件，包括监管文件、律师事务所法律意见等。

企业应建立合规文件资料交接制度。合规管理部门负责定期按时搜集合规文件资料，建立资料台账，记录文件交接过程。

企业应建立合规文件检查制度。合规管理部门建立合规文件统计表，及时检查各部门的合规文件记录情况，对缺失的合规文件资料，及时查明原因并改正。

企业应建立合规文件档案管理制度。合规管理部门对文件资料按照档案管理的要求进行保管，对文件进行标识分类存档，便于备查。合规文件应制定统一标准，规范文件结构版式，确保统一性、完整性、标准化。

企业应建立合规文件使用和查看制度。合规管理部门根据文件性质设置使用和查看权限进行分类管理，需要查看或者使用合规文件的部门和个人，填写申请单报合规管理部门审批，在权限范围内进行使用和查看。合规管理部门做好记录并及时收回材料。合规文件资料不得随意销毁或者更改，长期保管，尽量扫描形成电子文件保存。

第四节　合规监控体系管理制度

一、内部控制监督制度

合规管理委员会（或者企业根据实际需要设立的合规管理部门）是合规内控监督的管理部门，参加定期召开的股东大会，汇报合规制度实施情况。

董事会制定的战略方针以及决议的重大经营事项应当向合规管理委员会备案，监事会对董事会是否依法履行决策程序进行监督，结果报送合规管理委员会备案。

合规管理委员会有权对董事会、监事会以及企业内部各部门的决策事项就合规程序进行问询，董事会、监事会以及各部门应当及时提供相关证明资料。

企业内部各决策机构、管理层、员工应当严格执行合规内控制度，遵循制度准则，规范行为，不得随意违反内控制度行为准则。

董事长或者总经理应当督促和指导各部门负责人严格执行合规内控制度，定期召开部门负责人会议，提出合规要求，并听取部门负责人汇报合规制度执行情况。

部门负责人负责本部门内合规制度执行的监督与指导，加强员工的合规意识，督促员工按照内控制度规范行为，鼓励员工对发现的违规行为进行举报，不得对举报员工进行报复或者负面评价。

部门负责人应当定期召开例会，听取员工对合规内控制度的实施情况汇报和建议，并做好相应记录，定期将本部门内的合规内控制度执行情况向分管领导汇报。

员工之间应当相互监督，对发现的违规行为，应当通过相应渠道及时举报，企业建立保密制度，并对相应员工进行奖励。

合规管理部门应当定期搜集举报信息，定期随机抽取某项业务流程进行跟踪办理，确认业务流程设计以及实务操作是否符合合规内控制度。

企业内部各机构及管理人员发现的违规行为也应当及时向合规管理委员会汇报，合规管理委员会应当及时分析，提出整改方案并监督实施。

二、内部控制评价制度

（一）内部控制评价制度的目的和原则

制定本制度目的是促进企业全面评价内部控制的设计与运行情况，规范内部控制评价程序和评价报告，揭示和防范风险，促进企业各项合规管理制度有效实施。

合规管理委员会及其他合规管理部门对企业合规管理制度是否被认真执行以及实施效果进行全面审查和评审，形成评价结论，出具评价报告。企业实施内部控制评价至少应当遵循下列原则：（1）全面性原则。评价工作应当包括内部控制的设计与运行，涵盖企业及其所属单位的各种业务和事项。（2）重要性原则。评价工作应当在全面评价的基础上，关注重要业务单位、重大业务事项和高风险领域。（3）客观性原则。评价工作应当准确地揭示经营管理的风险状况，如实反映内部控制设计与运行的有效性。

企业董事会应当对内部控制评价报告的真实性负责。

（二）内部控制评价的程序

1. 合规管理部门拟订评价工作方案，明确评价范围、人员组织、进度安排和费用预算等相关内容，报经董事会审批后实施。

2. 合规管理部门负责内部控制评价的具体实施工作。根据经批准的评价方案，组成内部控制评价工作组，具体实施内部控制评价工作。评价工作组主要由合规管理部门人员组成，同时应当吸收企业内部相关机构熟悉情况的业务骨干参加，必要时还可从企业外部聘请专业人员。评价工作组成员对本部门的内部控制评价工作应当实行回避制度。

3. 内部控制评价工作组对被评价部门和机构进行现场测试，综合运用各种评价方法，充分收集被评价对象内部控制设计和运行是否有效的证据，按照评价的具体内容，如实填写评价工作底稿。内部控制评价工作组应当根据测试获取的证据，对内部控制缺陷进行初步认定，并按其影响程度分为重大缺陷、重要缺陷和一般缺陷。

4. 合规管理部门应当编制内部控制缺陷认定汇总表，对内部控制缺陷及其成因、表现形式和影响程度进行综合分析和全面复核，提出认定意见，并向董事会报告。

5. 合规管理部门根据评价结果，结合内部控制评价工作底稿和内部控制缺陷汇总表等资料，及时编制内部控制评价报告，报经董事会批准后在企业内部公示或者对外披露。根据评价结果和《违规问责管理制度》，追究有关部门或相关人员的责任。

6. 企业可以通过以下一种或者几种方式充分收集企业内部控制设计和运行是否有效的证据：（1）个别访谈法；（2）调查问卷法；（3）专题研讨会法；（4）穿行测试法；（5）实地查验法；（6）抽样分析法；（7）比较分析法；（8）公开披露征求意见；（9）其他方法。

（三）内部控制评价的内容

评判有效内部控制是否存在，评价小组需要考虑到每个控制环境因素。

需要重点关注的事项如下：

1. 组织结构评价指标

（1）企业组织结构的恰当性，如是否存在重要岗位的缺失、岗位职责的重叠，以及各部门之间的管理结构是否合理。

（2）岗位职责的定义是否充分，对工作任务描述是否具体。

（3）岗位人员应当具备的知识和经验是否与岗位职责相匹配。

（4）各岗位内部控制程序和标准是否适当。

（5）对岗位设定的业绩目标是否符合实际。

2. 人力资源评价指标

（1）员工及管理层人员背景调查的充分程度。

（2）雇用、培训、提升和补偿员工的政策措施到位的程度。

（3）岗位人员对自身权责的理解程度。

（4）员工对岗位所需要的知识和技能是否充分。

（5）员工及管理人员执行行为准则的程度。

3. 企业文化评价指标

（1）高级管理层的价值理念与企业、员工以及公众的要求是否协调。

（2）企业是否向员工传递企业价值和行为标准。

（3）高层管理人员的行为是否符合企业价值理念和道德标准。

（4）企业规范行为和其他政策的指导手册是否存在以及得到应用。

4. 信息与沟通评价指标

（1）高级管理层与董事会等决策层之间的沟通频率和程度。

（2）高级管理层和日常经营管理层之间相互交流的频率，如高级管理层对财务报告的态度以及采取的行动。

（3）信息向高级管理层、决策层传达的充分性和及时性，如企业财务状况和经营成果等。

（4）日常经营管理层与下属员工之间沟通程度，员工是否能有效接受指令、理解指令并执行。

（5）员工提出建议、报告不正当行为的渠道是否畅通并有相关记录。

（6）管理层对员工所提建议和举报的接受性、处理态度和方式。

（7）企业对外信息沟通的开放性与有效性，包括供应商、顾客以及其他外界机构人员。

5. 控制活动评价指标

（1）企业的重大事项是否经过批准或者授权，是否存在"我行我素"的意识和行为。

（2）决策层、管理层以及各部门执行民主决策程序，遵循议事规则的程度。

（3）对偏离经批准的政策程序采取补救措施的及时性和适当性。

（4）高级管理层对应被追踪以衡量目标实现的企业主要行为的复核跟踪管理程度。如营销推动，改进的生产流程、成本限制或削减计划等。

（5）职能或业务部门经理对业务活动的管理复核程度，核对交易的准确性、完整性和遵循性，记录的数据应与支票和经批准的控制文件相符。如负责银行客户贷款的经理复核财务报告的真实性以及贷款用途；数据、文件接触途径是否符合程序，等等。

（6）文件控制，经济或者管理活动的文字记录程度。企业在经营和管理活动中应当有记录保存，通过这些记录可以反映经营和管理活动的全过程。文件控制不仅要求运营过程有记录，还要求规则和制度有记录，能够客观反映匹配情况。

（7）实物控制，企业设备、存货、现金及其他资产实物应得到保护，并定期进行盘点和账实核对。

（8）职责分离控制，职责在不同部门和人员之间分工或分离是否恰当。例如，交易的授权、记录和处理相关资产的职责是否分离；销售人员应没有修改价格文件或佣金率的权力。

6. 风险评估评价指标

企业在运行过程中由于存在违规行为或者内外部环境变化，引起经营目标和遵循性目标可能无法实现的风险，需要一个确认和处理与这些违规行为或者环境变化相关风险的机制，这就是风险评估机制。风险评估主要包括以下评价指标：

（1）风险评估人员是否具备充分的知识和经验，有效实施风险评估。

（2）风险评估尽职调查方式是否全面合理，评估内容是否全面。

（3）风险分析过程的周详性和相关性，包括估计风险因素、重要程度、发生概率、产生原因及决定采取的措施。

（4）风险评估是否随着经济环境、行业环境、法律法规和自身经营状况的变化而持续性评估。

7. 发展战略评价指标

企业的发展战略是根据企业设立的目标，制定实施方案实现企业目标的过程。企业目标一般分为经营目标和遵循性目标，经营目标是与企业经营的效果和效率有关，包括业绩目标、管理目标等；遵循性目标是与遵守企业适用的法律和法规有关。主要包括以下评价指标：

（1）企业高级管理层对企业目标设定与实现计划的声明和指导程度。

（2）企业目标设立与企业自身能力是否相适应。

（3）企业目标与外部条件是否相适应。

（4）各级管理层对制定目标的参与度与识别理解程度。

（5）各级部门操作流程与企业目标是否相一致。

（6）企业目标分解执行的进度和持续性。

（7）企业内部外部环境变化对企业目标的影响程度。

（8）管理层是否因内外部环境变化对企业目标进行识别和作出反应。

8. 内部监督评价指标

（1）监事会是否有效履行监督职责，监事会不应当是形同虚设的机构。

（2）董事长或者总经理对董事会的履职汇报，董事会对股东大会的工作汇报是否正常履行。

（3）董事长或者总经理定期组织主要部门负责人召开会议的频率和内容，检查内部控制职责的履行情况。

（4）财务部门根据企业经营特点，对各部门资金使用、收入状况的监管分析程度，资金收支与经营计划的匹配程度。

（5）内部审计对财务信息和经营信息的可靠性和完整性分析程度。

（6）基层员工向高层机构或者管理部门报告违规行为的频率和效果。

（四）内部控制评价报告

内部控制评价报告至少应当披露下列内容：（1）董事会对内部控制报告真实性的声明。（2）内部控制评价工作的总体情况。（3）内部控制评价的依据。（4）内部控制评价的范围。（5）内部控制评价的程序和方法。（6）内部控制缺陷及其认定情况。（7）内部控制缺陷的整改情况及重大缺陷拟采取的整改措施。（8）内部控制有效性的结论。

企业应当根据年度内部控制评价结果，结合内部控制评价工作底稿和内部控制缺陷汇总表等资料，按照规定的程序和要求，及时编制内部控制评价报告。

内部控制评价报告应当报经董事会批准后对外披露或报送相关部门。企业内部控制评价部门应当关注自内部控制评价报告基准日至内部控制评价报告发出日之间是否发生影响内部控制有效性的因素，并根据其性质和影响程度对评价结论进行相应调整。

企业应当建立内部控制评价工作档案管理制度。内部控制评价的有关文件资料、工作底稿和证明材料等应当妥善保管。

第五节　合规应对体系管理制度

一、合规管理完善及持续改进制度

任何设计良好的制度都无法彻底杜绝违法行为的发生和永久适用，企业应当通过发现机制认识到以上不足，不断对制度进行完善和持续改进。

合规体系完善侧重于解决制度设计的本身缺陷，是在实施过程中未能阻止违法行为发生，从而根据违法行为产生的原因和性质进行完善体系的过程。合规体系持续改进侧重于解决由于企业内部外部环境变化，造成原有体系与企业经营和管理环境已经不相适应的问题，从而根据新的监管要求进行改造升级的过程。

合规体系问题发现机制是完善体制的基础和保证，企业应当严格按照企业内控监督管理制度、企业内控评价制度，加强合规文化建设，对已有合规体系的执行强度是决定企业能否发现制度漏洞、体系缺陷的根本。

企业应当严格执行战略规划，及时对企业内部外部环境进行市场调查，严格实行风险防范制度，对企业内部外部环境变化给企业带来的影响进行准确评估，为体系的持续改进提供环境数据和事实依据。

合规管理部门应当对合规管理制度的实施进行全方位动态监管，确保合规管理体系融入企业运营中。体系运行中发现和接收到的反馈问题，应当立即组织相关人员研讨。必要时，应当聘请外部专业机构参与。合规管理部门研讨内容包括但不限于违法行为发生的频率和时间、违规行为发生的原因、合规制度的缺陷、违规行为发生是否有征兆，等等。综合分析合规制度是否存在缺陷，以及如何采取补救措施和进一步完善计划。

合规体系持续改进仅根据企业内部发现机制是不全面的，容易导致发现机制失灵。因为内部发现机制是筛查企业是否执行现有合规体系，无法解决现有体系是否过时的问题。持续改进的评估应当更加全面掌握企业内部环境和外部环境的变化，结合内部审计、内控监督、内控评审等过程，着重寻找变化之处。发现合规体系已经不适应监管要求或者经营要求的，应当重新梳理合规体系中的各项制度进行及时更新。

合规体系完善和持续改进制度应当以定期"体检"和突击"体检"相结合的方式进行，确保完善和改进的及时性。

合规体系完善和持续改进后，应当及时对外公开披露，确保每位员工知晓更新后的体系制度。体系更新后，原体系制度予以废除，但应当保留原体系运行中产生的各项数据。

二、违规调查制度

违规调查包括企业内部主动调查和面临的外部各种调查。建立该项制度是为了规范企业在调查程序中主动调查和配合调查的行为，防止在调查程序中出现违规违法问题，保证调查程序的顺利进行和调查结果的真实性、有效性。

（一）内部调查

企业内部调查是企业运营过程中发现内部人员存在违规行为而启动的调查程序，目的是通过搜集违规行为的证据，以确认违规行为是否真实发生，发生的原因以及产生的危害后果。

企业内部调查应当严格遵循调查程序。合规管理部门根据掌握的违规事件线索，经合规管理部门负责人同意后立即启动调查程序，确定调查小组成员（小组成员应当具备内部调查的知识和经验），确定被调查对象和调查范围，制定调查工作计划，合理选择秘密调查或公开调查方式。采取秘密调查方式的，应当注意保密。

企业应当结合实际情况对合规管理部门设置调查权限。建议全面放开对企业内部任何人员均可调查的权限，确保合规管理部门调查的独立性或者秘密性。若设置限制权限的，合规管理部门启动调查程序应当经过相应授权。

调查程序应当保持及时性和彻底性。合规管理部门掌握违规行为线索后，不得拖延不查。同时，合规管理部门对内调查应当坚持客观性原则，不得以业绩为导向不切实际调查。调查的内容应当均有文字记录，应当不超过必要的限度，注意调查方式和范围的合理性，应当保证被调查对象申辩的权利，并搜集被调查对象的反馈信息。

企业内部各部门具有配合调查的义务，应当客观、及时、全面地向调查小组提供资料和反映情况，不得有包庇行为，一经发现予以严惩。调查小组需要外部调查的，应尽可能通过各种调查方式进行，不得因为是外部调查而降低调查标准，企业应当提供资源予以支持。

（二）外部调查

外部调查是企业或者员工行为存在违规被监管部门发现，监管部门启动的调查程序，可能是行政主管部门的监管调查，也可能是司法部门的监管调查，企业应当予以全力配合。监管部门要求企业自查的，根据内部调查程序进行处理，但应当及时向监管部门报备。

合规管理部门是监管部门的对接部门，应当主动及时向监管部门了解企业应当予以配合的工作，及时封存企业内部相关资料，不得毁灭、篡改证据。

外部调查过程中，企业应当根据监管要求做好内部动员，严格下达指令要求各部门配合调查的义务，积极组织相关人员配合监管部门调查。

监管部门对调查程序有保密要求的，企业应当建立保密措施，采取有效措施严防通风报信、故意包庇行为。

企业应当根据调查结果发现的问题，及时对合规制度进行完善和改进，同时根据要求制定合规计划。

三、违规问责制度

本制度旨在强化合规制度执行，促使企业遵守合规义务。建立本制度可限制、减少违规行为发生，同时对已发生的违规行进行处罚，杜绝违规行为再次发生。

问责制度应当坚持实事求是、责罚适应、全面充分、教育与惩罚相结合的原则。

问责对象包括但不限于董事、监事、高级管理人员，各部门负责人、主管、职员，以及包括分公司负责人在内的所有人员。

合规管理部门履行违规问责职责，负责具体实施问责工作，监事会履行监督职责，违规问责制度由合规管理委员会审批通过。

责任承担主体以"谁主管谁负责"与"谁实行谁负责"相结合的原

则，即违规行为人应当承担相应违规责任，违规行为人的上级主管承担管理责任，涉及多个行为人和管理部门的，以此类推。

有下列情况之一，应进行责任追究：（1）企业合规制度未落实到位，员工不了解或者不理解合规制度内容；（2）未按照企业合规内控流程履行岗位职责；（3）未及时发现合规风险，或者发现风险未及时采取应对措施；（4）发现违规行为或者线索，未及时上报；（5）经营环境变化，合规管理制度未及时完善与升级改进；（6）不履行或者不正确履行合规管理监督职责；（7）拒不配合合规调查；（8）合规文件记录缺失或者故意隐匿；（9）各项调查程序中弄虚作假；（10）其他违反合规管理制度不履行合规义务的行为。

责任问责方式包括责令书面检查、给予警告、岗位降级、辞退。一般的违规行为尚未造成损失的，可以责令书面检查；违规行为给企业造成经济损失较小，情节较轻的，给予警告；违规行为给企业造成较大经济损失，情节严重的，进行岗位降级处分；违规行为给企业造成重大经济损失，情节特别严重的，可以辞退。

问责程序的确定以及其他事项企业根据实际情况制定。

第六章　企业合规分项制度

概　要

　　商业行为准则是企业合规管理体系的组成部分，企业在日常经营管理过程中应当遵守的各项管理制度集合而成商业行为准则。为了方便理解，本章将商业行为准则细分为企业合规分项制度，包括劳动人事、财税管理、资产管理、产品运营、供应管理、营销管理合规制度，行政管理制度在上述制度中已有涉及，如审批流程、印章管理等，企业也可以根据实际情况另行制定。

第一节　劳动人事合规制度

一、企业规章制度制定流程

　　合法有效的规章制度不仅对员工具有约束力，也能成为仲裁委员会和法院审理劳动争议案件的依据。企业在制定规章制度的过程中，应当注重制定流程的合法性。

　　本规定所称的规章制度，是指企业针对生产、经营、技术、管理等活动所制定的管理规范的总称。本规定适用于企业各项规章制度的拟定、解释、修改、发布和备案等相关活动。

　　制定规章制度，应当遵循下列原则：（1）坚持依法制定的原则；

（2）坚持从企业实际出发的原则；（3）坚持制度间协调性的原则；（4）遵循长远规划、年度计划、适时修订、定期清理、统一规范的原则。

制定规章制度应遵循以下要求：（1）全面性。既包括制度涵盖范围的全面性，也包含制度本身的全面性。（2）准确性。规章制度用语应当准确、简洁，条文内容应当明确、具体。（3）合法性。应当保证制定主体、制定内容、制定程序的合法性。（4）合理性。规章制度内容应当合理，结合企业的经营方式、生产方式、人事管理现状、劳动者岗位职责等具体情况综合分析制定。（5）有效性。规章制度公示后才产生约束力。（6）实际性。高标准切合企业经营管理的实际。（7）稳定性，即能在一定时间和一定范围内适用。（8）服务性。制度本身应体现服务企业发展的需求。董事会行使规章制度的审核、批准、修订和废止权。

人力资源部门是规章制度制定与管理的部门，其主要职责包括：（1）负责规章制度体系的编制工作；（2）负责组织拟定规章制度制定的年度计划；（3）根据规划督促、检查、协助各部门起草规章制度草案；（4）起草企业综合性规章制度；（5）负责规章制度草案规范的审核；（6）组织规章制度草案论证、修改、定稿、报送等工作；（7）负责收集规章制度执行中存在的问题，提出完善、修改和废止有关规章制度的建议；（8）负责规章制度编号的管理工作；（9）负责规章制度的保管、存档工作。

企业职能部门根据规章制度体系整体规划，制定本部门规章制度年度计划。人力资源部门对各部门提出的规章制度年度计划进行协调和审核，编制企业规章制度，制定年度计划。

起草规章制度应注意规章制度彼此之间的协调和衔接，并就规章制度之间对同一事项的不同具体规定在上报时作出专门说明。对涉及两个以上部门业务的规章制度，由相关部门组成联合起草小组起草，人力资源部门协助。

规章制度的起草，应按下列步骤进行：（1）收集资料，掌握有关法律、法规以及其他企业的相关规定；（2）调查研究，提出解决问题的办法、措施；（3）撰写草案；（4）将草案公示，征求意见；（5）汇总意见，修改草案。

规章制度一般应包括下列内容：（1）目的，即清晰简洁说明本制度控制的活动和内容；（2）适用范围，明确规章制度所涉及的有关部门、人员、事项和活动；（3）职责，应规定实施本制度的部门或人员的责任和权限；（4）制度规范的内容、要求与程序；对相应经济活动的约束与要求；（5）相应活动、事项的详细流程，附相关的工作流程图；（6）支持性文件和相关记录、图表，包括与本制度相关的支持性文件、规定、各种应保留的相关记录、表格、单据等。

规章制度草案完成后应送相应职能部门，涉及员工重大利益的提交给职工代表大会或者全体职工讨论，就草案内容征求意见，进行充分磋商讨论。规章制度起草部门根据广大职工意见进行梳理、归类和总结，修改完善草案，形成建议稿，再次与工会或者职工代表协商确定最终的规章制度文本，并报人力资源总监审核。

规章制度草案经人力资源总监审核后，起草部门填写规章制度审核表，将草案及人力资源经理及合规专员审查，主要审查以下内容：（1）是否符合法规的基本原则；（2）与企业现行规章制度是否协调；（3）草案结构、条款是否符合规章制度的要求和技术规范；（4）是否切合企业实际和体现权责利对等原则。经审查符合要求的，报董事会审批。

规章制度经审批完成后，需要向员工公示，以企业名义下发的规章制度，由人力资源部门负责公示。公示方法包括网络公示（企业内网、电子邮件、QQ 等）、公示栏公示、员工手册公示、制度下发、劳动合同附件、培训公示、制度传阅。企业可以采用一种方式公示，也可以采用多种方式相结合进行公示，无论是一种还是多种，均需要确保能够有效地传递给劳动者，让劳动者能够完全知晓所公示的内容。

首次颁布的制度为试行文件。试行期为 6 个月，试行期后经修改的文件为正式文件，正式文件根据需要每一年修改一次。

规章制度发布后 5 日内，人力资源部门应送企业档案室备案。规章制度一经颁布生效后，企业各级人员必须严格遵守。

为加强规章制度的动态管理，规章制度实施过程中，人力资源部门每年向各相关部门征求规章制度执行意见，搜集规章制度执行过程中存在的问题，以便适时修订。各相关部门在执行规章制度过程中，对规章制度存在的问题应及时记录，并及时通知人力资源经理。规章制度的修改和废止应由规章制度的制定部门提出建议，人力资源总监审核，报董事会审定。

规章制度有下列情形之一的，应进行修正：（1）规定事项不能切合现行经营方针或事实需要的；（2）规定事项局部已不适用的；（3）规章制度局部与政府有关法令相抵触的；（4）同一规章制度内容前后重复矛盾的；（5）同一事项所须适用的各种规章制度，其内容彼此冲突矛盾的；（6）所涉及的部门名称，已与现制不符，或原规定事项的主管或执行部门已经裁并或变更的。

规章制度有下列情形之一的，应予以废止：（1）规定事项与现行经营方针相悖或不符的；（2）已与现实情况完全不相切合的；（3）同事项已有新规定并已公布施行的；（4）规定事项已执行完毕，或因情势变迁，已无继续施行必要的。

二、招聘录用制度

招聘录用制度是为满足企业持续、稳定、快速发展对人才的需要，规范企业的招聘流程，提高人力资源管理工作效率，健全人才选用机制，更加科学、合理地配置公司人力资源，依据《劳动法》等法律和有关地方性法规制定的。

企业应根据工作分析结果、结合企业战略发展需求、目前人力资源状况开展招聘工作，使用人机制更加科学、合理。

（一）招聘的原则

企业招聘应当遵循以下原则：（1）公开招聘原则。企业所有职位需求实时公布，采取公开招聘的方式进行外聘或内聘。（2）按岗需要原则。这是对招聘计划质的要求。各部门填写《人力资源需求申请表》需明确要求岗位需求与目标，为招聘渠道的选择提供前提。（3）有效渠道及分析原则，即对所需人才可能适用的招聘方法进行分析，以取得有效的招聘成果。可供选择的招聘渠道有广告招聘、人才市场招聘、校园招聘、委托劳务公司招聘、大型招聘会、互联网招聘等。（4）考核原则。试用期过程中严格考核，保证进入企业的员工最终素质与岗位匹配。

（二）招聘的方式

人力资源部门是企业招聘工作的主管部门。企业的招聘可采用内部招聘和外部招聘两种渠道。企业原则上采取以外部招聘为主、内部招聘为辅的政策，同时根据岗位特点、人才需求数量、新员工到位时间和招聘费用等因素综合考虑。

1. 外部招聘

外部招聘工作的组织以人力资源部门为主，其他部门配合。必要时企业高层领导、相关部门参加。

企业采取外部招聘的，应采取以下途径：（1）员工推荐。企业鼓励员工推荐优秀人才，由人力资源部门本着平等竞争、择优录用的原则按程序考核录用。（2）网络招聘。通过企业指定的招聘网站发布招聘信息，并对符合条件的候选人电话预约面试。（3）招聘会招聘，即通过参加各地人才招聘会招聘。（4）校园招聘。参与各大院校举行的校园招聘会，与院校就业办老师联系，预定宣讲会场地，或在校园内的毕业生就业网发布企业招聘信息。

人力资源部门统一协调各部门的外部招聘工作，包括整体宣传、与相关单位或部门的联系、外出招聘人员的组织等。

2. 内部招聘

鉴于内部员工比较了解企业的情况，在尊重用人部门意见的前提下，企业可以采取内部招聘渠道，改善人力资源的配置状况，提高员工的积极性。

内部招聘的主要方法有推荐法（经本企业员工推荐）、公告法（使全体员工了解岗位空缺，通过竞聘选拔）等。

人力资源部门根据企业所需招聘岗位的名称及任职要求，拟定内部招聘公告，并通过 OA 系统发布招聘信息。

因工作、生产和业务发展需要，各部门需增加用人，由各部门申请，经人力资源经理审核，人力资源总监批准后交人力资源部门安排招聘。

企业管理岗位可试行竞聘方式。经各部门申请，人力资源总监审核，董事长审批通过后，可对空缺岗位进行竞聘。

（三）招聘的程序

根据招聘岗位的要求，由人力资部门会同各部门进行初选。审查求职者的个人简历和求职表，并根据收集到的求职者信息建立企业人才储备库。

人力资源部门根据应聘者提供的资料，对每个人的优劣部分进行充分的评价分析，初步作出选择意向。主要包括以下方面：（1）学历、专业技能、工作经验、语言等是否与招聘要求一致；（2）年龄及健康状况是否适应岗位要求。

对于适合其他岗位的应聘者资料，应推荐给相关岗位的部门进行审核，审核认可的应聘者由人力资源部门负责通知初试。

面试时间与地点由人力资源部门与各参与面试人员协商确定后统一安排。

人力资源部门负责对应聘者进行筛选和初试，合格者由各部门负责人进行复试，经人力资源总监审批后办理入职手续。

考核包括以下内容：（1）求职动机和工作期望；（2）责任心和协作精神；（3）专业知识与专业技能；（4）相关工作经验；（5）必要时增加笔试。

经面试合格后，主管级（含）以上员工、财务人员等重要职位在上岗报到前，应将工作履历尤其是前一家工作单位的联系电话和具体地址告知人力资源部门，人力资源部门按程序进行外调工作；员工所提供的资料必须翔实、准确，如在资料审查或背景调查过程中发现情况不属实者，将不予录用或辞退；员工上岗时如有特殊情况无法提供工作证明材料或暂不便进行外调时，应提前说明情况。

对于复试未通过的应聘者，将其资料存入储备人才档案中，以备不时之需。复试合格的，人力资源部门与用人部门沟通后，确定报到时间。

经核准拟试用的外部应聘人员，由人力资源部门告知入职时间、准备材料以及入职体检等相关事宜。

三、劳动合同管理制度

新员工报到后一个月内，人力资源部门应当通知员工本人在规定时间内订立劳动合同。自用工之日起一个月内，经企业书面通知后，员工未按期订立劳动合同或者本人不愿意订立劳动合同的，企业有权书面通知其终止劳动关系。

企业与员工订立劳动合同时，人力资源部门应当认真审查员工的基本情况，确保劳动合同由其本人当面签署并捺印。

员工隐瞒自身真实情况（包括提供虚假简历、学历、工作经历等），使企业在违背真实意思的情况下与员工订立劳动合同的，一经查实，企业有权解除合同。

劳动合同文本手写添加部分可以由员工书写，也可以由企业指定人员书写。劳动合同经员工和企业签字或者盖章生效。劳动合同对生效时间或者条件另有约定的，从其约定。

员工与企业书面约定报到日期的，员工实际报到日期晚于约定报到日期的，实际报到前员工与企业不存在劳动关系。

企业安排员工接受上岗前培训、学习的，劳动关系自员工参加之日起建立。

劳动合同文本内容变更时，需在变更处经员工和企业签字、捺印或者盖章生效。

劳动合同由员工和企业各执一份，企业不替员工保管。

企业人力资源部门应当按照法律规定，建立职工名册，做好劳动用工备案。

根据劳动合同的期限，企业对新录用的员工设定1—6个月试用期。试用期包含在劳动合同期限内，计为本企业的工作年限。

劳动合同期限3个月以上不满1年的，试用期不超过1个月；劳动合同期限1年以上不满3年的，试用期不超过2个月；3年以上固定期限和无固定期限劳动合同，试用期不超过6个月。

员工在试用期的工资不低于相同岗位最低档工资或者劳动合同约定工资的80%，且不低于当地最低工资标准。

对于试用期间工作表现突出，成绩显著的员工，可以缩短试用期，提前办理转正手续。

对于试用期间有充分证据证明工作表现不符合录用条件的，企业可以依法与员工解除劳动合同。

在试用期内，员工解除与企业劳动合同的，应当至少提前3日通知企业。员工违反本规定解除劳动合同，给企业造成损失的，应当承担赔偿责任。

企业因生产经营需要，或者员工因个人原因，在双方协商一致的情况下，可以变更包括工作岗位、工作地点、劳动报酬等在内的劳动合同约定内容。变更劳动合同，应当采用书面形式。

员工患病或者非因工负伤，在规定的医疗期满后不能从事原岗位工作，企业可以另行安排岗位，员工仍不能胜任的，企业有权解除合同。

企业按工作标准经考核、考评，有充分依据确认员工不能胜任本岗位（工种）工作，可以对员工进行岗位培训，或者变更员工的工作岗位（工种），员工仍不能胜任的，企业有权解除合同。

企业与员工经协商达成一致，订立《解除劳动合同协议书》（内容包括劳动合同解除时间、双方就劳动关系再无其他争议等事项），可以解除劳动合同。

员工申请辞职的，必须提前30日书面通知企业。

有下列情形之一的，企业经与员工协商一致可以延长上款规定的提前通知期限：（1）在企业担负重要生产、经营、科研、管理任务尚未完成的；（2）经手办理的事项尚未处理完毕，移交他人经办确有困难的；（3）企业与员工协商一致的其他情形。

员工有下列情形之一的，企业可以解除劳动合同：（1）严重违反本规章制度以及企业依法制定的其他规章制度的；（2）严重失职，营私舞弊，给企业利益造成重大损害的，或者对企业声誉造成重大负面影响；（3）员工同时与其他用人单位建立劳动关系，对完成本企业工作任务造成严重影响，或者经企业提出，拒不改正的；（4）员工对企业采取欺诈、胁迫或者乘人之危等手段，致使企业在违背真实意思的情况下订立或者变更劳动合同，导致劳动合同无效的；（5）被依法追究刑事责任的。

员工有下列情形之一的，企业可以提前30日书面通知员工或者额外支付员工一个月工资后解除劳动合同：（1）员工患病或者非因工负伤，医疗期满后，不能从事原工作也不能从事企业另行安排的工作的；（2）员工不能胜任工作，经培训或者调整工作岗位后仍不能胜任工作的；（3）劳动合同订立时所依据的客观情况发生重大变化，致使劳动合同无法履行，经双方协商未能就变更劳动合同达成协议的。

有下列情形之一的，在提前30日向工会或者全体职工说明情况，听取工会或者职工的意见，并将裁减人员方案向人力资源社会保障行政部门报告后，企业可以依法裁员：（1）依照企业破产法规定进行重整的；（2）生产经营发生严重困难的；（3）企业转产、重大技术革新或者经营方式调整，经变更劳动合同后，仍需要裁减人员的；（4）其他因劳动合同订立时所依据的客观经济情况发生重大变化，致使劳动合同无法履行的。

企业单方解除劳动合同时，应事先与工会协商确定，工会认为不符合法律、法规规定或劳动合同约定，要求纠正的，企业应研究工会意见，并及时将结果书面通知工会。

人力资源部门应当在解除或者终止劳动合同时出具解除或者终止劳动合同的证明，并在15日内办理档案和社会保险关系的转移手续。

员工与企业解除或者终止劳动合同的，应填写《离职交接手续单》，在离职当日或企业指定的期限内办理完毕工作交接，包括但不限于交还员工卡、办公用品、工作文件、占用的企业财产（包括有形财产、电子财产和知识产权等）、欠付企业款项等。经企业检查无误后，由该员工在《离职交接手续单》上签字确认，交至人力资源部门。

企业依照有关规定应当向员工支付经济补偿的，在办结工作交接时支付。

有下列情形之一的，企业与员工的劳动合同依法终止：（1）劳动合同期满的；（2）员工达到法定退休年龄或者依法开始享受基本养老保险待遇的；（3）员工死亡，或者被人民法院宣告死亡或者宣告失踪的；（4）企业被依法宣告破产的；（5）企业被吊销营业执照、责令关闭、撤销或者企业决定提前解散的；（6）企业经营期限届满的；（7）法律、行政法规规定的其他情形。

除法定续订情形外，劳动合同期满前，企业将根据员工合同期内的工作能力和业绩等进行综合评价，并根据工作岗位需要，决定是否与员工续订劳动合同。

企业决定续订劳动合同的，应当征求员工是否同意续订、续订期限以及续订条件等内容的书面意见。

员工同意续订的，应与企业续订劳动合同；不同意续订的，应按本制度规定办理工作交接和劳动合同终止手续。

四、企业员工培训管理制度

本制度系为配合公司的发展目标，提升人力绩效，提升员工素质，增强员工对本职工作的能力与对企业文化的了解，并有计划地充实员工知识技能，发挥其潜在能力，建立良好的人际关系，进而发扬本企业精神而制定，是各级人员培训实施与管理的依据。

企业各层级员工以及各职能部门开展的各类培训及相关活动均适用本制度，员工参加或组织相关培训的情况，应纳入部门和个人的绩效考核范畴，作为个人薪资及岗位（含职级）调整的依据之一。

企业的培训工作实行计划由人力资源部门管理，各部门配合实施。

人力资源部门作为企业培训主管部门，应该依据企业的人力资源状况、各部门的培训需求及企业的全年工作安排制定出企业总体的年度培训计划，经批准后组织实施并考核。各部门负责人应定期向计划人力资源部门提交本部门的培训需求计划，并积极配合人力资源部门开展培训工作。人力资源部门根据企业整体经营战略，经较为充分的培训需求调研后，拟定企业年度培训需求分析报告，或将相关内容在年度工作计划中予以体现，报董事会审核确认。

各职能部门在制定年度工作计划中，应根据本部门现状和未来 1 年内的工作及岗位需求，提出本部门的培训需求。另对于阶段性或临时性培训需求，应及时向人力资源部门反馈或上报。

人力资源部门拟定的年度培训计划，人力资源总监签字确认后执行。期间如实际情况发生变化，需要对计划内容进行调整，则在季度培训计划实施方案中予以体现。人力资源部门拟定的季度培训计划实施方案，须报人力资源总监批准后予以实施，如实施过程中需要对有关内容或项目进行调整，须经上级主管领导同意。

由企业组织安排的各类专业技能培训，在时间上，尽可能安排在正常工作时间内，并兼顾培训对日常工作的影响降低到最低的程度；对于有企业驻外人员参加的集中式培训，尽可能与企业有关会议相结合，以节省时间和费用。

企业对员工的培训方式分为内训（内部培训和外聘培训）和外训（外派培训）两种。参加外训员工必须在本企业工作满一年（含）以上。外派参加培训的人员在培训结束以后，必须及时将培训期间的学习笔记和培训资料上交到人力资源部门进行归档，作为培训素材供企业内训时使用。

依据企业员工的不同级别和岗位，员工的培训分为管理人员（部门经理及主管级人员）培训和普通员工培训。管理人员（部门经理及主管级人员）培训内容包括以下情况：（1）企业的重大改革；（2）不断发展的企业文化；新管理模式的建立与施行；（3）综合技能的提高培训。

普通员工的培训主要包括企业理念教育、管理制度、岗位技能、业务知识、作业规范、新技术培训等内容。

新聘员工培训包括企业培训和岗前培训。（1）企业培训的主要内容包括企业历史、企业文化、经营理念、组织机构、规章制度等。（2）岗前培训的主要内容包括岗位描述、工作程序、工作表单、工作技术规范等。

人力资源部门负责员工培训出勤管理。培训期间的出勤作为参训员工的绩效考核依据之一。

培训考核可以遵循下列流程：（1）培训前就培训内容进行课前考核，以了解参训员工的实际知识水平。（2）培训过程当中进行考核，以了解参训员工的掌握情况，利于培训的调整。（3）培训结束后对培训的全部内容考核，以了解培训效果。可以采取下列考核考核方式：（1）现场操作；（2）书面答卷；（3）书面测试；员工的培训考核结果纳入其绩效考核之中，并作为其绩效考核的重要依据之一。

五、企业员工保密与竞业限制管理制度

本制度旨在维护企业利益，加强涉密人员保密及竞业限制人员的管理，明确权利义务。本制度适用于企业全体涉及保密及竞业限制协议人员。

凡在本企业任职期间接触并知悉的文件、资料、稿件、表格等业务信息，不论是企业的还是客户的专有资料，不论是属于技术的、商业的、财务的或其他方面的专有资料，不论是否特别指明是专有资料（包括但不限于客户名单、定价政策、价格、营业额、财务报表及分析资料等）均系企业的商业秘密，员工不得以口头、书面或电子文件等任何形式透露。

员工应当遵守如下保密规则：（1）妥善保管所有涉及商业秘密的文件或者资料等。（2）有来访人员时，应当在接待室或者会议室接待来访；如遇客户参观，须事先经企业批准。（3）涉及商业秘密的文件或者资料等不再使用且不需要存档时，应当销毁。（4）企业有权指定某个或者某类文件为特别机密文件，并在文件上注明。（5）在有充分证据证明因员工泄露了信息，给企业利益造成影响的，企业有权对该员工追究责任并要求赔偿损失。

员工在日常工作中不得有下列行为：（1）出售企业资料，或者在任何

未经许可的交易或买卖中使用资料；（2）将企业的业务机会化为己用；（3）通过盗窃、利诱、胁迫或者其他不正当方法取得企业商业秘密；（4）泄露、使用或允许他人使用企业商业秘密；（5）违反劳动合同、本规章制度和企业的任何保密协议，或者违反企业关于商业秘密保密的要求。

企业与负有保密业务的员工签署专门的保密协议或者在劳动合同中约定保密条款。

竞业限制的人员限于企业的高级管理人员、高级技术人员和其他负有保密义务的人员。竞业限制的范围、地域、期限由企业与竞业限制人员约定。对负有保密义务的员工，企业可以在保密合同中与员工约定竞业限制条款，也可单独制定竞业限制协议。

竞业限制期限内，企业按月给予员工经济补偿。竞业限制经济补偿数额由企业和员工约定且符合各地关于竞业限制补偿金标准。

负有保密义务且约定竞业限制协议的员工在劳动合同履行期间以及已经解除或者终止劳动合同后的 2 年内，应当对其岗位所涉及的任何相关保密信息予以保密。负有保密义务的员工未经企业事先书面同意，不得向任何第三方披露保密信息，也不得为任何其他目的而使用保密信息，不得向与企业有业务竞争关系的其他企业泄露本企业的商业秘密。其他竞业限制人员在解除或者终止劳动合同后的 2 年内，不得到与本企业生产或者经营同类产品、从事同类业务的有竞争关系的其他用人单位，或者自己开业生产或者经营同类产品、从事同类业务。

员工违反竞业限制约定的，应当按照协议约定向企业支付违约金。支付违约金后，员工仍然应当按照约定履行竞业限制协议。竞业限制期限内，企业在额外支付员工 3 个月竞业限制经济补偿的情况下，可以解除竞业限制协议。

六、企业员工考勤管理制度

本制度旨在加强企业考勤管理，整顿劳动纪律，提高员工遵章守制的自觉性。

员工每日上、下班均应亲自到指定地点打卡，由各部门考勤员配合人力资源部门进行考勤管理。员工应当准时上、下班，不得迟到、早退、旷工。（1）未按规定办理请假、休假手续，擅自不到岗的，按旷工处理；（2）擅离工作岗位，或者请假未获批准不到岗的，按旷工处理；（3）虚构请假事由骗取假期的，按旷工处理；（4）托人打卡者，一经发现当天按旷工处理，因实际情况确实不能打卡者除外。

员工上、下班忘记打卡，或者因丢失、损坏、因公外出等其他原因而不能正常打卡者，应于当日（最晚次日）由本人填写《未能按时打卡说明单》，经部门主管核实签字后，交考勤员。如遇临时出差或者上级指派，可以事后补交并由主管人员核实签字。企业考勤记录保存时间不少于一定年限。

员工因工作需要必须加班，应当在加班前按照规定填写《加班、调休申请单》，注明加班事项、加班所需时间，经部门主管、人力资源经理批准后方可加班。未按前述程序审批的，不按加班处理。员工在休息日、法定休假日自愿参加企业组织的郊游、娱乐等其他非工作性活动的，不视为加班。

工作日加班的，应于当天下班前进行审批；周六、周日加班的，应于周五下班前审批；法定休假日加班的，应于休假日前1天审批。

员工经过审批确定的加班时间，作为记录加班时间、安排调休和发放加班工资的依据。紧急情况未办理审批程序的，应在加班后3个工作日内补办审批程序，否则不予统计加班时间。加班计算以《加班、调休申请单》和考勤记录为依据。休息日加班已经通过调休补偿的，不计入加班时间。

企业实行加班调休制度。员工在休息日加班的，由员工本人提交《加班、调休申请单》，经部门主管批准后调休。员工累计休息日加班时间一般应在当3个月内调休完毕。

企业的休假制度包括病假、事假、婚假、产假、护理假、丧假、工伤假、带薪年休假等。

员工因任何原因，不能到岗者，均须请假。请假应由本人事前填写《请、休假审批表》，并附相关证明，呈请部门主管核准。因急诊、工伤假等紧急情况无法提前填写《请、休假审批表》的，应先电话请假，由员工本人或者员工委托的其他人员在 3 个工作日之内补办请假手续。员工外出期间遇到特殊情形无法按时返回企业上班的，须至少提前 1 天向部门主管电话请假，再于首日上班当日内补办请假手续，没有任何请假手续的，视为旷工。请假时间在 3 天以内（包含 3 天）的，由部门主管审批；3 天以上的，需部门主管、人力资源经理审批。

员工患病或非因工负伤需要休假的，应持县级以上医疗机构出具的挂号凭证、病历、诊断证明、医药费单据、发票等相关证明资料，如实填写《请、休假审批表》并按规定程序审批。相关资料交考勤员报人力资源部门存档。

员工因处理个人私事，需占用工作时间的，应事先办理书面请假手续。办理程序为：由请假人本人填写《请、休假审批表》，按照审核程序经批准、签字后方可休假。《请、休假审批表》交考勤员报人力资源部门存档；特殊情况，可以先电话请假，事后补办书面请假手续。负责考勤人员在每月考勤汇总表中应当注明员工实际请假天数。事假期间不支付工资。

员工请婚假，需持结婚证办理请假手续，按《婚姻法》有关规定执行。员工请婚假需提前两周通知部门主管，确保不影响企业正常工作。婚假须经人力资源经理审批。婚假应当一次性连续使用；假期天数包含休息日和法定节假日。

女员工产假按《女职工劳动保护特别规定》、本地《人口与计划生育条例》执行。员工休产假或护理假时，应及时向企业提交相关医疗、检查、生育等证明。产假和护理假必须一次性连续使用；假期天数包含休息日和法定节假日。女员工在哺乳期内的哺乳时间应按国家相关法律规定执行。

员工直系亲属（父母、配偶、子女）死亡的，可申请带薪丧假。请假手续办理方法与事假相同。

员工经工伤认定部门被认定为工伤或者患职业病，需要暂停工作接受工伤医疗的，依法享受停工留薪期待遇。员工停工留薪期满，经劳动能力鉴定委员会确认无须延长停工留薪期的，员工应当回企业上班；伤情尚未稳定或未痊愈，员工仍住院治疗或者有县级以上医疗机构出具的休假证明单的，企业将按病假工资规定支付其病假工资；未住院治疗或者提供休假证明单且不到岗上班的，视为旷工。员工停工留薪期满且医疗终结的，应当回企业复工上班，企业根据其劳动能力，可以安排其适当的工作岗位。

带薪年休假（以下简称年休假）的具体时间由人力资源经理审批。员工连续工作1年以上的，享受年休假。员工累计工作已满1年不满10年的，年休假5天；已满10年不满20年的，年休假10天；已满20年的，年休假15天。国家法定休假日、休息日不计入年休假的假期。

员工有下列情形之一的，不享受当年的年休假：（1）累计工作满1年不满10年的员工，请病假累计2个月以上的；（2）累计工作满10年不满20年的员工，请病假累计3个月以上的；（3）累计工作满20年以上的员工，请病假累计4个月以上的。

员工休年假的，由员工本人向部门主管提出书面申请或者由企业根据生产、工作的具体情况，统筹安排、调整休年假的日期。年休假，在一个年度内可以集中安排，也可以分段安排，一般不跨年度安排。

七、员工薪酬福利管理制度

为适应企业发展要求，充分发挥薪酬的激励作用，建立一套科学、合理的薪酬体系，有助于增强员工归属感，提高员工的满意度及对企业的认可度。

企业应严格执行最低工资规定，员工提供正常劳动期间的工资不低于本地的最低工资标准。

企业应建立正常的工资调整机制。根据本企业的生产经营状况，参照劳动力市场工资价位，制定工资调整方案。调整方案征求本企业工会或者职工（代表）大会的意见。

企业的薪酬分计时工资和计件工资，包括基本工资、加班工资、奖金、津贴和补贴等。具体工资结构由企业和工会以工资集体协商形式确定。

企业以现金形式或者委托银行代发工资。当月工资于次月 10 日支付，如遇法定节假日或休息日，则提前支付。

工作日安排员工延长劳动时间的，按照员工工资的 150% 支付加班工资；休息日安排加班的，原则上安排调休，不能调休的，按照员工工资的 200% 支付加班工资；法定节假日（含综合计算工时制）安排加班的，按照员工工资的 300% 支付加班工资。

实行综合计算工时制的员工，在综合计算工时周期内，总的工作时间超过总法定工作时间的部分，视为延长工作时间，企业按员工工资的 150% 支付加班工资。

员工患病或非因工伤停止工作，在规定的医疗期内，停工医疗累计不超过 6 个月的，由企业发给本人工资 70% 的病假工资。在规定的医疗期内，停工医疗累计超过 6 个月的，发给本人工资 60% 的疾病救济费。病假工资和疾病救济费最低不低于当地最低工资标准的 80%，最高不超过企业上年度职工月平均工资。

因企业原因造成停工停产的，在一个工资支付周期内的，企业按照劳动合同约定的标准支付员工工资；超过一个工资支付周期的，可以与员工协商，降低工资支付标准，但是最低不低于当地最低工资标准的 80%。

企业对从事中夜班、高温和繁重体力劳动等工作的员工依法支付津贴、补贴。因员工本人原因给企业造成经济损失的，企业可以按照劳动合同约定要求员工赔偿经济损失，其赔偿额可以从员工的工资中扣除，但每月扣除部分不超过员工工资的 20%，扣除后剩余部分不低于当地的最低工资标准。

有下列情况之一的，企业可以依法从员工工资中代扣或减发工资：（1）员工应当缴纳的个人所得税；（2）员工应当缴纳的社会保险费和住房公积金；（3）生效法律文书中载明应由员工承担的扶养费、赡养费等；（4）约定依法应当赔偿给企业的经济损失；（5）法律、法规、规章规定可以扣除的工资。

企业严格按照国家及地方有关社会保险的规定，参加社会保险，按时足额缴纳养老、医疗、失业、工伤和生育保险费，费用依法由企业和员工分担。

八、员工行为规范管理制度

本制度旨在规范企业办公秩序及员工行为，增强员工的归属感及团队意识，塑造良好的企业形象。

在工作时间内，员工必须穿着企业规定的服装。员工在企业内必须按规定携带员工卡。员工在进入企业时，必须出示企业发给的员工卡，配合保安对携带物品进行检查。员工带领企业以外的人员进入企业，必须按企业规定办理入门登记。若驾驶汽车上下班，应将车辆停放在企业指定位置；骑自行车、摩托车上下班的，在企业厂区内不得骑行，且应将车辆停放在企业指定位置。

员工在工作时间要认真负责，未经许可不得擅自离岗、串岗。员工应当积极、负责地处理好本岗位工作，按时、合格地完成企业及管理者规定的工作任务，不能消极怠工。员工必须服从管理者的指示，严格遵守企业的工作流程、操作规范。员工应当与同事团结协作、和睦相处，企业不允许员工存在侮辱、诽谤、威胁、恐吓、攻击等可能伤害同事或者影响共同协作的行为。

员工应当礼貌待人，友好接待来访客人，并根据客人需求和企业的规定，耐心给客人提供相关信息与服务，对不能满足的要求应当婉拒。

员工应当诚实守信，不弄虚作假，不欺上瞒下，不搬弄是非，不拉帮结派，不造谣惑众，不散布流言蜚语，自觉抵制各种诋毁企业及企业领导形象的行为。

企业倡导守法、廉洁、诚实、敬业的职业道德，企业及其员工应当遵守适用于企业活动的一切法律规定。

遇到工作职责交叉或者模糊的事项，企业鼓励勇于承担责任和以企业利益为重的行为，倡导主动积极地行动，推动工作完成。在工作紧急和重要的情况下，员工不得以分工不明为由推诿。

严禁员工超出企业授权范围或者业务指导的要求，对客户和业务关联单位作出书面或者口头承诺。员工未经批准，不得将企业资产赠与、转让、出租、出借、抵押给其他单位或者个人。员工不得以任何名义或者形式索取或者收受业务关联单位的利益。

员工对企业的办公设备、交通工具、通信及网络系统或者其他资产，不得违反使用规定，作任何不适当的用途。企业的一切书面和电子教材、培训资料等，均为企业财产，员工未经授权，不得对外传播。员工对任何企业财产，包括配备给个人使用的办公桌、保险柜、橱柜，乃至储存在企业设备内的电子资料，企业有权进行调配。员工应厉行节约，合理利用办公用品，节约能源，努力降低生产成本及办公经费开支。

如果工作需要或者其他员工缺勤，员工有义务按照部门主管或者总经理的要求临时替岗。

员工在操作和使用设备、工装、检具之前，必须按企业规定进行检查，并作相应的记录。员工应当爱护企业的机械设备、设施、器具以及备品等，如发现有丢失或者其他重大变动的情况时，必须立即向部门主管报告。企业发放给员工的专用工具应当妥善保管，不使用工具时将按规定交回。如果企业发放的专用工具丢失，应立即书面报告给部门主管。员工在使用厕所、饮水间及企业许可使用的场所时，必须保持其清洁。

员工因工作原因受到伤害或者发生事故下落不明，或者所在工作场所发生非正常事件，员工本人及相关知情人员均应立即向部门主管通报，接到通知的人员应立即与企业主管部门采取必要的紧急处理措施，务求将人员伤害及企业损失减少到最低程度。

员工应当保持工作场所的整齐、清洁、有序，如有任何异常情况，应及时向部门主管汇报；在下班离开岗位之前，员工应检查本岗位的所有设备（包括水、电、气）是否已关闭，并将自己的工作区域打扫干净。

员工在任何时候都必须遵守企业的会计制度和监管，不得以任何理由在企业账簿或者记录中作假或者误导记录。

员工不得以任何形式损害企业名誉、信用或者造成企业经济损失；不得从事使企业牵涉到或者有可能使企业牵涉到任何非法行为的活动。员工不得超越本职业务和职权范围，开展经营活动。

员工除本职日常业务外，未经总经理授权或者批准，不能从事下列活动：（1）以企业名义考察、谈判、签约；（2）以企业名义提供担保、证明；（3）以企业名义对新闻媒介发表意见、消息；（4）代表企业出席公众活动等。

员工不得从事以下兼职或者获取薪酬的工作：（1）利用工作时间和企业资源从事兼职工作；（2）兼职于企业的业务关联单位或者商业竞争对手的；（3）所兼任的工作构成对本单位的商业竞争的；（4）因兼职影响本职工作或者有损企业形象的。

有下列情形之一者，企业可禁止其进入：（1）未经允许酒后上岗者，或者扰乱及有扰乱企业生产经营秩序可能者；（2）被确认或者有证据证明携带管制器具及其他危险品者；（3）被确认或者有证据证明在卫生安全上可能会造成危害者；（4）未按企业规定着装者；（5）被确认或者有证据证明携带不允许携带物品且不接受检查者；（6）与前几款有类似情况者。

在企业内发现任何遗失的财物，应迅速交至部门主管。对于企业财物，未经批准，任何人不得处理或者变相处理。

工作过程中发现质量、安全、设备等任何异常时，应当立即停止作业，并及时向部门主管报告，以便快速处理，减少可能产生的损失。对于造成停产的任何事宜，部门主管应立即报告总经理，以便采取紧急对策。

九、企业奖惩制度

本制度旨在明确奖惩依据、标准权限及程序，严明企业工作纪律，维护企业正常的生产、经营秩序，提高员工工作积极性。

奖励标准如下：（1）三级奖励，如通报表扬并给予一次性奖励一定数额的现金。（2）二级奖励，如通报表扬并给予一次性奖励一定数额的现金。（3）一级奖励，如通报表扬并给予一次性奖励一定数额的现金。

　　员工有以下情形之一的，经部门主管、人力资源部门及总经理批准后，给予奖励。（1）及时纠正、遏制错误或者事故发生的；（2）在规定时间内出色完成紧急任务，成绩突出的；（3）在企业区域内见义勇为、拾金不昧，且有足够证据证明的；（4）对生产管理、技术创新、管理制度等企业运作各方面提出合理化建议，被企业采纳实施，减少成本开支、节约资源、能源或者带来效益的；（5）在企业区域内积极参与、协助事故、事件等救援工作的；（6）在工作中，发现重大质量问题，或者发现重大安全隐患，及时提出，避免企业损失的；（7）其他可给予奖励的事项等。

　　企业根据员工违纪行为情节，给予一级、二级惩处、三级惩处。三级惩处，给予书面警告；给企业造成损失的，应当依法予以赔偿。二级惩处，给予书面严重警告；给企业造成损失的，应当依法予以赔偿。一级惩处，解除劳动合同；给企业造成损失的，应当依法予以赔偿。

　　员工有下列情形之一的，企业给予三级惩处：（1）违反企业规章制度、生产工艺、作业指导书等作业文件、程序、维修规程等尚未造成损失的；（2）不按规定穿戴工作服、安全帽、安全鞋及其他劳动防护用品的；（3）当班时间内睡觉或从事与工作无关的事务尚未造成损失的；（4）无正当理由迟到、早退、开会缺席，累计达到3次的；（5）连续或者累计旷工达2天的；（6）超越管理权限，或者未按企业规定行使管理权限，尚未给企业造成损失的；（7）未经许可带领非本企业人员入企，或允许、不阻止非相关部门人员进入技术部、资料室、仓库及其他重要场所的；（8）托人打卡或代人打卡的；（9）无正当理由不参加企业安排的培训、会议的；（10）其他可给予三级惩处的事项等。

　　员工有下列情形之一的，企业给予二级惩处：（1）无正当理由迟到、早退、开会缺席，累计达到限定次数的；（2）累计旷工达到限定天数的；（3）知悉有事故发生而不主动报告的；（4）无正当理由违背或者怠于执行上级命令和指示；对上级合理的指示或者有期限之命令，未如期完成的；（5）不按时提交原始记录或者提交虚假考核报表、考勤报表和工作报表的；（6）发表侮辱或诽谤性言论，影响企业、员工声誉，未造成严重影响的；（7）虚报病假或提交虚假病历等资料骗取病假的；（8）虚报各项报销费用的；（9）因个人原因造成提供的资料失实，影响企业正常运作使企业需派员重新收集、整理的；（10）员工受到过三次三级惩处，再发生可以受到三级惩处行为的，企业将给予二级惩处；（11）其他可给予二级惩处的事项等。

员工有下列情形之一的，企业给予一级惩处：（1）连续旷工超过限定天数或一年内累计旷工超过限定天数的；（2）严重违反生产安全操作规程，或者在生产机器设备操作时从事与本职工作无关事务，存在事故隐患的；（3）违反企业规定在企业仓库、车间、锅炉房及其他有明确禁烟标志的场所内抽烟的；（4）违规将企业的机械设备、车辆或其他生产设施提供给本人或他人使用的；（5）未经企业书面同意，同时与其他用人单位建立劳动关系，对完成企业的工作任务造成重大影响，或者经企业提出，拒不改正的；（6）被依法追究刑事责任的；（7）严重违反社会公共道德、公序良俗，造成恶劣社会影响的；（8）在企业内使用暴力、胁迫及其他方法危害他人人身、财产安全的；（9）参加非法组织的；（10）故意隐瞒或提供虚假资料导致企业与其建立劳动关系的；（11）私自承接外协任务，并利用企业设施、资源进行处理加工的；（12）接受贿赂、回扣，或者向他人行贿的；（13）利用企业网络传播淫秽、反动、反政府或对企业有攻击性的言论、邮件、文件、图片的；（14）伪造、变更或盗用企业印章、营业执照及重要证件的；（15）其他严重违反企业规章制度应当予以解除劳动合同的行为；（16）员工受到过两次二级惩处或者两次三级惩处，再发生可以受到二级惩处行为的，企业将给予一级惩处；（17）其他可给予一级惩处的事项等。

对于奖励事项，由提报部门（受奖惩员工所在部门）主管提交奖励报告，经人力资源部门审核及总经理批准后实施。对于三级、二级惩处，由提报部门（受惩处员工所在部门）主管提交惩处报告，经人力资源部门审核批准后实施。对于一级惩处，由提报部门（受惩处员工所在部门）主管提交惩处报告，经人力资源部门审核批准，征求工会意见后实施。

第二节　财税管理合规制度

一、财务预算管理制度

预算管理的起点是预算编制，预算编制按不同的预算期，分为中长期预算、年度预算和月度预算。狭义的预算指年度预算。

年度预算预算期为一年，由各月分预算组成。企业对资产经营和生产经营的总体情况进行预算。财务部组织于每年10月初召开"年度预算启动会"，年度预算编制周期为两个月。预算以人民币为货币计量单位。

年度预算编制遵循以下程序：（1）董事会依据公司战略发展计划结合市场评估，制定企业年度利润目标计划。（2）财务部收到计划后向下达各部门分解指标。（3）各职能部门向财务部上报预算方案。（4）财务部在收到各职能部门上报的预算草案后，对其进行审核，审核依据为是否符合专项预算内容，如有需要交各部门进行修改后形成预算初案，上报董事会。（5）董事会在对预算进行审议后上报股东会/股东大会进行决议批准，并下发至财务部。（6）财务部下发经股东会/股东大会批准后的预算方案至各职能部门。

预算的执行与控制程序主要包括：（1）财务部在12月末下发批准后的分项预算，下年度预算开始正式执行。（2）预算管理实行部门领导责任制，在预算编制、执行过程中要求全员参与。（3）各部门领导应对本部门的预算执行结果负责，财务部要对预算的执行过程进行监督、检查，进行实时控制、分析。（4）预算的控制方式采用事前控制和事后控制相结合的方法。事前控制是面向未来的控制。通过收集预算执行效果，对下期预算执行过程进行预测，以确定是否符合预算目标。如不符合，为了确保目标的实现，需要改变目标或预算执行过程。财务部在对本期预算执行情况进行跟踪、控制和分析以后，根据预算执行效果与预算指标的差异、未来环境的变化等其他相关因素，提出下期预算执行的修正方案，对预算执行过程实行动态控制和管理。事后控制是将预算执行实绩信息作为参考依据。对于规律性较强的业务或项目，财务部根据以往历史信息的反馈，对本期预算执行情况进行控制。（5）财务部根据有关预算执行情况，定期（季、半年、年）向董事会提交预算执行分析报告，同时提出下期预算执行的方向。（6）预算执行过程中出现的异常情况，财务部及时指出并报董事会，同时提出相应对策，供决策参考。

预算调整与追加程序包括：（1）董事会授予董事长一定数额内的预算调整或追加权限，不超过该数额范围内的预算追加，由董事长签批。超过该数额的预算调整或追加，必须呈报董事会，由董事会统一批准执行。（2）董事会/董事长下达预算调整批准，各职能部门方可提出预算调整或追加的申请，并填写预算调整或追加申请表，列明需要调整或追加的项目、金额和理由。（3）财务部对各部门提交的预算调整或追加申请进行初审，填写审核建议后上报至董事会或董事长。（4）董事会或董事长对预算调整或追加申请进行终审，终审结束后由财务部统一修正年度预算指标。（5）财务部定期向董事会或董事长提交预算调整、追加的情况报告。

预算考核制度应包括以下主要内容：（1）预算考核是为了严格控制各部门的预算内容，使其得违背企业的年度利润目标。（2）各部门必须做到预算及时性，数据准确性、内容完整性。预算执行过程中财务部对各部门预算完成情况的考核具有奖惩的建议权，奖惩建议报董事会审核、批准后实施。（3）预算考核是企业对各部门及其主要行政领导的一项重要考核内容，纳入公司对各部门的考核体系中。

二、资金收支管理制度

本制度是为了加强对货币资金的内部控制和管理，保证企业货币资金的安全。

财务部对企业货币资金内控制度的建立健全、有效实施以及货币资金的安全、完整负责。货币资金是指企业所拥有的现金、银行存款和其他货币资金（其他货币资金包括外埠存款、银行承兑汇票、银行本票、信用证保证金等）。

企业建立货币资金岗位责任制，明确有关部门和岗位的职责权限，并配备足够的具有会计资格证书的人员，确保不相容岗位相互分离，制约和监督。

企业在办理货币资金业务时，以下业务不得由一个人办理货币资金业务的全过程：（1）开具发票和收款。（2）出纳人员登记现金日记账和银行存款日记账外，不得兼任稽核、会计档案保管和有关收入、支出、费用、债权债务账目的登记工作。（3）经办和制单、复核和审批。（4）现金、有价证券的保管和记账。

企业货币资金的收支与记账分别由出纳员和会计师负责；货币资金的收入由出纳员负责，货币资金的支出由各部门相关的工作人员负责，货币资金收支的审核、批准人为各部门负责人、分管副总经理、总经理、董事长。出纳负责所有部门资金的收付、现金日记账与银行存款日记账处理、资金报表编制。出纳人员每天对货币资金进行盘点，确保账实相符，每月编制"银行存款余额调节表"，交总账会计审核；出纳人员离职或工作变动，由财务经理指定监交人负责监交并与接替人员办理交接手续。财务主管应对各部门的收支原始凭证的合法性、真实性和合理性进行审核。对于无支付依据或者不符合规定的支出，会计人员应拒绝办理。会计人员根据审核的原始凭证编制会计凭证，作为出纳员办理收入和支出手续的依据。

企业建立货币资金责任追究制度，防范侵占、挪用货币资金等违法行为。若经内部审计或现金抽查，发现财会人员挪用、侵占货币资金的，将追究相关人员的责任，要求相关人员予以赔偿，情节严重的，报公安机关处置。

货币资金的收支必须以合法的原始凭证为依据。经办人员根据合法的原始凭证填写收、付款申请单，在预算范围内根据授权原则由各级负责人对收入支出的合法性、真实性、合理性审批后，按规则规范地填写单据，并按照规定的流程到财务部办理收入和支出手续。

企业的货币资金收付要遵循"收有据、付有凭"的原则办理。

款项收取必须由财务部进行,其他各部门严禁收取款项或截留款项。(1)销售业务货币资金收入:企业采用预收款及根据合同、协议进度收款结算制度,业务人员根据订单及后续合作的需要、合同约定结算方式及期限,引导客户交款,由财务部出纳员办理货币资金的收款业务;应收会计负责定期与客户对账。(2)其他收款业务:由相关部门开具收款单,收款单需详细列出收款项目计算清单,并提供相应附件,由财务部出纳员办理收款。

企业严格备用金的管理,必须与企业正常经营业务相关时才能使用备用金。职员因公出差、接待客户、工伤以及其他应急性临时支出等,申请借支备用金时,财务部门根据业务情况,确定借支备用金的合理限额,严格控制公司内部人员借取大额备用金。备用金必须当月结清,在未结清的情况下不得再借备用金。财务部会计每月清查备用金借支情况,将异常报备各部门负责人。产生备用金坏账时应当查明原因,明确责任。

企业不允许现金及采用空白支票的付款方式。付款需以采购订单为依据,填写付款申请单,由财务副经理审核,总经理最终批签。

货到付款及月结方式购买的各种材料物资必须经仓库办理入库手续后,方能办理结算手续。由成本会计统一生成付款计划后,由总经理批签后付款。

报销单中所列出的项目真实、合理,附上的发票与发生的报销事项须相对应,费用发生的原因需写清楚,无发票或发票不真实均不能报销,所有报销需经过部门负责人确认后交由财务部门审核,再交由财务副经理审批。由财务部出纳员办理付款,在规定时间内将报销款打入受款人工资卡中。

其他付款必须提供合同或协议,无合同或协议的,必须提供付款依据,列明付款性质、计算方法及总金额。

企业应当根据自身特点,制定库存现金限额,超过限额的现金应当直接交予银行。出纳人员需要至银行存取大额现金时,企业派专车和安保人员护送，确保人员及现金的安全性。

出纳人员不得以白条充抵和挪用库存现金，财务部定期对货币资金进行抽查。（1）现金抽查。总账会计每月至少三次对公司的货币资金进行抽查，并做好抽查记录，由总账会计填制"现金盘点记录表"，将盘点金额与现金科目余额、现金日记账余额核对，如有差异，应及时查明原因并作出记录或适当调整，确保现金账面余额与实际库存相符。经查明无原因的差异，现金短款由出纳人员承担；现金长款暂作现金收入处理，年末还未查明原因的，列作营业外收入，盘查结束，出纳人员签字确认。（2）银行账户抽查。由财务副总或指定会计人员将银行存款账面数与银行对账单逐笔核对。如不相符，应分账号、币种填制银行存款余额调节表，使银行账面余额与银行对账单调节相符。如调节不符，应查明原因，及时处理。（3）银行承兑汇票抽查。银行承兑汇票的收取严格按照企业的收取规则，由出纳检查银行承兑汇票票面要素，汇票由出纳通过台账方式统一管理，银行承兑汇票到期委托银行托收，出纳根据托收凭证进行账务处理。财务总账会计每月至少三次对银行承兑汇票进行抽查，并做好抽查记录。（4）其他货币资金抽查。应单列核算账户，并指定专人负责管理，对其增减变动及结存情况必须及时、正确登记入账。应定期对其他货币资金进行清查核对，做到账实相符，防止挪用和侵占。

三、会计核算管理制度

为适应企业的发展，充分体现会计信息的可检验性，完善企业的财务管理工作，根据《企业会计准则》及相关规章制度制定企业会计核算管理制度。本制度适用于企业财务部所有财会人员的会计核算工作。

自公历每年 1 月 1 日起至 12 月 31 日止为一个会计年度。会计科目的运用及账户的设置按《会计核算管理制度》执行，不得任意更改或自行设置。因业务需要新增科目时，需报财务总监批准。

记账采取借贷复式记账法，采用权责发生制。（1）凡是收益已经实现，费用已经发生，不论款项是否收付，都应作为本期的收益或费用入账。

（2）凡是不属于本期的收益或费用，即使款项已在本期收付，也不应作为本期的收益或费用处理。（3）一个时期内的各项收入与其相关联的成本、费用，必须在同一时期入账。（4）凡是用于增加固定资产而发生的各项支出都应计为资本支出，不得计入费用作为收益支出。（5）凡是为了取得收益而发生的各项支出，都应作为收益支出，同时计入成本费用。

记账使用的货币单位为本位币，会计凭证、会计账簿、会计报表均用法定文字书写。

会计凭证主要包括自制原始凭证和外来原始凭证两种。（1）自制原始凭证指进货验收单、领料单、出库单、旅差费报销单、费用开支证明单、调拨单、收款收据、借条等。（2）外来原始凭证指企业与其他单位或个人发生业务、劳务关系时，由对方开给企业的凭证、发票、收据等。

会计报表的编制应根据国家制定的《企业会计制度》和董事会规定的会计报表格式和填报时间、份数来执行。

企业应设置会计科目及账户。根据会计对象具体内容的不同特点和经济管理的不同要求，选择一定的标准进行分类，并按分类核算的要求，逐步开设相应的账户。对于已经发生的经济业务，都必须由经办人或部门填制原始凭证，并签名盖章。所有原始凭证都要经过财务部和其他有关部门的审核，并根据审核后的原始凭证编制记账凭证，作为登记账簿的依据。企业登记账簿，应根据填制和审核无误的记账凭证，在账簿上进行全面、连续、系统的记录。

成本费用经过统计计算后，要对应计入相应对象的全部费用进行归集、计算以确定各对象的总成本和单位成本。

编制会计报表时，根据账簿记录的数据资料，采用一定的表格形式，概括、综合地反映各部门和企业一定时期内的经济活动过程和结果。

会计核算组织程序主要包括：（1）根据审核后的原始凭证填制"记账凭证"。（2）根据"记账凭证"编制"记账凭证汇总表"，并登记"总分类账"。（3）根据原始收、付款凭证登记"现金日记账"和"银行日记账"。（4）根据记账凭证及所附的原始凭证登记各"明细分类账"。

（5）月终,根据"总分类账"和各"明细分类账"编制会计报表。

记账错误处理方式包括：（1）记账前若发现记账凭证有错误,应先更正或重制记账凭证。记账凭证或账簿上的数字差错,应在错误的全部数字正中画红线,表示注销,并由经办人员加盖图章后,将正确的数字写在应记的栏内。（2）记账后发现记账凭证中会计科目、借贷方式或金额错误时,应先用红字填制一套与原用科目、借贷方向和金额相同的记账凭证,以冲销原来的记录,然后重新填制正确的记账凭证,一并登记入账。如果会计科目和借贷方向正确,只是金额错误,也可另行填制记账凭证,增加或冲减相差的金额。更正后应在摘要中注明原记账凭证的日期和号码,以及更正的理由和依据。（3）报出会计报表后,发现记账差错时：如不需要变更原来报表的,可以填制正确的"记账凭证",一并登记入账；如果会计科目和借贷方向正确,只是金额错误,也可另行填制"记账凭证",增加或冲减相差的金额。更正后,应在摘要中注明原"记账凭证"的日期和号码,以及更正的理由和依据。

结账是结算各种账簿记录。结账工作是在一定时期内所发生的经济业务全部登记入账的基础上进行的。（1）在结账时,首先应将本期内所发生的经济业务记入有关账簿。（2）本期内所有的转账业务,应编成记账凭证记入有关账簿,以调整账簿记录。（3）在全部业务登记入账的基础上,结算所有的账簿。

对账是为了保证账证相符、账账相符、账实相符,具体内容如下：（1）账证核对,即将各种账簿的记录与会计凭证进行核对。账证核对主要是在日常编制凭证和记账过程中进行。月终如果发现账证不符,就应回过头来对账簿记录与会计凭证进行核对,以保证账证相符。（2）账账核对,每月进行一次。将总分类账各账户期末余额与各明细分类账的账面余额进行核对。将"现金（或银行存款）二级账"与出纳的"现金（或银行存款）日记账"进行核对。财务部门各种"财产物资明细分类账"期末余额与财产物资管理部门和使用部门的保管账相核对。（3）账实核对。"现金日记账"账面余额与现金实际库存数额相核对,"银行存款日记账"账面余额与开户银行对账单相核对，要求每月核对一次。各种财产物资明细分类账的账面余额与财产物资实有数额相核对，各种往来账款明细账的账面余额与有关债权债务单位的账目相核对等，要求每季核对一次。

财会人员离职时，必须办清交接手续，并注明交接日期，由主管人员监交，交接双方签章，未按规定办清交接手续的财会人员，不得离职。

四、财务审计管理制度

为加强企业内部管理和审计监督，有效控制风险，规范企业内部审计工作，充分发挥内部审计在完善企业治理、促进企业内部控制有效运行、改善企业风险管理方面的作用，根据《审计法》《审计署关于内部审计工作的规定》及其他有关法律法规，法规和章程，结合企业实际，制定该制度。

内部审计是企业实施的内部经济监督，是指企业内部审计机构根据国家法律法规和企业制度的规定，对企业经营活动及所属部门内部控制和风险管理的有效性、财务信息的真实性和完整性、经营活动的效率和效果、管理人员责任评价、合同复查等有效地进行监督和评价的一种活动。

企业设立内部审计部，作为企业董事会审计工作的执行机构，负责组织实施企业内部审计制度，指导、监督企业系统内部审计工作，企业内部审计制度和审计人员的职责，经董事会批准后实施。内部审计人员依照法律、法规和政策以及本企业的规章制度，对本企业及所属控股、参股企业的经营管理活动独立进行审计监督，审计负责人向董事会负责并定期报告工作。

企业内部审计遵循"依法、独立、客观、公正"的原则，企业应保证其工作合理、合法、有效，达到完善企业内部约束机制。内部审计的目标是促进企业内部程序的合理性和资源利用的有效性，保护资产的安全和完整，防止错误和舞弊的发生，确保企业各项规章制度与有关决议能够有效实施执行。通过系统化、规范化的方法，评价、改进企业及所属单位等组织机构、人员及其经营管理行为在风险管理、内部控制和企业治理过程中的效果，促进企业经营目标的实现。

该制度是企业内部审计工作的基本管理制度。企业授权监察审计部根据本制度制定和完善有关的操作规程和工作指引，实现审计工作的制度化、规范化。

企业的内部审计机构为监察审计部，对董事会负责，独立于企业业务部门，不受其他部门和个人的干扰。企业内部审计负责人向董事会定期报告工作并接受董事会及其下设的审计委员会的指导、检查和监督，监察审计部负责人具体组织和实施内部审计工作。企业内部审计部门与业务部门的人员不得相互兼任。审计负责人不得兼管业务部门；不得兼任财务以及其他经营性工作；内部审计人员应避免审计评价其上一年度负责审计过的工作和部门，不得参与原经办业务的已审计事项，企业配备与审计任务相匹配的专职内部审计人员，审计人员应熟悉企业的经营业务和内部控制规范，具备开展审计活动所需的相关专业知识、经验和技能。具有一定的政治素养、应当依法审计、忠于职守、客观公正、坚持原则、廉洁奉公、保守秘密，不得滥用职权、徇私舞弊、泄露秘密、玩忽职守。并不断通过定期或不定期的内部审计职业培训和后续教育来保持和提高审计工作水平和专业胜任能力。

内部审计人员在履行职责时，应当保持应有的职业谨慎和防范潜在舞弊的意识，特别要对可能影响企业目标、营运或资源的重大风险保持高度警惕。内部审计人员应保持独立性和客观性，不得负责被审计对象经营活动和内部控制的决策和执行。内部审计人员与被审计对象存在利益冲突时，应该主动申请回避，利害关系人也可以提出要求该审计人员回避的申请。内部审计人员依照法律和本制度行使职权，受国家法律和企业规章制度的保护，任何部门和个人不得拒绝、阻碍审计人员执行任务，不得对审计人员进行打击报复。内部审计人员按审计程序开展工作，对审计事项应予保密，未经批准不得公开。

财务审计：内部审计部门对企业财务计划、财务预算执行情况、财务收支的合法性、真实性、效益性等进行监督检查；对财务管理和财产管理情况等进行监督评价。

责任审计：内部审计部门对企业高级管理人员、下属机构及控股企业负责人和各部门负有经济责任的管理人员任期的履职情况、经济活动及个人收入情况等进行的内部审计监督。内部审计部门原则上应于相关经济责任人离任、离职前进行审计。

专项审计：内部审计部门对与企业经济活动有关的特定事项，向企业有关部门或个人进行专项审计调查，并向董事会报告审计调查结果。

内部审计机构有权检查被审企业审计区间内所有有关经营管理的账务、资料，包括：（1）会计账簿、凭证、报表；（2）全部业务合同、协议；（3）全部开户银行的银行对账单；（4）各项资产证明、投资的股权证明；（5）与客户往来的重要文件；（6）重要经营投资决策过程记录；（7）其他相关的资料。

被审计部门接到审计通知书，应在指定时间将审计部要求的有关材料报送监察审计部接受审计检查。

监察审计部根据监管和业务发展需要，拟定年度审计计划，年度审计计划在报企业内部审计负责人批准并经企业董事会认可后实施。监察审计部应参照中国内部审计协会颁布实行的《内部审计基本准则》和《内部审计具体准则》所规定的工作程序和方法，拟定《内部审计工作细则》，董事会授权企业管理层审议颁布，监察审计部在履行内部审计职责时应严格执行。

内审部门根据企业年度计划和企业发展需要，按照审计委员会的要求，确定年度审计工作重点，编制年度审计计划，报审计委员会批准。内审部门应根据批准后的企业审计计划，确定审计事项及其大致时间安排，经审计委员会批准后实施。按照审计方案，内审部门抽调人员组成审计工作组，拟定工作程序并进行详细分工，进行审前准备。

根据审计事项确定被审计对象并编制审计具体方案，同时送达审计通知书至被审计单位，说明审计内容、种类、方式、时间等审计事宜。特殊事项审计经审计委员会或总裁授权后可实施突击审计，而不需送达审计通知书。

审计人员可采取审查凭证、账表、文件、资料、检查现金、实物、向有关单位和人员调查收取审计证据等措施实施审计。

审计证据应当经被审计对象或者证据提供者签名或盖章。被审计对象对审计证据有异议的，工作组应当核实，必要时重新取证。被审计对象或者证据提供者拒绝签名或盖章的，工作组应当注明原因和日期。

审计工作组应汇总审计证据形成内部审计底稿并拟订内审报告，经审计部负责人审核后形成正式内部审计报告，由审计委员会审批。审批后的内审报告按企业相关规定送交被审计单位。

被审计对象应当及时执行审计决定，落实审计报告有关意见和建议，并由内审部门进行监督，整改情况由内审部门审查后报审计委员会。

监察审计部应定期对已开展的审计工作进行评价，检查其质量与制度要求的符合程度，不断提高内部审计工作的效率和效果。

监察审计部对审计过程中发现并确认的违反规章制度的单位和人员，根据企业相关管理办法进行责任追究；对审计过程中发现并确认的违反国家相关法律法规的单位和人员，由企业依法移交司法机关处理。

对违反本制度，有下列行为之一的被审计对象，根据情节轻重由内审部门向审计委员会提出建议；企业给予行政处分或经济处罚；涉嫌犯罪的，移送司法机关依法处理。（1）转移、隐匿、篡改、毁弃或者拒绝、拖延提供会计账簿、会计报表、资料的；（2）阻挠审计人员行使职权，干扰、抗拒审计检查的；（3）弄虚作假、隐瞒事实的；（4）拒不执行审计决定的；（5）打击、报复、诽谤、陷害审计工作人员或者有关举报人的。

内部审计人员违反本制度规定，滥用职权、玩忽职守、徇私舞弊、弄虚作假、泄露秘密，造成损失和不良影响的，企业根据相关制度规定对审计人员进行从严处理。

内审部门应建立、健全审计档案管理制度，并完善审计操作规范、审计底稿规范、审计流程规范和审计报告方式及后续整改监督记录。

审计档案管理按照国家审计档案管理的规定，参照企业档案管理办法、企业会计档案管理办法及企业保密制度等执行。

五、会计档案保管制度

为了加强会计档案管理，保证会计档案的安全、完整，根据相关法律法规，结合本企业实际情况，制定该制度。

会计档案的具体管理工作由财务部门负责，由财务部门指定专人负责在专门地点保管。保管地点应具备完善的防潮、防霉、防蛀、防火、防盗等条件。

财务部门必须保证会计档案妥善保管、有序存放、方便查阅、严防毁损、散失和泄密。

会计档案归档的范围包括：（1）会计凭证。包括外来的和自制的各种原始凭证、原始凭证汇总表、记账凭证、记账凭证汇总表，涉及对外对私改造资料，银行存款对账单及余额调节表等。年度终了都必须按照规定归档。（2）会计账簿。包括总账、明细账、日记账、各种辅助登记簿等。（3）财务会计报告。包括制度规定和主管部门临时通知编报的主要财务指标快报，月、季、年度会计报表，报表附注及财务情况说明书及内、外部审计的审计报告。（4）其他会计核算资料。凡与会计核算紧密相关的，由会计部门负责办理的有参考价值的数据资料。（5）增值税专用发票和普通发票。

会计年度终了后，应将装订成册的会计档案进行整理立卷。各种会计档案应分门别类，组成案卷，并按顺序编号。（1）会计凭证。每月末将装订成册的凭证，统一登记案卷目录，每月立卷一份。并根据凭证的多少，分散装订，做到整齐、牢固、美观。装订封面的内容填写齐全，包括单位名称、年度、月份、起止日期、号码、装订人签章等。（2）会计账簿。会计账簿在装订前，应按账簿启用表的使用页数，核对各账户，保证账面齐全、按顺序排列。活页账簿去空白页后，将账面数项填写齐全，不同规格的活页账不得装订在一起。装订后的会计账簿应牢固、平整。账簿装订的封口处，应加盖装订人印章。会计账簿的编号一年一编，编号顺序为总账、现金日记账、银行存款日记账、分户明细账、辅助账。（3）会计报表。会计报表编制完成并按时报送后，留存报表均应按月装订成册，年度终了统一归档保管。

当年的会计档案在会计年度终了后，可暂由财务部门保管一年，期满后存入档案并由专人保管。会计档案管理人员负责全部会计档案的整理、立卷、保管、调阅、销毁等一系列工作。机构变动或档案管理人员调动时，应办理交接手续，由原管理人员编制会计档案移交清册，将全部案卷逐一点交，接管人员逐一接收，双方办理交接手续后均需在手续上签章。

财务部建立会计档案清册和借阅登记清册。凡需借会计档案人员，须经财务负责人或企业负责人批准后，方可办理调阅手续。借阅会计档案人员，不得在案卷中标画，不得拆散原卷册，更不得抽换。借阅会计档案人员，不得将会计档案携带出外，特殊情况，须经企业负责人批准，需要复制会计档案的，须经财务负责人或企业负责人批准后方可复制。

各种会计档案保管期限如下：（1）会计凭证保管 15 年。（2）会计账簿保存 15 年，其中现金和银行存款日记账保存 25 年。（3）会计报表保存 10 年，其中年度决算表永久保存。（4）发货票保管 5 年。

会计档案保管期满，需要销毁时由档案部门提出销毁清单，会同财务部门共同鉴定后，编制会计档案销毁清册，报经企业负责人批准后，方可销毁。对其中未了结的债权、债务的原始凭证，应单独抽出，另行立卷，由档案部门保管到结清债权、债务时为止。按规定销毁会计档案时，应由档案部门和财务部门、审计部门共同派人监销，监销人在销毁会计档案以前要认真清点、核对，销毁后，在销毁清册上签名盖章，并将监销情况以书面形式报告企业负责人。

六、税务管理制度

为规范税务管理流程，降低税务风险，根据相关税法规定和企业业务发展的需要，制定该制度。

财务部是企业税务管理的归口管理部门，负责建立企业税务管理制度，并处理涉税事宜。财务部应设立税务专员；若有重大涉税业务、涉税风险或税务检查，税务管理人员应及时向上级报告。企业税务登记、变更登记、换证登记以及年审工作均由税务专员办理，并报财务部门负责人审核、企业负责人审批。

税务专员依据各项税收法律法规等，正确计算各类税费及基金应纳金额，并填写《各项税费计算表》，经财务部负责人审核后作为税金计提凭证的附件。会计处理与税收相关规定不一致的，纳税时应当依法进行调整并做好相关账务处理。人力资源部按月依法正确计算应扣缴的个人所得税，由财务部复核后代扣。税务专员按时进行税收申报，及时足额缴纳税款。

每年结账前，税务专员应填写《年度各项税费计提与缴纳清算表》，检查各类税费应计提数与账面计提数、应缴额与实际已缴额是否存在差异，经财务部门审核无误后存档，再根据差异情况进行相关账务及申报处理。

税务专员负责对税务问题及时与财务总监交流与沟通；对重大政策的变化，应提出合理的税务筹划与可行性方案，以规避税务风险。

财务部负责对企业各项经济活动现有或潜在的纳税环节进行纳税分析、预测和筹划。涉税业务是企业经营管理中的重要组成部分，财务部应与各业务承办部门加强沟通与交流，在发票管理、合同管理、投资管理、薪酬福利管理等方面提出合理避税、节税和纳税方案，根据国家有关财政税收法规、政策进行事前控制，规范纳税业务、依法节税，堵塞涉税管理漏洞，降低经营成本。企业财务部经理、会计主管及税务专员，要不断增加税务知识、掌握税收政策，合理合法纳税。

税务档案指企业在相关税务活动中直接形成的，有保存价值的各种文字、图表、声像等不同形式的记录；是在各种税务活动中形成的具有使用和保存价值的税务文件材料或记录。税务档案包括但不限于：（1）企业所有法定纳税申报表及内部税务管理报表；（2）企业所得税汇算清缴审核报告及其他有关税务审核报告；（3）税务机关出具的各种批复、检查处理决定等文件；（4）其他有保存价值的文件或资料。

税务档案文书立卷应当注意文件之间的联系，并区别不同的价值，以便于保管和利用。归档时应当将正文与附件、正本与定稿、请示与批复、批转文件与原件等放在一起立卷。企业应建立《税务档案保管清册》，对所有税务证件、申报软件、IC 卡、储存盘、纳税申报表、审计报告、税务批复、税法文件详细记录在保管清册中。税务档案的借阅或复制，须经企业财务部门负责人同意；外来单位查阅时必须持有相关证明文件，并经企业负责人批准。税务专员若离开企业，应规范办理税务档案移交手续，填写移交清单，移交清楚后方可办理调动等相关手续。

企业在发票管理中应严格遵守《中华人民共和国发票管理办法》的规定。发票由财务部统一进行管理，未经财务部门授权，其他部门不得办理有关申报购买、对外签发使用以及保管发票等相关业务。企业指定专人（即发票管理员）负责管理发票，建立健全发票的购、用、存管理制度，认真妥善保管发票。各部门需要开具的所有发票均由财务部发票管理员负责统一申请购买或印制。

发票填开必须以财务收款凭证、业务合同、物流单据为依据，不得转借、转让、代开发票，不得扩大发票使用范围。发票开具时不得变更用途和金额，要严格按照规定的时限、号码顺序，逐栏、全部联次一次性如实开具，要求完整填写所有开票内容，客户名称不应简化填写或留空不填或错填，并加盖发票专用章。填写错误的发票不得丢弃，应加盖作废章或签写作废字样后，粘贴在存根上长期保存。在三联齐全的情况下，发票只允许当天作废操作，第二日开始，如果发现发票错误，需要修正或者作废，采用发票冲红方式，并重新开具正确的发票内容。已经开具的发票存根保存 5 年，保存期满后报经主管税务机关批准后销毁，不得擅自处理。

企业采购各种物品（含库存商品、固定资产、无形资产、低值易耗品、办公用品等），以及报销各种费用均应依法取得有效的发票。财务人员应当对取得发票及相应交易的真实性进行审查，不得收取无效发票。已支付款项但发票未收的业务，企业应建立《发票欠收备查账簿》，逐笔登记发票欠收情况；欠收发票收回时，及时在"发票欠收备查账簿"中勾销。

第三节　资产管理合规制度

一、固定资产管理制度

为加强固定资产管理，充分发挥固定资产的使用效能，提高企业经济效益，根据国家有关财务管理法规制度和企业章程有关规定，结合企业实际情况，制定本制度。

企业的有形资产有下列情况之一的应纳入固定资产进行核算：（1）使用年限在一年以上的房屋、建筑物、机器、设备、运输工具和其他与经营有关的设备器具、工具等。（2）不属于经营主要设备的物品，单价价值在2000元以上，且使用年限超过一年。不符合这两种情况的，按照低值易耗品来核算。

固定资产按照经济用途和使用情况划分为：（1）生产用固定资产，是指直接用于企业生产、经营过程中的固定资产，包括：生产车间和行政管理部门房屋及与房屋不可分割的附属设施；除房屋以外的各种建筑物；为生产所购买的各种机器设备；工具、仪器及生产用具；运货和载人的各种运输工具，如运货货车、汽车、叉车、拖车等；为办公所购买的各种用具；其他生产用固定资产。（2）非生产用固定资产，指不直接用于企业生产、经营过程中的固定资产，如办公楼、职工宿舍楼等。（3）经营租出固定资产，指出租给外单位使用的固定资产。（4）融资租入固定资产，指企业以融资方式租入的固定资产。

企业对固定资产管理，按照固定资产的性质和用途及所使用的部门，分别确定主管部门和使用保管部门，做好固定资产管理工作，充分发挥其效能。各部门对自己使用的以及管辖范围之内的固定资产承担保管责任。资产管理部下设固定资产管理办公室对企业固定资产进行归口管理。

固定资产管理办公室的主要职责包括：（1）随时掌握固定资产的使用

状况。（2）负责监督协调使用单位做好设备的使用和维护，确保设备完好并提高利用率，并定期组织使用单位进行设备清点，保证账、卡、物相符。（3）负责固定资产的管理，搞好固定资产的分类，统一编号，建立固定资产档案，登记账卡，负责审批并办理验收、调拨、报废、封存、启用等事项。（4）根据使用部门的使用情况，组织编制设备大中修理计划，按期编报设备更新改造计划。（5）严肃纪律，对违反固定资产管理制度，擅自赠送、变卖、损坏固定资产的，视情节给予处罚。

各固定资产使用部门负责本部门的设备管理工作，设专职或兼职设备管理员，各生产班组设备管理员，每台设备要明确使用、保管、维护的责任者。严格执行设备技术操作规程和维护保养制度，确保设备的完好、清洁、润滑和使用安全。建立固定资产明细账，固定资产的领用、调出、报废必须经使用部门主管审核后层报固定资产管理办公室及资产管理部批准，未经批准，不得擅自调动、报废，更不能自行外借和变卖。根据固定资产管理办公室的要求定期组织固定资产的盘点，做到账、卡、物相符。

由于生产、研制需要，各部门计划购置固定资产的必须提前向固定资产管理办公室提出申请，层报资产管理部主管批准后，由采购部门负责购置。

购置设备进厂后，由使用部门开箱检查、验收，固定资产管理办公室派员在场并对检验情况进行记录备查。设备安装完成后，由固定资产管理办公室建立固定资产卡片，并通知使用单位。

固定资产验收合格以后，及时通知财务部入账，财务部对固定资产建立会计档案，按照规定进行保管。固定资产按照历史成本进行计量。所有固定资产核算管理由财务部负责，建立固定资产核算卡片、固定资产明细账、总账，按期计提折旧。

固定资产按照历史成本核算，计价基础如下：（1）外购的固定资产入账价值包括购买价款、相关税费以及运输装卸费、安装服务费等使固定资产达到预定使用状态所发生的可归属于该项资产的费用。（2）采用分期付款方式购买的固定资产，购入价值按照各期付款额的现值总和计算。

（3）自行建造固定资产，由建造该固定资产达到预定可使用状态前发生的必要支出构成。（4）以发包方式建造的固定资产，由建造该项固定资产达到预定可使用状态前发生的必要支出构成。（5）投资者投入的固定资产按照固定资产的公允价值入账计算。（6）盘盈的固定资产，按照管理权限进行批准入账。

固定资产折旧指在固定资产使用寿命内，按照企业情况对应折旧额进行的系统分配。企业固定资产按照直线法进行折旧，其中房屋、建筑物的折旧年限为 30 年，运输设备的折旧年限为 3 年，办公用具的折旧年限为 3 年，机器设备的折旧年限为 10 年，工具、仪器及生产用具折旧年限为 3 年。在固定资产使用过程中，其所处的经济环境、技术环境以及其他环境可能对使用寿命产生较大影响，如有证据证明使用寿命与原有折旧使用年限存在差异的，由使用部门向固定资产管理办公室提交申请并报财务部门备案，调整固定资产使用寿命。

已经计提折旧继续使用的固定资产不再计提折旧，提前报废的固定资产不再补提折旧，当月增加的固定资产当月不计提折旧，当月减少的固定资产当月照提折旧。

固定资产修理分为大修和经常性修理，大修和经常性修理的划分按照维修成本来计算，超过固定资产价款 20% 的属于大修，计入固定资产成本，不超过固定资产价款 20% 的属于经常性维修，计入当期损益。

企业的固定资产存在下列情况之一的，经固定资产管理办公室审查并报资产管理部批准后，可做报废处理：（1）超过核定的使用年限，且不堪使用者。（2）虽未达到核定的耐用年限，但由于陈旧、影响安全生产，不堪修复者。（3）因灾害或者事故造成毁损，不堪修复者。（4）由于设备落后，无法改进，需要淘汰者。（5）因扩建、改建、改造装置对原有固定资产进行部分拆除，其拆除部分须做报废处理者。

固定资产报废应当由使用部门填写并向固定资产管理办公室提交《固定资产报废申请表》，经资产管理部审定后办理报废手续。报废的固定资产办理完报废手续，由财务部进行账务处理。

　　每年年底对企业的固定资产进行一次全面彻底清查，在资产管理部牵头组成固定资产清查小组，会同财务部门和使用部门共同进行固定资产年度清查工作。

　　固定资产清查小组主要任务包括：检查账、物、卡是否相符；检查固定资产零配件及附属物是否齐全完整；检查维修记录是否翔实、准确；对盘盈、盘亏的固定资产查明原因，提出处理意见；对多余和不需用的固定资产提出处理意见；对清点中发现的问题提出改进固定资产管理与核算工作的措施；清点工作的结果是制定下一年度计划中的设备维修计划，更新购置计划、技术改造计划、生产计划的基本依据。固定资产清查小组对于清查过程中发现的固定资产异常情况，要及时查明原因，编制《固定资产清查情况报告》，向资产管理部、财务部和企业审计机构进行汇报，并由固定资产管理办公室编制《固定资产清查情况纠正建议》提交资产管理部审批并呈报财务部和企业审计机构备案。

二、无形资产管理办公室工作制度

　　企业资产管理部下设无形资产管理办公室，具体负责研发专利及技术成果的立项、登记及申报，并统筹负责全局知识产权管理。

　　企业无形资产管理办公室的工作职责包括：对企业研发成果进行登记、备案、申报、归档；组织企业技术创新成果积极参与国家、省、市技术创新奖和科技进步奖的申报；负责企业知识产权的维持、宣传及文档管理；负责专利实施、转让及奖酬管理；负责企业知识产权纠纷调处及知识产权权益维护。无形资产管理办公室负责对研发部门申请的研发项目进行立项建档。

　　无形资产管理办公室具体承担以下工作：（1）积极参加各级技术创新奖和进步奖的申报，具体落实各种奖项的申报要求并督促研发部门按时提交。（2）必要时可邀请技术专家，对知识产权申报及各类奖项的评定提供专业指导意见。（3）制定年度专利申请工作目标，并分解落实到各研发团队，逐季检查、督促按计划均衡进行。（4）制定知识产权奖励方案，在年底前下发奖励文件，颁发奖励证书。按规定落实对发明（设计）人专利奖酬兑现。（5）建立专利申请、专有技术、商标、计算机软件、著作权等知识产权法律状态的登记备案及材料归档，及时掌握动态变化。（6）协助企业生产、采购和销售部门密切关注专利侵权行为。对于侵权行为调查取证，核实情况，提请专利管理机关或人民法院对侵权方进行查处。（7）督促企业积极实施专利技术，不要让专利权空置。（8）对本部门工作不力造成成果流失或经企业权益造成损失的，提出处罚意见。

三、无形资产管理制度

为规范无形资产的管理行为，避免因违反国家法律法规而遭受的财产损失风险；防范无形资产管理中的差错和舞弊；明确职责权限，降低经营决策、资产管理风险，制定本制度。本制度所称无形资产，是指企业为生产商品、提供劳务、出租给他人或为管理目的而持有的、没有实物形态的非货币性长期资产，包括专利权、非专利技术、商标权、著作权、特许权、土地使用权等。

无形资产取得、确认、计量、处置等行为应符合法律法规的规定，各部门应明确授权批准的方式、权限、程序、责任和相关控制措施，规定经办人的职责范围和工作要求，严禁未经授权的机构或人员办理无形资产业务。

各部门的具体职责权限如下：（1）无形资产管理办公室负责土地使用权、商标权、商誉的管理。（2）法律事务部负责审核涉及无形资产的相关法律文件。（3）经办部门提出无形资产购置方案，组织实施无形资产业务取得过程，组织无形资产验收，办理无形资产处置，建立无形资产台账，定期对无形资产安全、适用性进行检查。（4）财务部建立无形资产台账，对无形资产进行会计核算，参与无形资产的验收、检查、处置工作，定期进行无形资产清查盘点。（5）审计部依据授权和职能，对企业无形资产购置、处置的执行合规性进行审计监督。

企业无形资产投资预算的编制、调整、审批、执行等环节，按预算控制制度执行；对于超预算或预算外无形资产的投资项目，由无形资产管理办公室提出申请，按照审批权限审批后再办理相关手续。企业根据发展战略和生产经营实际需要，并综合考虑无形资产投资方向、规模、资金占用成本、预计盈利水平和风险程度等因素编制预算；由无形资产管理办公室对无形资产投资项目进行可行性研究和分析论证，统筹安排投资进度和资金投放。

各部门根据业务发展需要向无形资产管理办公室提出书面请购申请。申请中应当写明可行性论证、无形资产的性能、技术参数，并编制采购计划，无形资产管理办公室在授权范围内进行审核。法律事务部对合同条款的合规性进行审核，对于非专有技术等具有非公开性的无形资产，还应注意采购过程中的保密保全措施。各经办部门按照合同、技术交底文件规定的验收标准进行验收，同时取得应无形资产所有权的有效证明文件、完整的产品说明书及其他相关说明资料并报无形资产管理部备案。

自制无形资产开发完成后，由项目负责人向无形资产管理办公室提出验收申请，必要时可聘请外部专家对自制无形资产进行验收，并根据验收结果填写验收报告。企业自行开发的无形资产，应由研发部门、无形资产管理办公室、使用部门共同填制无形资产移交使用验收单，移交使用部门使用。财务部依据验收报告、相关验收单据进行相应的账务处理。对验收合格的无形资产应及时登录台账。

无形资产管理办公室负责定期维护无形资产管理台账登记的内容。财务部定期核对相关账簿、记录和文件，发现问题，及时向上级报告和处理，以确保无形资产账务处理和资产价值的真实性。根据购置合同明确的使用期限与估计使用年限确定无形资产的摊销年限并进行摊销。法务部通过法律手段确立无形资产的合法地位，并主动配合相关经办部门整顿市场秩序。各经办部门应当限制未经授权人员直接接触技术资料等无形资产，对技术资料等无形资产的保管及接触应保有记录，对重要的无形资产应及时申请法律保护。

无形资产的处置流程主要包括：（1）无形资产不能继续使用时，由使用部门详细填写处置申请表，注明报废理由、估计清理费用和可回收残值、预计出售价值等。（2）无形资产管理办公室对《无形资产处置申请表》进行审查，并签署意见。（3）审计部在处置前会同相关部门或人员对无形资产的处置依据，处置方式、处置价格等进行审核，重点审核处置依据是否充分，处置方式是否适当，处置价格是否合理。（4）财务部在处置后根据审批人批准的处置申请表，认真审核无形资产处置凭证，检查批准手续是否齐全，批准权限是否适当等，审核无误后据以编制记账凭证，进行账务处理。

　　企业出租、出借无形资产，应由无形资产管理办公室会同财务部门按规定报经批准后予以办理。通过审批后，无形资产管理办公室签订合同，明确无形资产特许使用期间的权利义务，对出租、出借期间所发生的维护保全、税负责任、租金、归还期限等相关事项予以约定。

　　由无形资产管理办公室负责检查授权执行情况，重点检查在办理请购、审批、采购、验收、付款、处置等无形资产业务时是否有健全的授权批准手续，是否存在越权审批行为。相关责任人未按照制度执行业务，造成无形资产增加、启用、变更、处置不能及时进行处理的，按照损失程度相应承担责任。财务部根据相关法律法规对无形资产进行账务处理并在财务报告中进行披露，确保无形资产管理的规范性、合法性。

四、企业商标管理制度

　　本制度仅以企业商标管理制度为例，为企业无形资产管理分项制度提供思路。企业商标管理制度可以帮助企业规范企业商标的使用，保护企业商标，加强知识产权的管理，同时，树立和维护企业信誉，保证商品质量，促使企业商标的无形资产得以增值。本制度主要包括目的及适用范围、目标及策略、职责与分工、商标注册、商标使用、商标标识印刷、商标档案管理、商标价值评估、商标保护等九大方面的内容，企业可根据自身实际需求进行适当的增减。

　　设立本制度旨在规范企业商标的使用，保护企业无形资产，树立和维护企业信誉，保证商品质量，加强知识产权的管理。根据《商标法》及其他相关法律法规，企业各级领导、各部门应当采取切实有效措施加强对企业商标的管理，增强员工商标法律保护意识，维护企业合法权益。本制度适用于企业商标的申请注册、续展、转让、使用、印刷、价值评估和保护等方面的管理。

商标管理目标包括：通过合理有效的商标管理、运用正确的商标战略和策略，不断提高商标的知名度和美誉度，使企业商标的无形资产的不断保值、增值，努力争创全国驰名商标；同时，利用商标的知名度和美誉度推动产品开拓市场、参与竞争、发展生产，不断提高企业的经济效益、环境效益和社会效益。

商标管理策略包括：健全规范商标管理制度和工作流程；确保商标国内国际注册的及时性；确保商标专用权的不可侵犯；确保商标依法正确使用；确保商标信誉的不断提升；确保商标价值的不断增值。

企业资产管理部下设无形资产办公室作为商标主管部门，负责建立健全企业商标管理的规章制度及流程；负责企业商标的申请注册、续展、转让、许可使用；负责印刷前的商标标识物品样板的审核批准；负责商标专用权不容侵犯的保护工作；负责商标侵权（被侵权）及商标纠纷案的解决；负责与政府商标行政管理部门的联络；负责商标档案的建立健全；负责商标相关法律法规及商标知识的收集并在企业内部进行宣贯；负责有关商标管理的其他事项。

其他部门应适当履行商标许可合同中的各项权利义务并有权对企业的商标管理工作向无形资产管理办公室提出建议。设计部门负责确保产品包装设计过程中，企业商标的正确使用。行政部负责商标标识的印制工作。营销部门负责商标标识对外宣传过程中的正确使用。

新项目开发时，应当同时考虑新项目商标的设计和使用，向资产管理部无形资产管理办公室提交《拟用商标注册申请表》。

企业商标申请注册程序包括：（1）由项目开发团队或相关部门向无形资产管理办公室书面提交《拟用商标注册申请表》，内容包括拟用商标的名称、图案、准备使用的产品或服务等。（2）无形资产管理办公室接到商标注册申请后两个工作日内向商标代理机构提出名称检索，获得结果后 3 个工作日内反馈给申请部门。（3）无形资产办公室和申请部门根据名称检索结果共同作出是否注册商标的决定，填写商标注册申请书，并制作图样。无形资产办公室应当在 3 个工作日内向代理机构送交申请报告，及时查询商标申请受理情况并将查询结果告知申请部门。

经商标局审查不符合商标注册申请要求的，无形资产办公室应当在接到《审查意见书》后两个工作日内将意见反馈至申请部门，并会同申请部门、代理机构共同按意见书要求给予补正、修正。

对商标局初步审定予以公告的他人商标提出异议的，应当由无形资产办公室与商标代理机构共同编制《商标异议书》，在异议期限内向商标局提出异议。他人对本企业申请并经商标局初步审定的商标提出异议的，无形资产办公室在收到《商标异议书》副本之日起两个工作日内告知申请部门，并会同商标代理机构共同起草答辩意见，提交商标局。

无形资产办公室在收到商标局驳回企业商标注册申请而发给的《驳回通知书》或者因异议而发给的《异议裁定书》时，应在两个工作日内通知申请部门，并会同代理机构共同在两个工作日内完成《复审申请书》，提交商标评审委员会。其他有关商标复审（驳回转让复审、驳回续展复审、撤消注册不当商标复审、撤消商标复审）的程序参照上述规定执行。

注册商标与他人注册商标有争议的，且他人注册商标不满 5 年的，无形资产办公室会同申请部门和商标代理机构共同编制《商标争议裁定申请书》及时送交商标局。对他人向商标评审委员会申请商标争议的，由无形资产办公室会组织上述部门在规定期限内进行答辩。

无形资产办公室应充分运用法律赋予的权利，对商标评审委员会有关驳回复审、争议、撤消注册不当商标等所作出的终局决定或裁定，依照法定程序向商标评审委员会提出再复审。资产管理部应根据企业的经营战略，做好商标国际注册计划并报企业批准。计划同意后按照国际注册的规则办理国外商标注册。

为避免注册商标在相关类别被别人抢注，各有关部门应重视联合商标、防御商标的设计与注册。商标设计日起至国家商标局受理止，商标文字及图案属于商业秘密，任何人不得对外宣扬。因经营需要变更注册人、地址或法律规定的其他注册事项的，应由无形资产办公室在法律法规规定的时间内向国家商标局提出变更注册申请。

商标的转让与受让应注意以下几点：（1）无形资产办公室应对商标进行分类管理，定期进行商标使用宣传，对企业不使用的商标可向企业提出转让建议，经批准后实施商标转让。（2）在企业进行兼并、合并时，应对被兼并、合并企业的商标进行管理，可能需要使用的应办理商标受让手续。（3）受让他人注册商标的，应当对商标的使用价值进行充分的论证。受让费用应由分企业与商标所有权人协商后报企业批准。（4）受让商标必须审核转让人持有该商标权利的合法性和有效性，并确认该商标权利人没有因第三人发生商标权利纠纷和质押，才办理受让手续。（5）商标转让、受让必须由无形资产办公室负责实施，并严格遵照有关法律法规规定的程序、要求办理手续，避免不当转让、受让造成损失。

商标注册有效时间即将届满时，由无形资产办公室提前至少6个月向国家商标局办理续展手续。

商标信息沟通与交流须注意：（1）无形资产办公室必须经常与政府商标管理部门和相关协会及管理机构保持联系，接受专业指导，掌握商标政策法规，了解商标信息，提高商标管理水平。（2）定期与商标代理机构联系，查阅《商标公告》，及时发现与企业注册商标相同或近似的商标申请并采取相应措施。（3）无形资产办公室通过企业的内部刊物、电子网络等方式适时公布相关的商标信息并进行宣贯。

使用注册商标时必须在商标上标记"R""注"，必须确认其使用是在核定的商品范围内。如需在未注册类的商品上使用，则应当另行提出注册申请。使用注册商标时必须以核准的文字、图形或其组合为准，不得随意改变。若改变文字、图形或其组合应当另行提出注册申请，标记方法同未注册商标。由于商标注册时间需18个月左右，在此期间若需使用该正在注册商标，必须在商标上标记"TM"。

企业是注册商标的所有人，企业及下属各部门、非法人资格各分企业是注册商标的当然使用人。企业下属机构及其他关联企业需要使用注册商标时，由总部无形资产办公室会同相关部门进行审核，确认商标使用资格后与企业签订商标许可使用合同。

无形资产办公室对注册商标的授权使用、许可使用行使监督权，重点监督产品质量状况是否稳定；注册商标的标记是否按规定使用；注册商标的文字、图形或其组合是否擅自改动；商品范围是否在注册商标核定或双方约定的商品范围内。对于质量不稳定、企业信誉低、售后服务差的商标使用者责令其限期改正，直至终止其使用注册商标的资格。

企业总务部门承担商标标识的印制工作，与符合资质要求的承印单位签订商标标识印制合同，并配合无形资产办公室共同监督商标标识的印制。新版标签、彩袋、彩膜、纸箱、纸盒、宣传画及其他需要标注注册商标标识的物品必须经过无形资产办公室审核方可印刷。印刷完毕的商标标识必须经无形资产办公室和各业务相关部门检验合格后方可使用，并将印刷合格的商标标识样板提交无形资产办公室存档备查。注册商标标识的印刷应严格按照国家《商标印制管理办法》进行。承印单位必须持有国家工商部门核发的《印制商标单位证书》及《商标印制业务管理人员资格证书》。

商标的档案管理应遵循维护资料完整、真实、安全、统一存档、科学分类、便于利用的原则。商标的档案管理应按下列内容分类：相关部门商标申请材料；商标注册材料；商标侵权案、纠纷案材料；商标标识设计稿；包装装潢设计稿；商标标识物样本（实物版、电子版）；品牌在商业市场中的相关数据等。

企业财务部门应在财务账目中单列商标广告、品牌推广等用于商标宣传的费用目录。

无形资产办公室应及时收集国内外相关企业商标注册情况、同类产品的商标使用情况及国内外商标使用战略、策略，以便于企业经营决策层了解竞争对手的商标战略、营销组合策略，制定适合企业发展的商标战略、营销组合策略。为有效利用商标的无形资产价值，提高商标使用价值，无形资产办公室应当不定期对使用频率高的注册商标进行评估。

商标评估应委托由国家工商行政管理部门指定的评估机构进行。在发生对企业商标侵权时，商标的评估价值应作为商标侵权索赔的基本依据。

商标使用人在使用企业注册商标时，负有维护商标完整性的责任。企业员工对商标侵权行为负有举报的义务。

对因商标注册产生纠纷案件由无形资产管理办公室会同法务部以及商标代理机构协调解决。无形资产管理办公室会同业务部对商标侵权案件及时进行调查取证（现场调查由业务部负责），对经初步核实涉嫌侵权的案件，应根据情节严重程度分别采取与侵权方协商赔偿、报行政部门查处、对侵权方提出诉讼等方式处理，以确保企业商标专用权的实现。

五、企业投融资管理制度

为规范企业经营运作里的筹资运作行为，降低资本成本，减少筹资风险和危险性，以提高资金拨款运作效益，依据关联规范，结合搭配企业具体状况，制定本制度。企业应根据自身实际情况，理性选择融资方式，尽量避免出现不可控的财务风险和企业控制权失控风险。

一要制定完备的融资计划与风险防控方案，包括融资的资金需求、资金使用计划、股权分配计划、债务偿还计划、风险防控计划等内容。

二要确保融资材料的真实性。融资过程中在向银行申请贷款、引进风险投资、或者向其他主体借款时，确保所陈述内容、提交材料的真实性，切忌提供虚假的信息或证明资料、编造不真实的财务数据等，虚假材料问题一旦被资金出借者发现，一方面会影响与投资者的之间的信任关系，另一方面可能引发相应的刑事法律风险。

三要确保融资行为的规范性。融资过程中一切行为必须遵守相应的法律法规，包括签订规范的合同或者协议、按照法律规定的流程与要求办理相关手续。（1）限定资金用途范围，融资所获资金仅限用于企业合法的生产经营活动。（2）合理使用负债资金。按照协议中约定的资金用途或者资金使用计划条款执行，合理控制资金使用量和投放进度。（3）积极应对财务风险。企业应当在融资筹备阶段提前做好风险应对方案。

本制度中的筹资，是指权益资本筹资和债务资本筹资。权益资本筹资是由企业所有者投入以发行股票方式筹资；债务资本筹资指企业以负债方式借入并到期偿还的资金拨款，包括短期借款、长期借款、应付债券、长期应付款等方式筹资。权责部门资金拨款的筹措、管理、协调和监督工作由企业投融资担保办公室会同财务部统一规范负责。

权益资本筹资包括吸取直接资金投资和发行股票两种筹资方式。吸取直接资金投资是指企业以协议等形式吸取其他企业和个人资金投资的筹资方式。发行股票筹资是指企业以发行股票方式筹集资本的方式。

企业吸取直接资金投资须经企业董事会批准并与资金投资者签订资金投资协议，约定资金投资者拨款额、所占股份、资金投资日期以及资金投资收益和风险的分担等。财务部负责监督所筹集资金拨款的到位状况和实物资产的评估工作，并请会计师事务所办理验资手续步骤，企业据此向资金投资者签发出资报告。财务部在收到资金投资款后，应同时建立股东名册。财务部负责办理工商变更登记和企业章程修正办理手续步骤。

不得吸取资金投资者已设有担保物权和租赁资产的出资。筹集的资本金，在经营期间内，除资金投资者依法转让外，不得以任何方式抽走。

资金投资者实际缴付的出资额超出其资本金的差额（包括企业发行股票的溢价净收入）以及资本汇率折算差额等计入资本公积金。

发行股票筹资程序主要包括：（1）发行股票筹资必须经过召开股东大会会议批准并拟订发行新股申请要求报告。（2）董事会向有关授权部门申请要求并经批准。（3）公布公告招股说明书和财务会计报表和附属明细表，与证券经营机关部门签订承销协议。定向募集时向新股认购人发出认购公告或通知。（4）招认股份，交纳股款。（5）改组董事会、监事会，办理变更登记并向群众公告。

由企业财务部建立股东名册，其内容包括股东姓名、名称、住所及各股东所持股份、股票编号以及股东取得股票的日期等。债务资本的筹资工作由企业财务部统一规范负责并报资产管理部备案。经财务部批准分支机关部门可以办理短期借款。

企业短期借款筹资程序主要包括：（1）根据财务预先测算，由企业财务部与投融资担保办公室共同确定企业短期内所需资金，编制筹资计划策划表。（2）依照筹资规模大小、类别，由财务部经理、财务总监和总经理审批筹资计划策划表，报投融资及担保办公室备案。（3）财务部负责签订借款合同并由投融资担保办公室监督资金拨款的到位和使用情况，借款合同内容包括借款人、借款金额、利息率、借款时间的时期限制、利息和本金的偿还方式以及违约责任等。

短期借款的使用采取限额审批制，财务经理审批限额为 10 万元，财务总监审批限额为 50 万元，总经理审批限额为 100 万元。超出以上限额标准的，必须经企业董事会批准方可使用。在短期借款到位当日，企业财务部应依照借款类别分类在短期筹资登记簿中登记并报资产管理部备案。

各部门依照借款计划使用资金拨款，不得随意改变资金拨款用途，如有变动须经原审批机关部门批准。企业财务部建立资金拨款台账，以详细完整记录各项资金拨款的筹集、应用和本息归还状况。

企业长期债务资本筹资包括长期借款、发行企业债券以及长期应付款等方式。企业长期借款必须编制《长期借款计划策划使用书》，包括项目可行性研究报告、项目批复、企业批准文档、借款金额、用款时间和计划好的策划以及还款时间的时期限制和计划好的策划等。长期借款计划由企业财务部经理、财务总监和总经理依其职权范围进行审批并报资产管理部备案。企业财务部负责签订长期借款合同，合同内容必须包括贷款种类、用途、贷款金额、利息率、贷款时间的时期限制、利息和本金的偿还方式、资金拨款来源、违约责任等。

企业发行债券筹资程序主要包括：（1）发行债券筹资应先召开股东大会作出有效决议，资产管理部统筹推进。（2）向国务院证券管理部门提出申请要求并提交企业登记证明说明、企业章程、企业债券募集措施办法以及资产评估报告和验资报告等。（3）制定企业债券募集措施办法，其主要内容包括企业名称、债券总额和票面金额、债券利率、还本付息的时间的时期限制和方式、债券发行的起止日期、企业净资产、已发行尚未到期的债券总额以及企业债券的承销机关部门等。（4）同债券承销机关部门签订债券承销协议或包销合同。

企业发行的债券应载明企业名称、债券票面金额、利率以及偿还时间的时期限制等事项，并由董事长签名、企业盖章。企业债券发行报价价格可以采用溢价、平价、折价三种方式，企业财务部保证债券溢价和折价采用直线法合理分摊。企业对发行的债券应置备企业债券存根簿予以登记。

企业应定期召开投融资风险工作会议，并由投融资管理办公室会同财务部共同对筹资风险和危险性进行评比，法务部参与会议。

企业应当以固定资产资金投资和流动资金拨款的方法确定筹资的时机、规模和组合。筹资时应充分考虑企业的偿还能力，全方位衡量收益状况和偿还能力，做到量力而行。对筹集来的资金拨款、资产、技术具有吸取和消化的本领。负债率和还债率要掌握在一定范围内。

由企业财务部采用加权平均方法计算成本最小的筹资组合，以确定合理的资本结构。筹资风险和危险性的评比方式采用财务杠杆系数法。财务杠杆系数越大，企业筹资风险和危险性也越大。企业资产管理部会同财务部定期依据企业经营状况、现金流量情况，合理安排管理借款的偿还期以及归还借款的资金拨款来源。

六、企业对外担保管理制度

为依法规范企业对外担保行为，维护企业资产安全，防范财务风险，确保企业经营稳健，根据《民法典》和《公司法》及相关司法解释以及《公司章程》之规定，结合企业实际，制定本制度。本制度所称的对外担保，是指企业以第三人的身份为债务人（即被担保人）对于债权人所负的债务提供担保，当被担保人不履行债务时，由企业按照约定履行债务或者承担责任的行为。

企业应当遵循合法、审慎、安全的原则严格控制对外担保产生的债务风险。企业本部及下属机构对外提供担保余额与融资合计不得超过其最近一个会计年度合并会计报表净资产的一定比例。

本制度适用于企业本部、下属机构以及参股企业的担保行为，对外提供担保的，必须经董事会或股东会审批。董事会为决策机构、总经理办公会为审议机构、资产管理部具体归口管理；财务部、法务部与审计部参与审核监督的担保组织管理体系。

资产管理部是对外担保的归口管理部门，履行下列管理职责：（1）拟订企业对外担保管理制度和年度担保计划；（2）审核担保资金的用途，以及被担保人的财务状况、偿债能力、信用等级等，收取年化率一定比例的担保费；（3）根据董事会的批准，具体办理担保事项，对担保合同及相关资料进行审核并对担保项目的履行情况进行跟踪管理。

法律事务部负责对外担保合同等相关文件的法律审核，审计部对企业对外担保事项进行定期审计。

企业不得有下列对外担保行为：（1）超过出资（持股）比例向没有实际控制权的投资企业提供担保；（2）向假借经营活动名义的企业与自然人提供担保；（3）通过合作贸易、代理业务等形式为其他企业、自然人提供担保；（4）年度担保计划外未经股东（股东会、股东大会）批准的担保事项；（5）对经营状况不正常的被担保人提供担保。

企业在提供担保时，应当要求被担保人提供反担保。反担保的形式主要包括保证、抵押、质押，企业应当根据风险程度和被担保人的财务状况、履约能力确定反担保方式。企业在被担保人提供反担保后，方可与债权人签署担保合同。反担保合同和担保合同的签订、履行等工作应当符合相关法律、法规规定。

企业资产管理部负责拟订包括本部及下属机构在内的年度对外提供担保计划，经资产管理部门审核、总经理办公会审议通过，报董事会履行决策程序后，由总经理会签、董事长审批后执行。年度对外提供担保计划应当明确担保对象、额度等具体内容，董事会应当对计划内容进行审议，合理限定计划总额、单笔担保事项的最高额度。情况特殊、确实需要在年度计划外提供担保的，也应按照前述程序审批执行。

　　具体对外担保事项经董事会审议通过并经总经理会签、董事长审批后，由企业法定代表人或其委托代理人签订担保合同、反担保合同并加盖公章。企业因诉讼保全等需要而根据法律的规定向法院提供担保的，由法务部提出申请，经法务部门领导审查后报资产管理部备案。

　　企业财务部应当在董事会审议通过后 5 个工作日内提交资产管理部备案。备案材料应当包括以下内容：（1）提供担保的议案，具体说明企业担保事项的原因、担保的主要债务情况说明、担保类型及担保期限、担保协议的主要条款、时间、金额等相关情况；（2）企业董事会审议同意担保的书面决议；（3）担保申请人的基本资料；（4）反担保方案及反担保提供方具备实际承担能力的相关证明。

　　担保期间需修改担保合同中担保的金额、范围、责任和期限等主要条款的，以及担保项目期满后需展期的，企业应当按照本制度规定程序重新办理审批手续。担保合同、反担保合同签订后，由财务部负责具体落实担保事项。

　　企业实行财产、权利抵押或质押担保的，依照法律程序将抵押物或质押物折价、拍卖或变卖处理时，抵押或质押资产应当依法进行资产评估。

　　资产管理部应当指定专员持续关注被担保人的情况，收集被担保人最近一期的财务资料和审计报告，定期分析其财务状况及偿债能力，关注其生产经营、资产负债、对外担保以及分立合并、法定代表人变化等情况，建立相关财务档案，每月例会向董事会报告。发现被担保人经营状况严重恶化或发生企业解散、分立等重大事项的，应当及时报告董事会。

　　对外担保的债务到期后，资产管理部负责督促被担保人在限定时间内履行偿债义务；若被担保人未能按时履行义务，应当及时与法律事务部沟通后，采取必要的补救措施。

　　企业履行担保责任过程中，遇有被担保人进入破产清算程序的，在案件经人民法院受理后，企业作为债权人，应当依法及时申报债权，依法行使追偿权。

　　企业审计部应当将提供担保的情况纳入内审范围，内审报告抄送资产管理部、财务部、股东（股东会、股东大会）和监事会。

违反本制度提供担保，造成资产损失的，按照责任追究的有关规定，对主要负责人和其他直接责任人员进行责任追究。

第四节　产品运营合规制度

一、产品研发管理制度

产品研发是企业在同行业技术竞争中关乎生存和未来发展的重要环节。它对决定企业的发展方向、确定产品优势、开拓新市场、提高核心竞争力起着决定性的作用。产品研发管理制度规定的是企业研发部门研发新产品的要求。

本制度所称的"新产品"是指在结构、材质和工艺等方面相较于老产品有明显改进，且性能显著提高的产品。新产品具有先进性、适用性、适销性。新产品需符合产业、产品结构调整方向，以及国家技术政策和技术装备政策。

企业为了促进新产品研发，有效地进行系统管理，应成立研发部门，专门负责产品研发项目的相关工作。研发部门由研发经理、研发技术员、工艺技术员、研发资料员及其他研发人员构成。研发经理由企业总工程师担任；其他成员依项目性质不同，由研发经理选派研发部内其他现有人员或招聘新员工担任。

研发经理的岗位职责包括：（1）负责企业研发工作的组织实施，保证产品质量；（2）负责研发过程的管理与监控；（3）制定研发部门工作规范并监督执行，并对研发部人员进行定期考核。

研发技术员的岗位职责包括：（1）负责按照产品研发流程规定进行项目开发；（2）负责产品研发样品（包括自制、外购样品）的确认；（3）负责对包装设计及物资清单的编制；（4）负责图纸设计，3D、2D 文件以及其他相关技术文件的绘制。

工艺技术员的岗位职责包括：（1）负责对新开发产品转化为量产的生产工艺文件进行编制；（2）协助生产部门对新产品试产跟进；（3）负责对量产产品的改进与变更；（4）负责对新研发产品进行全面质量管理，参与质量守关活动。

研发资料员的岗位职责包括：（1）负责对产品研发文件的收集、整理、保存归档，并另提交一份至资产管理部门备案；（2）负责对研发新产品的样品存放管理；（3）负责对新产品型号及物资代码的编制、管理。

人事管理部门对产品研发人员配置、相应具备的能力进行备案，对使用的设备进行登记。财税管理部门负责对产品研发经费进行备案、审批。采购部负责对研发产品的试制所涉及的原材料进行采购，及新增设备的采购。产品生产部负责对研发产品的试制提供协助，产品试制所涉及的工装装备和设备的调试。质量管理部负责对研发产品试制过程的质量检测和跟踪记录，并反馈质量信息。市场部负责收集和提供市场需求产品的信息，并提出产品研发项目的建议。

研发计划应依据国家法律法规的规定、国内外市场分析及销售部情况反馈、企业的实际情况和经营发展战略编制。

对提高产品质量和性能、降低产品制造成本、满足客户要求的建议，经董事长批准后，确定立项并下达任务给研发部门，研发部门按本制度规定程序进行开发。（1）填写《研发项目立项书》，报董事长批准后实施。（2）研发部门按企业相关财务制度的规定，提交项目投入预算申请报告，申请研发经费，以确保项目研发工作的进展和时效。（3）研发部门按照研发项目立项书要求，由研发经理负责编制《产品研发项目进度表》，并由总经理负责对进度表内容进行检查，确认后才可以由研发部门负责实施全过程管理。

研发部门根据《研发项目立项书》组织实施项目的研发，项目负责人按《研发项目立项书》组织完成。根据研发进度，应提前编制产品试制流程大纲，试制流程大纲是样品及小批试制用必备技术文件，要求大纲具备：

试样样品（或小批产品）技术性能的可靠性、安全性，规定各种测试性能的标准方法及产品试验的要求和方法；试样样品在规定的极限情况下使用的可行性和可靠性。

技术文件资料的验收及存档应注意：文件目录包括项目研发批准文件、技术文件、材料明细、标准汇总，技术条件、产品功能及使用说明书、包装说明等，标准化文件包括对新设计产品在标准化、系列化、通用化方面作出总的评价。研发资料员负责将全部文件收集、整理、保存归档，并另提交一份至资产管理部门备案。

项目试制过程的管理应注意：（1）试制是研发部门根据项目实施计划、工艺文件及试验结果的要求进行试验，以考验研发产品的性能和工艺性、稳定性和可靠性以及质量的重要性。（2）试制完成后，研发部门须及时完成试制报告，并附上各种反映技术内容的记录报告，以及必要的工艺文件交研发资料员存档。（3）产品研发完成后，在投入大批量生产前，报董事长批准。（4）对研发成果显著的技术或产品，企业确定申请外部机构鉴定或认证的，经总经理批准，由认证专员完成相关文件的编制，研发经理负责协调与接待联络工作。

在不泄露企业技术秘密的前提下，企业认为有必要申请国家知识产权的研发技术或产品，由研发资料员负责提供相关的技术资料和文件。研发资料员应完整保管知识申报的文档和批准文件以及相关证书的原件等档案，对外使用一律采用扫描件或复印件。

新产品研发资金的主要支出范围包括：（1）新产品设计、研制及在设计、研制中购置所需仪器、仪表、工模夹具、专用设备；（2）消化吸收国内外先进技术、引进样机样品以及实现国产化的研发研制；（3）推广新技术、新工艺以及新产品研发课题研究。新产品的试制经费按单项预算拨给，实行专款专用。经费经总经理批准后，由产品研发部门掌握和财务部门监督，不准挪作他用。

技术资料管理应注意：（1）图纸幅面和制图要符合国家有关标准和企业标准。（2）成套图册要按顺序编号，蓝图应与实物相符，工装图、产品图等编号应与已有的编号连贯。（3）工艺工装图纸资料由工艺人员编制和设计，全部底图应移交研发资料员签收归档保存。（4）研发过程中产生的电子资料（例如程序等）应按企业相关编号进行妥善保管，同时注意在其产品生命周期的各个不同版本应分开存放，不得替换覆盖。每阶段定型批量生产的程序应报送一份至研发资料员保管。（5）其他相关技术资料的验收汇总及管理由研发资料员负责，同时应报送一份至资产管理部门另存。

二、产品生产管理制度

为了合理利用企业的人力、物力、财力资源，进一步规范企业管理，使企业生产能力和生产效率不断进步，提高企业竞争力，参考国家有关法律，根据企业实际情况，制定本制度。本制度适用于企业全体生产管理人员、生产工作人员及与生产相关的其他人员。由董事长负责监督本制度的实施。

当外部供应商的物资入库时，质检人员应先进行来料检验，合格后方可入库，并办理相关手续。不合格的材料应及时退货，不得使用。仓库员应及时对新材料进行标识和维护，做到仓库里的材料应与账目相符。

车间或其他人员领取物资时必须填写《领料单》（或经 ERP 系统申请），领取生产材料等均需部门经理审核后方可领取。

仓库员在接到车间或其他人员开具的《领料单》并核实无误后，应立即查找库存，库存充足的立即发放给生产部门并制作《出库单》。库存不足的将仓库现有物资全额发放给生产部门，并根据生产部门实际需求制定《采购任务单》，通知采购部门采购物资。《领料单》领料数量栏按实际发放数量填写，仓库员负责督促采购部门采购情况。物资采购到位后立即通知生产部门前来领料。

产品在生产过程中，一定要填好《工序交接单》，无《工序交接单》的产品或半成品在下一工序不得接收生产。成品经检验合格，包装人员方可按照指定的包装规格包装产品。包装人员执成品检验员出具的《成品入库单》和《成品检验报告》方可接收产品入库，同时做好《产品入库账》。

有特殊情况需要紧急放行的产品，在得到总经理许可放行的通知后并同时出具相应的《成品入库单》和《成品出库单》，即可放行。产品入库后，成品仓库要按销售部门开具的有关销售单及时安排产品出货。

生产管理人员在接到客户订单后要仔细分析订单要求，看清客户的每一点要求，防止盲目生产。生产管理员明确客户要求后，应立即通知供应部准备生产物资，待所有生产物资备齐后方可编排生产计划。有特殊情况需要紧急出货的也可以先安排生产的工序先生产，待物资备齐后再组织统一生产。

物资备齐后，供应部应及时通知生产部门前来领料。生产部门接到供应部通知后，应根据客户交期的急缓程度安排领料，暂时不急的产品先不领料，保证生产车间物流流畅，避免生产资料积压在车间影响车间生产。交期急迫的，要马上组织相关人员前往供应部领料，并立即投入生产。

生产计划编排好后，立即组织车间相关人员按照计划生产。生产进度管理员必须随时跟踪，保证生产在计划状态下进行。对跟不上生产计划的工序，生产进度管理员须分析情况，采取措施，予以弥补。若遇特殊情况确实需耽误工期的，要及时向生产部汇报，调整计划。

生产人员每天必须如实编写《生产日志》，24小时内送交生产部门，便于生产主管掌握车间生产状况。产品经检验合格后要及时送入仓库，以便销售部门及时组织发货。

车间管理员要及时关注车间物流状况（物资标示状况，物资供应状况，通道是否顺畅），机器运转状况，员工工作状况（员工精神状态、进度状况和熟练程度），随时指导员工解决生产过程中出现的问题，对于本人不能解决的问题要及时向部门经理反映。生产过程中出现任何可能影响交货期的问题都要及时向生产经理反映，并采取紧急措施予以处理。

车间管理员应经常组织员工进行技能训练，保证员工能够高效作业；经常和员工进行思想交流，掌握员工思想动态；经常组织员工学习相关管理制度，适时进行企业团队建设活动。

企业所有生产人员必须服从车间管理员的生产安排，发现违规行为的应当立即向上级主管或者合规管理部门汇报。

鼓励企业所有员工进行生产工艺改进，对确实有节能降耗且有较大改善或能大幅提高生产效率的，企业将给予相应奖励。

生产资源管理遵循"谁使用谁保养，谁损坏谁赔偿"的基本原则，车间管理员要合理调配生产资源，使企业资源产生最大效益。车间管理员负责本单位资源的分配，包括工具，机器，人员，时间等。生产资源利用情况由生产部定期考察，对于不合理的资源分配予以及时纠正。在使用的资源属自然耗尽或到使用寿命周期的，使用人员可以向车间管理员申请自然报废或自然报损，由车间管理员领取新资源交原使用人员使用。

在使用的资源属非自然消耗的或人为损坏的，根据损坏程度，责任人员应予以赔偿，然后由车间管理员领取新资源交原使用人员使用。在使用资源由使用人员负责保养。资源的保养由专人负责并及时填写保养记录。

机器、模具、检验检测仪器等设备要需要建立台账，台账包括设备功率、精度等级、制造日期、投入使用日期、设备状态、设备保养资料等基本内容。

暂不使用的生产资源由车间管理员负责退回仓库，由仓库统一管理维护，退回仓库的资源要开具《退料单》，不能使用的资源也要及时退回仓库。

使用过程中需要报废的资源应由质检部门出具《报废单》并经生产主管同意签字后，再作报废处理。

所有工作人员均要爱护企业资源，非公事不得使用企业资源，对于滥用企业资源的，企业应当予以处罚。

三、产品质量管理制度

产品质量是社会进步的标志，关系到企业在社会市场中的占有率，也关系到企业的生存和发展。企业全部工作人员必须坚持"质量第一"的方针，贯彻预防为主、预防与检查相结合、专业与群众相结合、普查与抽查相结合的方针，要坚持高标准、严要求，自觉把好质量关，为客户提供更好、更优质的产品，打造出优质的企业品牌。

质量主管的岗位职责主要包括：（1）负责质量管理体系的建设和组织实施；（2）组织制定质量管理方针，监理相应的质量目标；（3）审核企业质量控制流程及制度规范，并监督检查质量执行情况；（4）组织制定质量改善计划并指导、监督各部门执行；（5）负责对质量问题的处理，组织开展对产品的质量监控工作，及时发现和解决产品质量问题；（6）负责对员工进行质量培训教育，对员工的工作进行评价、考核。

进料质检员的岗位职责主要包括：（1）负责制定、审核和批准《进料质量检测标准》；（2）制定《进料抽样计划》对来料进行抽样检验，并将结果及时记录；（3）负责进料样板的管理（建档、标识、保管及更新）；（4）安排和组织质量控制的日常工作；（5）来料检验不合格时，填写《进料检验不合格品处理单》，退给采购部。

进程质检员的岗位职责主要包括：（1）负责制定、审核和批准《制程检验标准》；（2）制定《生产进程抽样计划》，对抽样的样品进行检验，并将结果及时记录；（3）负责生产进程样板的管理（建档、标识、保管及更新）；（4）安排和组织质量控制的日常工作。

成品质检员的岗位职责主要包括：（1）负责制定、审核和批准《成品检验标准》和《成品包装规范》；（2）制定《成品检验抽样计划》，对抽样的样品进行检验，并将结果及时记录；（3）负责成品样板的管理（建档、标识、保管及更新）；（4）安排和组织质量控制的日常工作；（5）按《成品检验标准》及其抽样计划对生产线提交的成品机进行外观、功能、包装等方面进行抽样检验，填写《成品抽检报告》。

认证专员的岗位职责主要包括：（1）组织制定并完善企业质量管理体系文件；（2）监督企业质量管理体系的实施情况及其有效性并向上级主管汇报；（3）制定文件和资料控制程序（制定/修订、审批、发放、回收、归档等）。

进货质检人员负责对订购的物资进行质量监督和检验，并负责所有采购物资质量信息的收集、分析、反馈和处理工作。供应商必须为企业认定的合格供应商。对突发情况下所需的特殊物资和急用物资，可向未评定过的供应商采购，由质管部门进行物资的验证，验证合格后，即可进行订购。

采购物资的检验应注意：（1）采购物资送货前，采购部应以书面形式通知进货质检人员进行检验；（2）进货质检人员负责对订购物资的抽样检验，并填写相应的进货检验报告；（3）采购物资检验合格后，方可安排送货；（4）若采购物资检验不合格，采购部应及时与供应商进行沟通处理；（5）企业各有关部门应配合采购部收集、分析和反馈采购物资质量信息，必要时对供应商提出相应的改进建议。

采购物资检验的依据主要有：（1）采购部与供应商签订的采购合同；（2）供应商出示的质量认证；（3）供应商出示的产品合格证；（4）采购物资技术标准；（5）物资工艺图纸；（6）供应商提供的样品和装箱单。

采购物资检验方式主要有三种。（1）全数检验，适用于采购物资数量少、价值高、不允许有不合格品的物资或工厂指定进行全检的物资。（2）免检，适用于大量低价值辅助性物资、经认定的免检厂采购货物以及因生产急用而特批免检的物资。对于后者，进货质检人员应跟踪生产时的质量状况。（3）抽样检验，适用平均数量较多，经常性使用的物资。

采购物资检验程序主要包括：（1）采购部根据到货日期、到货品种、规格、数量等，通知仓储部和质量管理部准备检验和验收采购物资；（2）采购物资运到后，由库管人员检查采购物资的品种、规格、数量（重量）、包装情况，填写《采购物资检验通知单》，通知进货质检人员到现场进行抽样检查；（3）进货质检人员接到检验通知后，到标识的待检区域按相应的检验要求对采购物资进行检验，并填写《进货检验记录》；（4）进货质检人员将通过审批的《采购物资检验报告单》作为检验合格物资的通行通知，并通知库管人员办理入库手续，只有入库的合格品才能由库管员控制、发放和使用；（5）检测中不合格的采购物资根据企业制定的不合格品的相关规定处置，不合格的采购物资不允许入库，由采购人员移入不合格品库，并进行相应的标识；（6）如果是紧急采购物资，来不及检验和试验时，需按紧急放行相关制度规定的程序执行。

采购的物资经检验后作如下处理：（1）经进货质检人员验证，不合格品数低于限定的不合格品个数时，该批物资允许接收，采购检验员应在进货检验记录上签名，盖"检验合格"印章，通知仓库收货；（2）若不合格品数大于限定的不合格品个数，则该批物资不允许接收。采进货质检人员应及时在《进料检验报告表》上签名，盖"不合格"印章，经相关部门会签后，交库房、采购部办理退货事宜。同时在该送检批货品外箱标签上盖"退货"字样，并挂"退货"标牌。进货质检人员应统计供货物资合格率，并做好相应记录。

开始生产时，由质管部确认各种工艺参数都在规格范围内，使用的量具都在检定周期内。

被加工件属转序或领用自制件时，操作人员在执行本工序作业前，应对被加工件进行检验，确认流入本工序的工件是合格品。如发现不合格品，应报告制程质检人员，对该批工件进行抽检或全检，对不合格品按不合格品处理程序处理。并及时做好相应记录。

各相关准备工作完成后，由在车间主任对每班/每工单/每开线首件完成品之外观和性能进行确认。车间主任在制程质检人员核对物资无误的情况下开始生产，生产最初数件产品进行检验确认，确认无误后送质管部质检人员进行首件检验。制程质检人员收到首件产品时根据生产细节对产品进行检验，同时填写《首件检验确认表》。

正常作业程序中，制程质检人员应做到：（1）对所有工序段巡回检验与稽核；（2）确认生产现场是否有生产工艺指导书，是否和指导书上指明的生产机型相对应，作业人员是否按生产工艺或作业指导书进行操作；（3）生产中的换料状况确认，更换新物资上线时必须对物资的正确性进行核对；（4）所有工艺参数是否正常，是否有员工私自调整现象；（5）制程中的不良品是否与良品区分，并放置于指定区域；（6）相关材料储存环境及摆放是否符合质量要求；（7）制程中进行巡回检查时需将点检数据实测值记录在《巡检记录》上。

制程质检人员在巡检中发现工序制程异常时，应要求立即改善。当不良率超出各工序质量控制目标或出现严重品质异常时，应当及时按照异常控制程序进行处理；必要时有权要求该工位或工序停止作业，直至改善合格才允许作业，同时跟踪验证纠正措施效果，并记录。

工序作业结束，作业员应清理作业场地，自检、区隔规整合格品和不合格品，填写产品《工序流转卡》向制程质检人员申请转序或入库检验。

制程质检人员接到报检，应查验《首件检验记录单》《巡检记录》和《工序流转卡》，按检验规程对报检制程半成品或成品进行抽样检验，填写《完工检验记录》，作出是否为合格品的判定。合格品进行下一工序或入库；不合格品则退回生产车间，经不合格品处理完成后重新报检。完工检验完成，制程质检人员应如实填写《完工检验记录单》，真实记录第一次抽检和复检结果。完工检验采用抽样方法：低于 50 件时全检；50—100 件按 20% 抽检；100—500 件按 10% 抽检；高于 500 件按 8% 抽检。检验时应当对产品进行外观及功能全面检测试验。在抽检过程中发现不合格品数量超过 5 件时，产品将停止检验程序。

制程中经自检、巡检和完工检发现的不合格品，应及时作出标识，由制程质检人员填写《不合格品处理单》，按不合格品控制程序进行处理。不合格品的处理以会签《不合格品处理单》方式进行。制程质检人员签发《不合格品处理单》时应当说明不合格的原因，按不合格品控制程序规定标准，作出不合格严重程度判定，并经质量主管签字确认。

制程异常的处理程序如下：（1）相关文件数据检验，发现物料情况异常时，立即通知相关人员，且通知质量主管；制程质检人员经与质量主管确认后，更换正确物料。（2）制程质检人员发现首件异常时，立即通知质量主管，并填写《首件品质异常单》，确认后请车间生产人员分析异常原因，提出改善对策；制程质检人员将结果记录于《首件检验记录单》上，制程质检人员复核合格后方可生产。（3）制程质检人员巡检时从人、机、料、法、环对各段进行确认，异常时立即反映给相关生产人员，由生产人员提出原因分析与对策。（4）出现质量异常时，制程质检人员应及时向上反映，由车间主任通知车间工艺主管，车间工艺主管立即对质量异常进行分析；若为重大异常由生产部部长组织车间主任、车间工艺主管召开分析会，制程质检人员旁听；制程质检人员追踪对策后的效果。（5）所有异常的改善对策，制程质检人员需谨慎复核，若复核结果未改善或改善不彻底，需重新提出由生产车间完全改善为止；若预防措施中有对相关部件尺寸作修改或参数变更等类似问题，经生产部试作可以后，技术部应在 36 小时内发出标准化文件。制程质检人员应对检验过程中发现的不良问题点进行统计。

各制程质检人员应做好各项记录，每批产品装配完成时由成品质检人员收集。成品出厂时需检验包装是否完整、成品是否放在仓库区域，或是否进行出货检查。成品检查内容包括安全性、功能性、装配性、外观、包装、配件（如有）、随机文件及操作试验等。成品质检人员在进行成品检验时，做好成品检验的记录；同时，应收集该批合同的所有检验记录、操作记录（锻造、热处理、喷涂等）和工序流转卡；并完成产品的质量证明文件（如合格证、产品质量证明书等）。当产品出货后应向生产主管上交该合同的所有质检记录。

当质量主管接收到业务部门的质量异常的投诉后应做到：（1）通过销售部门了解顾客诉求；（2）根据顾客诉求，成立临时小组，并通知相关部门对顾客诉求进行分析；（3）问题解决后，对出现的质量问题及时记录在案；（4）厘清责任，并要求相应的责任部门作出预防方案；（5）对预防方案跟踪，确认其是否能够起到预防作用。

质量主管指定相应的质检人员对质量投诉做完整记录，并保存其质量记录（保存期限至少为 3 年）。质量主管根据顾客投诉情况不同，分类统计，做好年度顾客投诉分析。

企业由质量部门定期发布质量公告，质量公告每月一期，每月 5 日前公告上月的产品质量情况，公告内容应包括产品质量统计与分析、产品质量的产生原因、产品质量的具体事件等。

四、生产安全管理制度

安全生产是关系到国家和人民群众生命财产安全的大事，落实安全生产责任制是做好安全工作的关键。本制度旨在进一步贯彻落实"安全第一，预防为主，综合治理"的方针，加强各级安全生产责任制建设，确保安全生产。本制度适用于企业全体员工。

企业法人代表（董事长）的安全职责包括：（1）企业法人代表是企业安全生产第一责任人，对本企业的安全生产工作全面负责；（2）严格执行国家有关安全生产方针、政策、法律、法规和制度及标准；（3）负责制定企业年度安全生产工作计划；（4）督促、检查企业安全生产工作，及时消除生产安全事故隐患，对本单位无力解决的重大隐患，及时向上级有关部门报告；（5）组织制定并实施本企业的事故应急预案，不断提高企业自我抢险和防范能力；（6）抓好对员工的安全学习、教育、培训和考核，提高员工安全素质。

总经理的安全职责包括：（1）总经理是企业安全生产主要负责人，协助法人代表对企业的安全生产工作全面负责；（2）协助企业法人代表严格执行，全面贯彻国家安全生产的方针、政策、法律、法规和制度及标准；（3）协助法人代表组织制定企业安全生产规章制度和安全生产年度计划，审定安全生产规划和重大安全技术措施，确定企业安全生产方针和目标；（4）深入了解掌握企业安全生产情况，督促、检查企业安全生产工作，及时消除事故隐患，对本单位无力解决的重大隐患，及时向上级有关部门报告；（5）协助法人代表组织制定并实施本企业的事故应急预案，不断提高本企业自身的事故抢险和防范能力；（6）负责组织企业安全生产大检查，落实重大安全生产事故隐患的整改。

安全总监的安全职责包括：（1）宣传贯彻安全生产法律法规、方针政策，组织贯彻落实上级有关安全生产工作部署；（2）协助决策机构和主要负责人组织制定本单位年度安全生产管理目标、年度工作计划，并组织实施和考核；（3）协助企业主要负责人组织制定或修订安全生产规章制度、安全操作规程，并对执行情况进行监督检查；（4）组织参加现场安全检查，对检查发现的问题负责督促整改，及时消除事故隐患，对重大事故隐患有权采取有效控制措施；（5）协助企业负责人组织制定、完善企业生产安全事故应急救援预案，定期组织演练活动；（6）监督劳动防护用品发放使用，组织有关部门研究和落实职业危害预防措施，并在日常生产活动中监督执行；（7）做好职权范围内工伤事故的调查处理，组织生产安全事故抢险救援和善后处理工作。配合生产安全事故的调查和处理，进行事故统计、分析和报告，协助有关部门制定事故预防措施并监督执行。

消防保护部的安全职责包括：（1）认真贯彻执行《消防法》和上级有关消防工作的要求，贯彻"预防为主、防消结合"的消防方针，不断加强消防安全管理。（2）审定企业重点消防部位，实行分类管理，明确责任，做好控制工作。（3）会同生产安全部门监督消防器材的购、供、管工作，确保消防器材齐全并可使用。（4）会同生产安全部门对易燃及危险品要严格监督、管理，防止事故发生；制定重点消防部门应急救援预案，组织演练和进行效果评价。（5）组织制定《消防工作责任制》和《企业消防工作管理制度》，编制年、季、月消防工作的措施计划，并监督实施，对员工经常进行消防教育和消防训练。（6）做好企业内消防安全宣传工作，在危险区、点悬挂醒目的消防警示标志。（7）负责每日消防检查工作，确保企业内主要交通道路、人行道严禁堆放物资，确保行人、车辆交通安全。

生产车间的安全职责包括：（1）贯彻执行国家有关安全法律法规及企业安全规章制度，制定并完善《车间安全管理制度》；（2）负责本车间所辖主要设备及其辅助设备的日常管理和维护保养工作，根据生产状况向技术部提出计划检修建议，并协助实施；（3）负责车间各项技术指标的分解落实、考核控制，严格按企业质量、环境、职业健康安全管理体系要求组织开展工作；（4）贯彻执行企业各项规章制度及上级有关部门的规定、规程和相关会议决议，严格执行调度指令；（5）负责本车间的生产、技术、设备、安全日常管理工作，组织协调解决生产中存在的各种问题；（6）负责制定并实施车间安全、环保、消防技术措施计划、事故预案，对本车间发生的生产、设备、人身伤害等事故及时上报并协助调查。

企业主要负责人和各级安全管理人员必须接受安全资格培训，具备与所从事的安全生产活动相适应的安全生产知识和管理能力，并经考核合格取得相应安全资格证书后方可任职；企业生产安全部门组织对安全管理员每年进行 2 次集中培训，培训内容为国家安全生产方针、政策、法律法规、标准等，国内外安全与工业卫生的现状及发展趋势，以及安全管理方法、安全技术与工业卫生技术等。

新进入企业人员（含外来施工、学习人员），均须经过企业（一级）、车间、部门（二级）、班组（三级）三级安全生产教育。

特种作业人员（如锅炉工、电工、焊工、压力容器操作、压力管道操作、吊装、厂内车辆驾驶、安全附件维修等）必须按《特种作业人员安全技术考核管理规则》要求，由主管部门进行安全技术培训、考核，取得特种作业证后，持证上岗。

企业级干部及专职安全生产管理人员的安全技术培训和考核，由政府主管部门组织并取得安全生产管理资格证书；企业每年进行一次全员安全教育，由企业生产安全部门负责组织进行。

风险管理危害的识别范围包括：规划、设计和建设、投产、运行、停车等阶段；常规和异常活动；事故及潜在的紧急情况；所有进入作业场所人员的活动；原材料、产品的运输和使用过程；作业场所的设施、设备、车辆、安全防护用品；人为因素，包括违反安全操作规程和安全生产规章制度；丢弃、废弃、拆除与处置；气候、地震及其他自然灾害等。

危害识别及风险评价的方法包括：工作危害分析（JHA）、安全检查表分析（SCL）、预危险性分析（PHA）。

进行风险评价时，应从影响人、财产和环境等三个方面的可能性和严重程度分析。

危害识别主要有以下步骤：（1）各部门、车间根据生产活动中存在的作业内容，对各自作业活动、设备设施和管理活动的内容进行确定，并分别列出本单位的"作业活动清单与设备设施清单"；（2）生产安全部门负责确定"清单"的格式并汇总形成企业的作业活动清单与设备设施清单；（3）各部门、车间依据本单位列出的"作业活动清单与设备设施清单"。按"工作危害分析法、安全检查表分析法、预危险性分析法"识别出作业活动中的危害因素并进行风险评价。生产安全部门负责审核、汇总各部门识别出的危害因素，形成企业的工作危害分析及风险评价表、安全检查分析及风险评价表、预危险性分析及风险评价表。

各单位应根据风险评价结果确定出重大风险，由生产安全部门汇总并组织相关部门制定控制措施，形成《重大风险及控制措施清单》，上报安全主管批准。

企业按照《危险化学品重大危险源辨识（GB18218—2018）》识别本单位的重大危险源，生产安全部门汇总、审核企业上报的重大危险源，形成《重大危险源清单》，报安全主管批准。企业负责编制本单位的《重大危险源应急预案》并组织演练，生产安全部门负责编制企业的《重大危险源应急预案》并组织演练。

劳动防护用品（具）发放管理制度包括以下方面：（1）劳动保护用品的配备。在生产过程中，因化学因素、物理因素、生物因素而产生的有害因素和劳动过程中及作业现场的安全卫生设施不良产生危害因素，均应对作业人员进行劳动防护用品配备。员工在企业内调动工作时，其享有的劳动保护用品可随身转带。工种变化的劳动防护用品（除特殊工种外），生产安全部门有权作出相应调整。（2）劳动保护用具（品）的管理。凡在作业过程中佩戴和使用的保护人体安全的器具，如安全帽、安全带、安全网、防护面罩、过滤式面具、空气呼吸器、防护眼镜、耳塞、防毒口罩、特种手套、防护服、绝缘手套、绝缘胶靴、绝缘垫等均属防护器具，必须妥善保管，正确使用。（3）劳动防护用具（品）的使用。员工进入生产装置或施工作业现场，必须按照规定穿戴防护用品，否则按照相关规定处罚。各车间对特种型防护用品，如防毒面具、防护服、空气呼吸器等要建立台账，常用的防护用品应存放在公众易于取用场所，做到防潮、防高温、防锐器损坏。对使用方法比较复杂的防护用品，必须认真研读使用说明，正确掌握其使用方法，如防毒面具、呼吸器等。

消防安全教育培训制度包括：（1）组织本单位人员参加消防机构组织的消防培训，制定本单位《消防安全教育培训计划》；（2）定期组织本单位人员学习法律法规和单位的各项规章制度；（3）组织专职和义务消防队员学习消防业务，参加技能训练；（4）定期对重点车间人员进行消防培训和考核，并做好记录；（5）组织学习外单位消防工作的先进经验，按照灭火预案，实施消防演练。

消防巡查、检查制度包括：（1）企业要按照规定在单位成立专职消防队伍，实行消防防火巡查，检查各车间的消防安全制度；（2）车间巡查、检查人员要有安全员带队，解决在车间巡查中发现的问题；（3）防火检查、巡查主要是检查单位的各项制度的落实情况，安全出口、疏散通道，疏散指示标志完好情况，各类消防设施的运行情况，以便及时发现火灾隐患；（4）消防专职人员坚持定期防火检查和每日防火巡查制度，并做好记录，如发现消防安全风险，应上报生产安全部门、消防部门处理。

安全疏散设施管理制度包括：（1）单位应保持疏散通道、安全出口畅通，严禁占用疏散通道，严禁在安全出口或疏散通道上安装栅栏等影响疏散的障碍物；（2）应按规范设置符合国家规定的消防安全疏散指标标志和应急照明设施；（3）应保持防火门、消防安全疏散指示标志、应急照明等设施处于正常状态，并定期组织检查、测试、维护和保养；（4）严禁在营业或工作期间将安全出口上锁；（5）严禁在营业或工作期间将安全疏散指示标志关闭、遮挡或覆盖。

消防设施、器材维护管理制度包括：（1）各类消防器材由企业消防部门负责使用，维护保养。（2）企业的消防器材由消防部门建立台账，划分责任人指定专人管理，消防部门将定期监督、检查。（3）日常的检查、维护由当班的工作人员负责，每班检查一次。灭火器应放置于干燥通风，避免阳光照射，雨淋，远离腐蚀性物质的地点；定期检查灭火器，若发现铅封脱落、压力表指针低于绿色区域，应及时上报检修，做好记录并上报消防部门处理。

消防道路管理制度包括：（1）未经生产安全部门和消防部门同意，不得随便占用消防通道（包括挖沟、堆放物资、设备、杂物等），如必须占用时，须先征得生产安全部门和消防部门同意并采取临时的措施后，方可占用。用完后，要立即消除障碍，保证道路畅通。（2）未经生产安全部门和消防部门同意并占用道路，影响消防车行进和执行消防任务的，从严追究占用者的责任。

火灾隐患整改制度包括：（1）各部门对存在的火灾隐患应及时予以消除；（2）在防火安全检查中，应对所发现的火灾隐患进行逐项登记，并将隐患情况书面下发各部门限期整改，同时要做好隐患整改情况记录；（3）在火灾隐患未消除前，各部门应对落实防范措施，确保隐患整改期间的消防安全，对确无能力解决的重大火灾隐患应当提出解决方案，并向单位上级主管部门报告。

灭火和应急疏散预案演练制度包括：（1）制定符合本企业实际情况的灭火和应急疏散预案；（2）组织全员学习和熟悉灭火和应急疏散预案；（3）每次组织预案演练前应精心开会部署，明确分工；（4）应按制定的预案，至少每半年进行一次演练；（5）演练结束后应召开讲评会，认真总结预案演练的情况，发现不足之处应及时改正。

五、环境保护责任制度

为了防止环境污染和生态平衡的破坏，为员工建造适宜的工作和劳动环境，保障群众健康，促进企业经济的发展，以适应社会发展的需要，确保生产过程中的污染物和噪声经处理后达标排放，使生产不致对周围环境造成有害的影响，企业应根据《环境保护法》及其他现行有效的相关法律、法规，制定本制度。本制度适用于与本企业形成劳动关系的人员及进入企业所属生产区域的临时用工、施工人员、实习人员、技术人员、服务人员、参观人员等。

企业生产应贯彻"以预防为主，防治结合"的原则。各生产部门执行"谁污染、谁负责"的原则。

企业根据自身情况可以设立企业环境保护委员会（以下简称环委会）或者环境保护管理部门，负责企业环境保护。环委会或环境保护管理部门的主要任务包括：（1）积极宣传、贯彻、执行党和国家环境保护的方针、政策、法令或规定；（2）审查企业环保年度计划和长远规划；（3）组织"三废"治理工作；（4）审查新建、改建、扩建的环保工程项目和防治污染的具体措施；（5）协调企业各单位、部室的环境保护工作，帮助解决问题；（6）检查监督排放的污染物质符合国家规定的标准。

企业推行环境保护目标管理。各部门在组织完成企业下达的生产经营任务的同时，必须完成企业下达的环保年度考核指标计划。具体指标按企业《年度经营目标管理计划》执行。

环保管理部门应确保环保管理档案、台账的健全和完整，各种环保报表数据要准确。当月数据在次月 15 日前完成台账登记；环保月报表应按时向相关部门报送。

严格生产现场的 5S 管理，严格控制水冲地坪和压缩空气吹扫带来的废水和粉尘污染。未经企业环境管理部门批准和行政管理部门备案，任何部门均不得以节能为由擅自停运环保设施。企业环境管理部门对查出的各种环境污染隐患，在下达限期整改通知书后，相关部门必须认真进行整改，并保证按期完成隐患整改任务，达到整改要求。

污染物的处理需严格执行以下规定：（1）各部门必须确保环保设施正常运行和污染物处理效果，确保在正常生产时达标排放。凡因主体设备检修需要临时排污的，必须按规定提前 3 天申报，并经企业和环保行政主管部门同意后方可按规定要求排放，同时采取措施，缩短排放时间，尽力减少超标排污量。因突发性故障，造成或可能造成污染物超标排放时，必须严格执行《职业健康、安全、环保事故应急预案》。（2）加强环保设施运行管理，严格控制国家限制排放的一类污染物质的排放。杜绝污染物质处理不当、操作控制不严和操作者失职造成的超标排放。（3）因设备故障、停电等其他原因，造成重大环保设施停运，必须及时向总经办报告，总经办接到报告后及时向行政主管部门汇报，同时采取有效措施防止污染物出现严重超标排放。（4）环保设施报废或拆除，必须征得总经办的同意，并按规定到行政主管部门办理报废手续，禁止擅自停运或拆除环保设施。（5）在生产过程中产生的固体废弃物（含粉尘）、废水、废气、废渣、噪声等污染源，应采取措施予以治理，确保达标排放，具体按企业固体废弃物、废水、废气、噪声管理办法执行。

企业采取以下管理规定防治污染：（1）在生产过程中排放的有害废水、废气、废渣、噪声、粉尘等污染源皆属管理范围；（2）认真贯彻"谁污染谁负责"的原则，各生产单位每年要有计划、有步骤地做好防治工作，每年11月前安全环保科上报下一年的污染防治计划的实施措施；（3）预防污染源的产生和积极治理污染源，要从加强管理、改革工艺、综合利用入手，严格控制生产中的污染排放；（4）对尘、毒危害以煤尘、苯、一氧化碳为主，对这些工作岗位各单位要采取相应的防范措施或采用无害、少害的工艺，减少对职工的身体危害；（5）对皮带的转折点污染要逐步整改计划，采用密封作业、加强管理减少落差扬尘，改善职工的劳动环境；（6）对各种油料要加强管理，消除跑、冒、滴、漏对环境的污染；（7）新建或原有的锅炉要有消烟除尘装置，运行要经过上级环保部门的认可，并办理环保合格证；（8）不得使用不合格的环保设备；（9）凡从事粉尘、有毒的工作的职工要正确穿戴防护用品；（10）对噪声严重超标的有关设备要安装消音器或采用人和设备的隔离措施；（11）企业的废渣按规定的地方处理或堆放，对于基建工程需要大量排渣时，应按指定地点倾倒；（12）切实加强清净废水、地表雨水的管理；（13）加强对物资、半成品、成品贮罐、堆放场的巡检，对于腐蚀性较强的贮罐，应定时进行测厚，防止泄漏、发生重大污染事故；（14）各施工单位严格执行施工环境保护规定，按申报、审批程序进行，超过国家排放标准的应主动上缴排污费；（15）加强对工业废渣的管理，严格执行相关规定。

建设项目采取以下管理规定：（1）建设项目在项目可行性研究（或项目建议书）阶段，必须由负责该阶段工作的部门牵头提出《建设项目环境保护申报表》，报企业总经办审定，呈报总经理审批，并报环保局审批，同时按要求办理环境影响评价及审批手续。（2）凡是有污染物产生的建设项目都必须严格执行环保"三同时"制度。企业应要求设计单位必须在建设项目可行性研究报告、方案设计及初步设计中，设置"环境保护"专篇（章），列出污染治理的具体措施、环保设备选型、环保投资、环保设施功能和污染物排放标准等内容，并由总经办审定。（3）建设项目实施阶段，总经办加强施工现场的管理，施工单位要确保建设项目中的环保设施与主体设施同时施工、同时竣工、同时交工。对设计规定的环保设施，不得擅自削减。（4）建设项目建成后，试生产期间环保设施没有达到功能性要求，总经办必须督促施工单位及时进行整改完善，确保环保设施正常投入使用，并满足竣工验收条件要求。（5）总经办在安排设备大、中修和维检项目时，必须同步安排对环保设施的检修、更新和完善。具体按企业《项目管理办法》执行。（6）安全环保科必须经常性对环境危害因素进行识别，通过环境危害因素评价，确定重大环境危害因素，并进行治理。具体按企业《环境因素的识别与评价控制程序》及《项目管理办法》执行。（7）对污染物超标排放的部门，需要对污染源进行治理时，按企业《项目管理办法》执行。（8）凡因生产规模，主要产品方案、工艺技术等有重大改变，需修改环境影响报告时，必须报原审批机关同意。（9）建设项目在施工过程中，应保护周围环境。防止对厂容和绿化造成破坏，竣工后因适当修护在建设过程中受到破坏的环境。在施工中应防止和减轻粉尘、噪声、震动等对企业和周边环境的污染和危害。

企业有污染物排放的部门，在可能或者已经发生污染事故或其他突发性事件时，应当立即采取应急措施，防止事故发生，控制污染蔓延，减轻、消除事故影响。在重大事故或者突发性事件发生后1小时内，应向企业安全环保部门及行政主管部门报告，并接受调查、处理。

各车间负责控制有害污水"零排放"。产生固体废物的部门，应当选择符合环保要求的方式和设施收集、运输、贮存、利用、处置所产生的固体废物，并采取防扬散、防流失、防渗漏和其他防止污染的措施。对固体废物不得随意异置、堆放、倾倒。禁止向水体排放油类、酸类、碱液、剧毒液的废水，严格限制向水体排放、倾倒污染物，防止水体污染。禁止在水体清洗装贮过油类或者有毒污染物的车辆和容器。

设计、制造、购销、安装、使用锅炉设备，必须执行国家或省有关锅炉设备环境保护的规定。金属冶炼、一吨以上锅炉燃煤排放含有硫化物气体的，必须配备脱硫设施或采取其他脱硫措施。运输、贮存能够散发有害有毒气体或者粉尘的物质，必须采取有效防护措施，防止泄漏污染大气和环境。

严格控制噪声，防治噪声的污染，企业内各种噪声大、震动大的机械设备、机动车辆，应当设消声、防震设施。由于管理不善，玩忽职守，造成污染，危害人民健康，致人伤残、死亡或对企业财产造成损失均成立污染事故。

环境污染事故的申报规定如下：（1）可能或已经发生污染事故的单位应紧急采取措施、防止污染事故的发生或扩大，及时向总经办报告；（2）企业职工和社会公民有义务在发现输水、排水管道发生破裂时，立即向总经办或其他生产部门报告；（3）发生环境污染事故的单位应及时向企业安全环保管理部门写出书面报告，报告内容包括事故发生的原因，大小以及采取和将要采取的消除和减小环境污染事故的措施等方面；（4）对于重大、特大环境污染事故，企业环保管理部门在请示主管领导后，及时向市环保部门汇报；（5）安全环保部门接到事故报告后，立即会同有关部门和人员进行现场调查，并填写污染事故登记卡；（6）发生污染的责任部门应积极配合总经办进行调查分析和技术鉴定，提出防范措施和对责任者的处理意见，经环保部门审核后，向上级环保部门写出书面事故报告，并进行妥善处理。

环境污染事故的处理规定如下：（1）造成环境污染危害的单位有责任排除危害，并对直接受到损害的单位和个人赔偿损失。对于企业范围内发生的环境污染事故一律通过当地政府、主管环保部门、行政裁决的途径进行处理。（2）企业环保管理部门在接到群众举报或污染事故单位的汇报后，立即向主管环保部门汇报，进行现场初步调查和取证。（3）环境污染发生单位应主动申请国家法定监测单位为其取得具有法律效力的监测数据，以保护自身的经济利益和名誉利益。（4）环境污染事故危害基本得到控制或消除后，由主管环保部门牵头进行协调或行政裁决，确定环境污染事故的赔偿金额。（5）企业环保管理部门或环境污染事故发生单位，如对主管环保部门处理意见有异议，可在15日内向主管环保部门申请复议，或向法院起诉。

污水处理规定如下：（1）经设施处理后的水质，必须达到国家或地方规定的排放标准，方可排放或循环使用；（2）设施必须配备专门操作人员，建立健全岗位责任制、操作规程等规章制度，操作人员必须按规程操作，做好设施运行记录、监测结果记录；（3）污水处理设施因事故停止运转，要立即采取措施，停止废水排放，并报总经办及行政主管部门。

环境保护统计工作规定如下：（1）严格按照《统计法》开展环境保护统计工作；（2）坚持实事求是，上报的统计数据要做到真实可靠；（3）准确、及时、全面系统地搜集、整理和分析环境保护的统计资料，正确反映本单位对环保法规的执行情况；（4）及时、准确地将环保情况提供给企业领导，为科学决策提供依据；（5）按时完成主管环保部门及企业安排的环保统计工作，每年对企业"三废"排放量进行一次考核；（6）负责环保原始记录管理，并积累、整理本专业统计数据资料，做好归档工作。

环境保护档案管理规定如下：（1）为加强环境保护档案管理，充分发挥环保档案在环境保护工作中的作用，根据《档案法》及《环境保护档案管理暂行规定》，制定本制度。（2）环保档案主要指企业在环境管理监测、科研、宣传、教育等环境保护活动中直接形成的有保存价值的各种文字、图表、声像等不同形式的历史记录。（3）环保档案工作是环境保护工作的重要组成部分，要将其纳入本单位的环保发展规划与年度计划中。（4）档案工作人员要忠于职守，认真执行档案管理制度，钻研业务，严格遵守党和国家的保密规定，确保环保档案的完整与安全。（5）借用环保档案者应负安全和保密责任，不得擅自转借，不得折叠、剪贴、抽取和拆散档案，严禁在环保档案上勾画、涂抹、填注、加字、改字等。（6）归档的环境保护文件、材料要做到字迹工整、图像清晰、签字手续完备。（7）科研课题、环保工程和其他任务等，承办单位应将所形成的环境保护文件、材料按本制度的要求整理归档。（8）环保档案的保管期限分为永久、长期、短期三种。长期和短期的环保档案归安全环保部门管理，永久性的归资产管理部门保管，安全环保部门保存永久档案的复印件。

"三废"管理规定如下：（1）"三废"，是指生产过程中产生的对周围环境造成污染或有害影响的废水、废气、废渣。（2）总经办具体负责日常的"三废"治理和环境保护工作，符合达标的排放源应竖立合格排放标志。（3）设立"三废"处理人员岗位负责制，实行严格的奖罚制度。（4）总经办负责维护环保治理设施，在环保治理设施一旦出现故障时，有"三废"外排的生产工序必须停产，以杜绝污染物排放的出现。（5）定期进行环保技术业务培训，以提高工作人员的技术素质水平。（6）搞好工厂绿化，改善生产区及周围环境，接受市环保部门的监督、检查和指导。（7）车间产生废水直接进入废水处理站，经处理达标后排放或再利用，生活污水经过滤池滤过达标后排放。（8）生产燃烧产生的含烟气、二氧化硫、氮氧化物等污染物须经除尘处理。（9）生产车间产生的废包装材料及硅渣采取出售的方法，不另设堆放场。（10）少量有毒气体可以通过排风设备排出室外，空气稀释。毒气量大时，必须处理后再排出。（11）一般有机溶剂是指醇类、酯类、有机酸、酮及醚等由 C、H、O 元素构成的物质。对此类物质的废液中的可燃性物质，用焚烧法处理。对难于燃烧的物质及可燃性物质的低浓度废液，则用溶剂萃取法、吸附法及氧化分解法处理。再者，废液中含有重金属时，要保管好焚烧残渣。但是，对其易被生物分解的物质（即通过微生物的作用而容易分解的物质），其稀溶液经用水稀释后，即可排放。（12）生产中出现的固体废物不能随便乱放，以免发生事故。如有放出有毒气体或自燃的危险废料不能丢进废品箱内和废水管道中，不溶进水的废料禁止丢进废水管理中，必须在适当的地方烧掉或用化学方法进行处理。

第五节　供应管理合规制度

一、采购管理制度

为加强采购计划管理，规范采购工作，保障企业生产经营活动所需物资的正常持续供应，降低采购成本，制定本制度。本制度适用于企业对外采购与生产经营有关的经营性固定资产、材料及非经营性固定资产、办公用品、劳保用品等采购（以下统称采购物资）。

采购部部长的主要职责为统筹采购物资成本管理、统筹供应商管理、批准物资采购计划、审核采购合同、组织采购部人员的管理培训。采购部部长助理的职责为协助部长的日常工作。采购主管的主要职责为根据生产部门及其他职能部门需要制定采购计划、督促和监督采购员业务实施、制作供应商调查表。采购员的职责为具体实施各项采购项目、按照企业规定展开供应商调查、提交拟签订的采购合同、具体负责采购物料与仓储物流部的入库对接。合规专员的职责为履行采购管理合规职责。

采购遵循以下原则：（1）询价、比价原则。物资采购须选择三家以上供应商提供报价，在质量、价格、交货时间、售后服务、资信、客户群等因素的基础上进行综合评估，再与供应商进一步议定最终价格。（2）统一性原则。采购人员定购的物资必须与请购单所列要求、种类、规格、型号、数量一致。在不能满足申请购买部门要求或成本过高的情况下，采购人员、必须及时向申请部门反馈，供申请部门更改请购单。如确因特定条件数量不能完全与请购单一致，经审核后，差值不得超过申请购买量的 3%—5%。（3）寻求低价原则。采购人员随时搜集市场价格信息，建立供应商信息档案库，了解市场最新动态及最低价格，实现最优化采购。（4）廉洁勤勉原则。自觉维护企业利益，努力提高采购物资质量，降低采购成本；要自律，不收礼，不受贿，更不能向供应商伸手；严格按采购制度和程序办事，自觉接受监督；加强学习，广泛掌握与采购业务相关的新材料、新工艺、新设备及市场信息；工作认真仔细，不出差错，不因自身工作失误给公司造成损失。（5）招标采购原则。凡大宗或经常使用的物资，都应通过询议价或招标的形式，由企管、财务等相关部门共同参与，定出一段时间内的供应商、价格，签订供货协议，达到简化采购程序，提高工作效率的目的。对于价格随市场变化较快的物资，除缩短招标间隔时限外，还应随时掌握市场行情，从而调整采购价格。（6）合规监督原则。采购人员要自觉接受财务部或部门合规专员对采购活动的监督和质询。对采购人员在采购过程中发生的违反廉洁制度的行为，企业有权对相关人员进行处罚，不排除追究其法律责任。

物资需求部门根据生产或经营的实际需要，由采购部负责采购物资。企业采购部负责采购物资，于每季度最后一个月的 25 日前，提出采购申请，填写《请购单》。《请购单》要求注明名称、规格型号、数量、需求日期、参考价格、用途等；若涉及技术指标的，须注明相关参数、指标要求等。按采购申请流程，由各相关部门审批，经总经理批准后交采购部采购。各审核环节对采购申请提出议异者，应于 2 个工作日内将意见反馈给采购申请部门。

询价、比价、议价应遵循以下规定：（1）每一种物资原则上需三家以上的供应商进行报价。（2）采购员接到报价单后，需进行比价、议价，并填写《询价记录表》，按低价原则进行采购。（3）属于独家代理、独家制造、专卖品、原厂零配件无代用品的，无须进行比价、议价，但仍需留下报价记录。

样品提供和确认应注意：（1）若须进行样品提供和确认的，须确定送样周期，由采购人员负责追踪，收到样品后，须第一时间送交需求部门进行确认，必要时会同其他部门的相关人员予以确认。（2）对于样品，须作封样保存，以便日后作收货比较。

供应商的选定应注意：（1）对于大宗或经常使用的原物料，采购部应建立相对稳定的供应商信息台账，并设立"供应商资料卡"作为日后询议价和供料的参考；（2）为确保货源，采购人员对于经常采购的原物料，应寻找三家以上的供应商作为储备或交互采购，以稳定货源、降低价格；（3）选定供应商时，应从其供货能力、信誉度、资金状况、解决纠纷能力及对市场状况把握程度等方面综合考虑，并依此确定是否发展为长期供应商；（4）若供应商为贸易商或代理商时，采购人员应调查其信誉及技术服务能力等，以此作为判断是否为采购对象的依据；（5）积极向供应商告知企业原料品质标准，并在品质及技术服务上给予必要的帮助，使其交货及时、品质稳定且符合企业的质量标准。

每一笔采购业务，都要进行采购成本分析，交采购部经理审阅后存档以充实供应商的资料卡。

根据信誉状况、货源稳定性（数量、品质）、资金状况、发货运输能力，供应商可分为以下四大类：（1）信誉良好、货源稳定、资金充足以及发运通畅的厂商；（2）信誉良好、资金充足及发运通畅但货源较不稳定的厂商；（3）信誉较好，资金充足或发运较通畅、货源不稳定的厂商；（4）资金较充足或发运较通畅、但信誉一般或差、货源不稳定的厂商。对于时常出现交货品质不符合质量标准，交货数量不足，延误交期，售后服务不良等情况的供应商，应立即通知其改善，并按合同约定予以扣款。如未能改善者，采购部应另行开发新的供应商。

采购人员应积极调查原物料资讯，收集原物料市场行情，积极开发新的供应商。开发原料新供应商时，取样应经使用部门进行检验分析，提出报告；必要时应到现场调查确认其生产技术及品质水准之后，进行详细评估，最后决定是否列为供应商。

采购内勤人员每月初做好"供应商资料卡""采购报表""采购分析报表""库存报表"等汇总整理工作，并报告采购部部长。做到市场行情及时了解分析，价格走势定期分析，来电来函文件资料及时分类保存。

企业有关人员如需借阅有关资料、档案，必须经部门经理同意后，由采购部保管人员登记，借阅人员签名后方可。

签订合同应注意：（1）供应商经送样审查合格后，由采购部组织选定的供应商签订合同。（2）交易发生争执时，依据合同约定的相关条款进行处理。

要做好进度跟催。（1）为确保准时交货，采购人员应提前采用电话、传真或亲自到供应商处等方式跟催，以确保物资能适时供应。（2）若采购物资无法在预定时间内交货的，采购员须提前通知需求部门，寻求解决办法，并须重新和供应商确定新的交货期，并告知需求部门。

采购物资到企业后，应由需求部门进行验收。经验收合格后，仓库保管员开具《入库单》，按流程办理入库手续。如验收不合格的，由验收部门通知采购部，2个工作日内办理换（退）货手续。

异常情况视情作如下处理：（1）如遇供应商送来的物资品质、数量等与合同规定的不相符，应及时书面通知供应商处理。（2）如临时需采购物资，则须按"使用部门申请—总经理核准—采购部询价比价—总经理核准—采购部采购—使用部门验收"的程序办理。（3）因品质不合格而退货、换货导致逾期入厂，应以逾期交货处理。

采购物资入库后，由采购人员凭《入库单》按合同约定的付款方式办理付款手续。采购部根据所订原料的到货期及付款条件，测算资金的使用时间，填报"采购用款计划"报财务部审核，每周应上报"付款计划"，报财务部和总经理。一批物资验收完毕，采购部应及时整理各种单据，打印"付款申请单"一并送财务部作为付款凭证。物资的付款凭证包含采购申请单、合同、验收单、入库单、物资收货报告、发票。采购部应在每批原料收货后一周内及每月底与供应商核对账务，以防出现差错。

二、仓储管理制度

为提高仓储管理的工作效率，保证对仓储物资的管理有效、规范，根据有关法律法规，制定本制度。本制度所称仓库是指企业供应系统所属的仓库。

物资验收及抽检应遵循如下要求：（1）物资到达后，仓库保管员务必要求供应商提供该批物资的送货清单及对应物资的出厂检验报告，是进口物资的，还必须要有中文标识，对于材料不全的物资，仓库保管员应予以拒收。（2）仓库保管员进行验收，应严格对照送货清单的内容，包括但不局限于物资的名称、数量、规格及物资的感官质量，对于感官质量不合要求的物资，应予以拒收。（3）对于非标准件，仓库保管员需要全部称量，如出现数量短缺的情况，及时告知采购部门处理。物资验收无误后，仓库保管员才能在客户送货单回执联上确认签收，或向供应商出具收货单。

验收物资前，应检查计量器具，以确保其准确性。仓库保管员进行物资验收，必须严格按照国家计量单位的规定，同一物资的计量单位必须统一，不能采用国家明令规定作废的计量单位（如斤、尺等）。

对于到货数量超过采购计划的10%的物资，必须经部门领导签字同意后方可暂存，并注明暂存期限；对于暂存物资，不得向供应商出具收货单。仓库保管员发现逾期仍尚未到货的物资应当及时告知采购部门处理。

仓库保管员应按时将需经品质管理部检验的物资送品质管理部检验，并积极配合品质管理人员的抽检取样工作。

仓库保管员办理物资出库，必须凭合格生效的出库单，出库单应由使用部门负责人签审。无特殊情况，领用出库的物资必须检验合格。禁止发放处于待检、在检、不合格或过保质期状态下的物资。

仓储部依据《物资调拨单》进行物资调拨工作。仓库保管员进行物资调拨工作时，对调出物资在库存信息系统进行出库处理。调出方的仓库保管员开具《物资送货单》一式两联，一联己方留存，一联由调入方的仓库保管员签收。《物资送货单》应对物资的名称、规格、型号等项目进行注明。对于行业保密性质的物资调拨，仓库保管员必须提前通知企业的安全保卫部进行押运工作。调入方的仓库保管员在收到调拨物资后，对照《物资送货单》与押运人员当面点清调拨物资的数量，并验收外表质量后，双方签字认可。

物资出库必须按照先进先出的出库原则，对因未按照此原则出库而导致库存物资超期变质的，仓库保管员要全额赔偿。对于包装材料、辅助材料、季节性促销用品等物资，请购单位需一次性全部出库。对于大型设备、机械类等贵重物资的出库，有质保书、说明书的，仓库保管员还必须在出库单上注明"质保书、说明书等随物件一并出库"字样。危化品出库时，必须严格按照《有毒有害及危险品仓储管理制度》执行，且要有完整的《有毒化合物领用发放记录》。

仓库保管员应严格按照相关标准管理库存物资，待检、在检、合格、不合格不同状态下的物资应存在其对应区域的库位，并做好相应的标识。仓库物资应做到三清（材质清、数量清、规格清）、三齐（堆放齐、码垛齐、排列齐）及五防（防火、防窃、防尘、防鼠、防霉变）。危化品必须由专人、专柜保存。

对于易变质、腐败及其他有特殊保管要求的物资，仓库保管员在到货后应及时通知请购单位领用，如因通知不及时而造成损失的，其损失由仓库保管员承担。

对储存温度有要求的物资，仓库保管员必须将其储存于对应的空调库位，并在每天上下班时检查库温，做好记录。移动袋装、箱装类物资时，须保持其包装完整，确保物资不受污染；移动散装物资时，必须在密封保存后进行移动。对于需要定期调换容器进行盛装的物资，在每次灌装的时候，必须将容器内部清洗干净；且仓库保管员要定期督促供应商调换容器。严禁任何人员携带有火种类物品和危险物品（如打火机、火柴、汽油、煤油）进入仓库。严禁客户进入仓库。

仓库保管员不得以任何形式对外公布仓库物资的信息，包括但不限于物资的品类、数量、日用量、供应商等信息；仓库保管员违反规定的，按公司相关保密制度处理。物资码放必须与库位的承压标准相结合，为确保人身和物资财产的安全，严禁超标堆码现象。为确保物资安全，仓库保管员每天下班前须关严锁好门窗。仓库内的电动叉车必须由专人操作、保管，并需要定期对其进行维护，严禁超载装卸的现象。为保持良好的仓储环境，仓库保管员应定期清理打扫仓储现场，维护走道通畅、地面清洁卫生的环境。

仓库保管员不得接受任何单位或个人的馈赠或回扣，违反规定的，按照公司制度进行处罚。

仓库保管员每月对仓库进行一次安全大检查，对发现的安全隐患要及时进行整改，如有职责范围内无法解决的问题，应提交安全检查报告，上报上级主管领导。仓库保管员每月对仓库物资进行一次全面盘点，并以书面的形式记录盘点结果。盘点过程中出现不正常损溢的，应及时上报采购中心。仓库保管员对所管辖仓库内储存物资的数量、账务的准确性全权负责。仓库保管员每天下班前将当日出入库单据录入台账，对出入库单仓库留存联进行分类归档，对出入库单会计联及时移交至财务部门。

企业有关部门向仓库保管员咨询仓储信息时（包括紧急物资跟催、到货记录、积压物资处理、不合格物资反馈、周考核通报等），仓库保管员应及时反馈。仓库保管员原则上不得离开办公地点，有合理理由确需暂时离开的，要在留言板上说明去向、回岗时间、联络电话，并确保信息畅通。仓库保管员应积极主动督促、协助请购单位处理积压物资。

仓库保管员岗位变动时要进行工作交接，仓库交接以书面形式进行，由双方签字确认，并经部门负责人审核通过，书面交接一式三份，由三方各自存档。仓库交接的内容如下：（1）账务交接，包括库存、暂存、未缴库、不合格等物资的数字、台账的交接；（2）档案交接，包括出入库单、调拨单、让步接收、紧急放行、批文、报告等；（3）库存物资交接，包括所有登记在案的库存物资；（4）疑难问题交接，包括疑难问题以及未处理完毕的问题交接；（5）其他事项交接，包括近期的工作计划及跟催事宜、岗位主要工作内容及合理科学的操作方法，以及部门人员的熟悉等。

三、供应管理部门反舞弊制度

为了防治舞弊，加强企业治理和内部控制，规范全体员工的职业行为，维护企业和股东合法权益，结合企业实际情况，制定本制度。

供应管理部门舞弊，是指供应管理部门及其人员违反法律法规、企业规章制度，在履行职责过程中接受商业贿赂、串通投标、挪用资金、职务侵占等违法犯罪行为。

接受商业贿赂，是指接受供应商为销售物料或者其他目的而给予的财物或其他利益，以及供应管理人员主动向供应商索取财物的情形。主要表现为：（1）供应商为销售商品，假借促销费、宣传费、赞助费、科研费、劳务费、咨询费、佣金等名义，或者以报销各种费用等方式，给付本企业供应管理部门或者个人现金和实物的；（2）供应商对本企业供应管理人员提供国内外各种名义的旅游、考察等其他利益的；（3）在账外暗中给予本企业供应管理部门或者个人回扣的；（4）供应商销售物料以明示方式给本企业折扣，但供应管理部门或者个人不如实入企业账的；（5）供应管理人员主动向供应商索取财物的。

串通投标，是指采购部门与投标者在招标活动中，以不正当手段从事私下交易，使公开招标流于形式的行为。挪用资金，是指供应管理部门及其人员利用职务便利，私自挪用企业资金的行为。职务侵占，是指供应管理部门及其人员利用职务便利，侵吞公司财物的行为。

供应商以行贿手段销售商品的，应当停止向其采购，并进行相关调查。情节严重者，3年内不能参加本企业的招标活动或者成为本企业的供应商。涉嫌犯罪的，企业依法移送司法机关。

投标单位和采购人员相互勾结串通投标的，其中标无效，并停止其投标权利，规定其3年内不能参加本企业的招标活动或者成为本企业的供应商。情节严重的，应列入供应商黑名单，永不向其采购，涉嫌犯罪的，企业依法移交公安机关。

供应管理人员接受商业贿赂的，应退出非法财物，并予以开除，对其永不录用。涉嫌犯罪的，企业依法移交公安机关。

供应管理人员串通投标，致使本企业遭受损失的，予以开除，对其永不录用，并对企业损失进行赔偿。涉嫌犯罪的，企业依法移交公安机关。

供应管理人员私自挪用企业资金的，应返还资金，予以开除，对其永不录用。涉嫌犯罪的，企业依法移交公安机关。

供应管理人员侵吞企业财物的，应返还侵吞财物，并予以开除，对其永不录用。涉嫌犯罪的，企业依法移交司法机关。

供应管理人员在工作中接受商业贿赂，与投标人串通投标、侵占企业财物的，其同事或者主管领导知情不报的，企业给予通报批评等处理。

举报供应管理人员舞弊并提供相关线索的，企业给予奖励。

四、有毒有害及危险品仓储物流管理制度

为严格执行《危险化学品安全管理条例》等有关法规和制度，加强对危险化学品的安全管理，确保安全生产，保证财产和人身安全，保护环境，制定本制度。

危险化学品包括爆炸品、压缩气体和液化气体、易燃气体、易燃固体、自燃物品和遇湿易燃物品、氧化剂和有机过氧化物、有毒品和腐蚀品等。

企业的仓储物流部储存、运输、使用危险化学品和处置危险化学品，必须遵守本制度和《危险化学品安全管理条例》等安全生产法律法规的规定。对不属于化学危险物品管理范围，但具有一定危险性的物品，或其他危险物品均应遵守国家有关规定加强管理。

仓储物流部，其主要负责人必须保证本部门危险化学品的安全管理符合《危险化学品安全管理条例》等有关法律法规及国家标准的要求，并对本部门危险化学品的安全负责。部门员工，必须接受有关法律、法规和安全知识、专业技术、职业卫生和应急救援知识的培训，并经考核合格，方可上岗作业。仓储物流部应当制定本部门事故应急救援预案，配备应急救援人员和必要的应急救援器材、设备，并定期组织演练。

危险化学品的储存，必须具备下列条件：（1）有符合国家标准的设备或者储存方式、设施；（2）工厂、仓库的周边防护距离符合国家标准或者国家有关规定；（3）有符合生产或者储存需要的管理人员和技术人员；（4）部门内部有健全的安全管理制度；（5）符合法律、法规规定和国家标准要求的其他条件。

仓储物流部应当根据危险化学品的种类、特性，在车间、库房等作业场所设置相应的监测、通风、防晒、调温、防火、灭火、防爆、泄压、防毒、消毒、中和、防潮、防雷、防静电、防腐、防渗漏、防护围堤或者隔离操作等安全设施、设备，并应按规定进行维护保养，保证符合安全要求。

盛装腐蚀性物品的容器应认真选择，具有氧化性酸类物品不能与易燃液体、易燃固体、自燃物品和遇湿燃烧物品混装，酸类物品严禁与氰化物相遇。

遇水、热、潮易燃烧、爆炸或发生化学反应、产生有毒有害气体的危险化学品不得存放在露天、潮湿、漏雨或低洼易积水的地方。

受日光照射或受热易燃烧、爆炸或产生有毒有害气体的危险化学品应存放在阴凉通风的地方，禁止靠近热源，存放处的温度不得高于物品的自燃点和熔点。

化学性质与防火、灭火方法相互抵触的危险化学品，不得在同一仓库或同一储存室内存放；放射性物品不得与其他危险化学品同存一库；氧化剂不得与易燃易爆物品同存一库；能自燃或遇水燃烧的物品不得与易燃易爆品同存一库。不能超量贮存，应有一定的安全距离并保证道路通畅。

危险化学品必须储存在专用仓库、专用场地或者专用储存室内，储存方式、方法与储存数量必须符合国家标准，并设置明显标志。指派责任心强，经培训考核，熟知危险物品性质和安全防护知识的专人进行管理。

严禁在危险化学品仓库内吸烟和使用明火。如果必须动用明火时，危险化学品必须全部转移到安全地点，同时对仓库内进行必要的通风或清洗。经主管部门审查，报相关部门签发《动火证》后方可实施。储存危险化学品的仓库，应当根据消防条例和有关规定，配备消防器材和防护器材。

危险化学品的储存部门，对储存设施要定期检测，应当对本部门的储存装置每年进行一次安全评价。应当在储存场所设立通信、报警装置，并保证在任何情况下处于正常适用状态。对盛装、输送、贮存危险化学品的设备，应采用颜色、标牌、标签等形式，标明其危险性。

库房内应设有温湿度表，并根据物品的性质，采取密封、通风和库内吸潮相结合的温湿度管理办法，保持库房内的温湿度在合理范围之内。每天对库房内外进行安全检查，检查易燃物是否清理，货架牢固程度，堆放是否合理，并做好记录。针对易燃液体，检查封口是否严密，有无挥发和渗漏，有无变色、变质和沉淀现象，做好记录。检查中发现问题，及时填写有问题通知单通知相关部门，及时采取措施。

入库物品必须附有产品检验合格证，进口商品必须附有中文安全技术说明书或其他说明。物品性状、理化常数应符合产品标准，由技术检测部相关技术人员进行抽检。

仓储部对物品外观、内外标志、容器包装及衬垫进行感观后作出验收记录。验收在库外安全地点进行。验收内容包括：数量、包装、危险标志。经核对后方可入库，当物品性质未弄清时不得入库。出库时按生产日期和批号顺序先进先出。

进入危险化学品储存区域人员和作业车辆，必须采取防护措施。仓库保管员应针对危险化学品的危害性通知装卸人员。在出入库过程中，仓库保管员应严格监督执行相关规定，严禁摔、撞、击、拖、拉和倾倒物品。

危险化学品出入库，必须进行核查登记。库存危险化学品应当定期检查。剧毒化学品以及储存数量构成重大危险源的其他危险化学品必须在专用仓库内单独存放，实行双人双发、双人保管、双人领取制度。

使用部门应根据需要，规定危险物品的存放时间、地点和最高允许存放量。储存物资性质相抵触的物料不得放在同一区域，必须分隔清楚。

生产中使用有毒物品场所及其操作人员，必须加强安全技术措施和个人防护措施。使用危险化学品的操作人员必须穿戴好劳动防护用品和器具，方可进入作业场所作业。

作业场所应配置保护装置和报警系统，并定期定人进行维护检查，以确保其完好。使用危险化学品时必须遵守操作规程及安全操作规范。应根据生产过程中的火灾危险和毒害程度，采取必要的排气、通风、泄压、防爆、导除静电、紧急放料和自动报警等措施。

生产、使用过程中所产生的废水、废气、废渣和粉尘的排放，必须符合国家有关排放标准，凡能相互引起化学反应发生新危害的废物，不要混在一起排放。

危险化学品的包装必须符合有关规定和标准的要求。重复使用的危险化学品包装物、容器在使用前，应当进行检查，并做好记录，检查记录应当至少保存两年。

压缩气体要限制存放，氢气、有毒、易燃易爆气体应单独放置，与工作间隔离，通风良好，不得靠近火源。气瓶阀门和调节器、压力表须保持完好无损，颜色、钢印标记清晰。单独靠放应予固定，以防倾倒。

安全技术与个人防护方面要注意：（1）改革工艺技术，并采用安全的生产条件，防止和减少有害物溢（逸）散。（2）以密闭、隔离、通风操作代替敞开式操作。（3）加强设备管理，杜绝跑、冒、滴、漏。（4）配备专用的劳动防护用品和器具，专人保管，定期检修，保证完好；并备有一定数量的应急解毒药品。（5）严禁直接接触有毒物品，不准在生产、使用场所饮食。（6）正确穿戴劳动防护用品，工作结束后必须更换工作服、清洗后方可离开作业场所。（7）作业人员接触的危险化学品浓度不得高于国家规定的标准。

用于危险化学品运输的工具及容器，必须经检测、检验合格，方可使用。输送有毒有害物料，应采取防止泄漏、渗漏的措施。

对危险化学品装卸运输人员进行有关安全知识培训；装卸运输人员必须掌握危险化学品运输的安全知识，并经考核合格，方可上岗作业。装卸运输人员必须掌握的知识包括：危险化学品的性质、危害特性、包装容器的使用特性和发生意外时的应急措施。危险化学品的装卸运输人员，应按装运危险物品的性质，穿戴相应的防护用品，装卸时必须轻装轻卸，严禁摔拖、重压和摩擦，不得损毁包装容器，并注意标志，堆放稳妥。运输时实行"双人运输"。

互相接触易引起燃烧、爆炸或造成其他危险的危险化学品，以及化学性质、灭火方法互相抵触的危险化学品，不得混合装运。遇热、遇潮易引起燃烧、爆炸或产生有毒有害气体的危险化学品装运时应采取隔热、降温、防潮措施。

被剧毒品、腐蚀品等危险化学品污染的车辆、设备、工具和场地，必须及时清洗消毒。

处置废弃危险化学品，依照《废弃危险化学品污染环境防治法》有关规定执行。危险化学品用后的包装箱、纸袋、瓶、桶等必须严加管理，仓储部门要统一回收，登记造册，专人负责管理。化学危险物品等废弃物的报废处理，必须预先提出申请，制定周密的安全保障措施，并经有关部门批准后方可处理。凡拆除的容器、设备和管道内带有危险物品，必须先清洗干净，验收合格后方可报废。

废弃危险化学品或称危险废物应进行分类收集，妥善贮存，容器外加贴标签，注明废弃物内容和品名。容器密闭可靠，不破碎泄漏。各部门不得自行处置废弃危险化学品，严禁随意排入地面、地下管道以及任何水源，防止环境污染。生产过程中产生的化学危险物品废渣等，必须加强管理，不得随同一般垃圾运出。

危险化学品使用部门应当制定本部门事故应急救援预案，配备应急救援人员和必要的应急救援器材、设备，并定期组织演练。各部门应急救援预案应报企业办公室备案。发生危险化学品事故，部门主要负责人应按照本部门制定的应急救援预案，立即组织救援，并报告企业有关部门。

安全检查范围包括：（1）物的状态：生产设备、工具、安全设施、个人防护用品、生产作业场所以及生产物料的存储是否符合安全要求；（2）人的行为：有无违章指挥、违章操作、违反安全生产规章制度的行为；（3）管理措施：安全管理制度是否落实，安全教育是否到位。

仓储物流部要建立安全教育制度，确保员工岗前熟知危险化学品性质和安全防护知识。仓储物流部有下列行为之一的，将按企业奖惩制度进行处罚，性质严重的按国家有关规定处理：（1）仓储物流部未根据危险化学品的种类、特性，在车间、库房等作业场所设置相应的安全设施、设备的；（2）未按规定对运输、储存装置进行定期安全评价的；（3）未在储存和使用危险化学品场所设置通信、报警装置，并保持正常适用状态的；（4）危险化学品未储存在专用仓库或者未设专人管理的；（5）危险化学品出入库未进行核查登记或者入库后未定期检查的；（6）危险化学品专用仓库不符合国家标准对安全、消防的要求，未设置明显标志，或者未对专用仓库的安全设备和安全设施定期检测的；（7）危险化学品保管和使用部门不如实记录化学品的流向、储存量和用途，或者未采取必要的保安措施防止危险化学品被盗、丢失、误用或者发生危险化学品被盗、丢失、误用后不立即向上级有关部门报告的；（8）发生危险化学品事故，未按照有关规定立即组织救援，或者不立即报告的；（9）没有制定本部门事故应急救援预案的；（10）从事危险化学品的运输装卸人员未经考核合格、取得上岗资格的。

第六节　营销管理合规制度

一、宣传推广管理制度

为贯彻企业品牌战略，建立完整的品牌体系，不断提升品牌价值，充分发挥宣传推广在市场营销中的作用，使品牌管理和宣传推广工作科学化、规范化、标准化，并结合实际情况，制定本制度。

市场部负责制定营销计划，并付诸实施，监测营销效果，实时提出改进措施，具体工作职责如下：（1）领导和组织部门内部各成员共同制定企业年度营销目标和整体市场营销工作计划；（2）制定年度市场推广计划和预算，监督投放过程并及时评估和调整；（3）管理本部门内部及与其他部门之间的合作关系；（4）组织行业市场调研，实时掌握市场行情并备案，了解竞品营销动向，及时调整营销目标和营销计划；（5）对现有客户信用状况进行调查并备案，建立客户信用等级统计表；（6）与商品部门、销售部门协商，结合市场情况作出合理的品牌推广计划；（7）与开发部门、销售部门协商，结合市场情况作出合理和前瞻性新品牌（产品）开发计划；（8）会同销售部门实施整体市场推进工作，对过程及结果进行监控与评估；（9）策划与推广顾客服务计划（会员制计划）和促销活动，对工作过程及结果进行监控与评估；（10）评定本部门工作，及部内人员资信及其业绩表现，并负责内部人员调配；（11）招募、培训、培养市场推广人员，为企业发展储备人才。

电视广告由企业统一安排制作、统一排期并统一投放。市场部对广告播出效果进行监测并备案，并会同销售部根据销售状况出具电视广告投放效果报告。

报纸广告由市场部统一设计、统一排期并统一投放。广告（或相关报道）见报后，市场部监控广告的发布情况，并知会销售部收集、购买当期报纸，分发至各大终端、各级客户手中，进行宣传效果的放大。

户外广告、网络广告的合同谈判由市场部具体操作，基本确定合同条款后由企业市场部报总经理审批后进行最终谈判，并签订广告发布合同。

为促进销售、增加品牌曝光举办的各类活动，由企业市场部统一策划活动方案，地区办事处、经销商、代理商必须严格按照活动方案执行，市场部负责监控监督。如有特殊原因需要对活动方案进行调整，必须向市场部提出申请，经批准后实施。

由经销商、代理商自行策划并组织实施的活动，必须先与市场部进行沟通，商定后至少提前 20 日（重大节日须提前 30 天）将活动方案报市场部审批执行。

广告宣传费用是指用于品牌、产品及服务宣传推广而发生的各项费用，包括品牌策划、广告制作、Ⅵ管理、媒介投放、展览展示、调研评估、公关活动、赞助合作及宣传物料、促销礼品制作等费用。

市场部是广告宣传费归口管理部门，统筹广告宣传费用的管理，合规专员负责配合市场部对宣传费用的使用进行监督。广告宣传费用预算需控制在企业规定的占收比范围内，专款专用、不得挪作他用。广告宣传费用预算执行严格的审批制度，年度预算由市场部总体预算，经企业审议通过，设定专项款作为年度宣传预算。广告宣传费用以"集中管理、统一执行、适度分解"为原则。在企业全面预算统一管理下，市场部落实年度广告宣传费用的需求统计、预算编制及项目分解。宣传计划实施前应报企业相关管理层审批，提供广告合同样本及电子照片。广告宣传费用预算执行单位应建立经费使用档案，包括每个项目的审批手续、合同复印件、验收凭证等资料，招标文件、合同由合同发起部门留存。

供应商主要是指品牌及广告策划创意、广告制作、VI管理、媒介投放、展览展示、调研评估、公关活动、赞助合作及宣传物料、促销礼品制作等方面的服务提供商。应通过招标集中选取专业水平高、服务能力强、信誉良好的供应商进行合作，避免使用分散、频繁更换，供应商招标的操作应根据企业采购招标相关管理办法进行。

对于日常广告宣传或时间要求紧的项目，可根据实际情况和供应商特点进行选择。对阶段性营销计划、产品包装策划、全区范围市场调查等大型广告策划项目，对在中标选定的供应商中采取比稿、比价或竞争性谈判的方式进行选择。

供应商一经选择确定，应签署合同，约定双方权利义务。宣传推广工作涉及的各类服务合同需对企业品牌和业务策略的保密、设计方案等知识产权的保护等设定相关的条款。

宣传推广执行过程中，市场部应对供应商的工作进行监督和指导。每个项目在财务结算时必须提供验收依据。其中，电视、广播、网络广告发布以电视台、广播电视台、网站提供的播出证明或第三方监测报告为依据，报纸广告、软文发布以实际报样为依据，活动或展会承办以现场照片为依据，广告设计制作以打样或制作脚本为依据，物品采购以实际样品照片及收货单为依据。

宣传推广工作中，应根据供应商管理相关规定每月对供应商进行考核，提高供应商的服务质量。考核成绩优良的供应商方有资格参与下一期的招投标，考核不合格的予以淘汰，重新选择。

各级市场部和相关部门要加强自身建设，规范操作行为，自觉接受监督。各级市场部和相关部门在使用广告宣传费用的过程中，对于重大项目应当提前通知合规部门、审计部门和其他相关部门，对宣传推广活动全过程的监督，尤其是招标等重要环节。

二、销售团队业绩考核办法及奖惩制度

为加强销售团队管理，规范销售日常工作，提高销售绩效，同时为销售人员打造与企业共成长的优良氛围，制定本制度。

销售专员考核包括以下指标：（1）遵守从业守则。（2）认真履行自己的职责，如日常业务开发、客户维系、合作项目实施，完成相应工作目标。（3）积极配合其他部门或同事的工作。（4）积极配合参与市场调研、促销、市场推广、信息搜集等工作。（5）岗位基本指标，包括保证每个工作日完成限定工作时长；积极参加例会、业务交流会、培训等；每日电话定数（新开发的单独规定），每月约见客户数；及时填写并提交工作日志、工作总结和计划，每周接受主管的检查及平时抽查。（6）获得客户认同。（7）业绩指标，即每季度完成的最低销售任务（销售价格不得低于最低折扣）。

销售经理考核包括以下指标：（1）遵守从业守则。（2）认真履行自己的职责。（3）积极配合其他部门的工作。（4）积极配合开展市场调研、促销、市场推广、信息搜集等工作。（5）了解市场需求变化情况并提出有效的营销策略调整建议。（6）岗位基本指标，包括保证每个工作日完成限定的工作时长；积极参加例会、业务交流会、培训等；每月约见客户数；成功完成项目的策划及实施；有效管理部门团队，及时填写并提交工作日志、工作总结和计划；每周接受上级领导的检查及平时抽查。（7）获得客户认同。（8）业绩指标，包括个人每季度完成的最低销售任务，同时带领部门团队每季度完成的最低销售任务（销售价格不得低于最低折扣）。

销售总监考核包括以下指标：（1）遵守从业守则。（2）认真履行自己的职责。（3）积极配合其他部门的工作。（4）积极配合组织开展市场调研、促销、市场推广、信息搜集等工作。（5）及时掌握市场需求变化情况并及进行科学、合理的营销策略调整。（6）岗位基本指标，包括保证每个工作日8小时工作时间；积极组织例会、业务交流会、培训等；正确制定业务开发的策略；合同审批以及成本预算控制；认真指导企业所有客户的

开发以及维护工作；有效组建、管理企业团队并形成良好的业务氛围；确保企业业务良性发展；及时向企业高层提交工作总结和计划。（7）获得客户认同。（8）业绩指标，即带领团队每季度完成的最低销售任务（销售价格不得低于最低折扣）。

凡是完成任务指标的销售人员，除获得应得提成之外，还应获得超额奖励及年终奖励；半年内连续完成季度任务指标的销售专员，若具备一定项目策划、团队管理能力，符合相应条件者，将被提拔为销售经理，基本工资将同时获得晋升；完成年度任务指标的销售经理，若具备较强的团队管理能力，符合相应条件者，将被提拔为销售总监，基本工资将同时获得晋升；凡非销售人员开发的销售，每单销售合同完整执行后，提成比例按照标准提成比例执行，但不存在超额及年度奖励。

凡有以下行为之一且情节严重者，可以劝退：（1）试用期未合格；（2）不择手段欺骗客户者；（3）未经允许，从事与企业无关的业务者；（4）泄露客户资料以及保密文件者；（5）损坏企业利益或者声誉者；（6）不顾团队利益损人利己（尤指团队管理者），如抢客户、私藏客户。

未完成季度任务指标者，提成及奖金减半发放，且从第二个季度起，岗位工资将被扣除，若完成季度任务指标，将随提成及奖励予以补发；若连续两个季度未完成任务指标者，将被劝退或由企业调整岗位。因个人工作失误造成到款滞后、客户流失、客户投诉等问题，企业将对个人的岗位工资进行减半或者扣除；情节严重者，将减半发放该季度提成或者直接劝退。凡不遵守企业相关规章制度及本办法者，将被警告，且个人岗位工资将被减半或者扣除，情节严重者，将被劝退。

三、销售合同管理制度

为明确销售合同的审批权限，规范销售合同的管理，规避合同相关法律风险，制定本制度。本制度根据《民法典》及其相关法律法规的规定，结合本企业的实际情况制定，适用于企业各销售部、业务部门、分支机构的销售合同审批及订立行为。

企业销售合同采用统一的标准格式和条款，由企业销售部经理会同法律顾问共同拟定。企业销售格式合同应至少包括但不限于以下内容：（1）供需双方全称、签约时间和地点。（2）产品名称、单价、数量和金额。（3）运输方式、运费承担、交货期限、交货地点及验收方法应具体、明确。（4）付款方式及付款期限。（5）免除责任及限制责任条款。（6）违约责任及赔偿条款。（7）具体谈判业务时的可选择条款。（8）争议解决方式。（9）合同双方盖章生效等。（10）合同解除权的约定。企业销售格式合同须经总经理审核批准后统一印制。

销售业务员与客户进行销售谈判时，可根据实际需要会同法务部对格式合同部分条款作出权限范围内的修改，报销售部经理审批。销售业务员应在权限范围内与客户订立销售合同，超出权限范围的，应报销售经理、营销总监、总经理等具有审批权限的责任人签字后，方可与客户订立销售合同。销售合同订立后，由销售部将合同正本交档案室存档，副本送交财务部等相关部门。

合同履行过程中，因缺货或客户的特殊要求等，销售部或客户提出变更合同申请，由双方协商变更，重大合同条款变更应会同法务部商定报总经理审核。

根据合同规定的解除条件、产品销售的实际情况和客户的要求，销售部与客户协商解除合同。

销售合同的变更、解除一律采用书面形式（包括当事人双方的信件、函电、电传等）。企业法律顾问负责指导销售部办理因合同变更和解除而涉及的违约赔偿事宜。

空白合同由档案管理人员保管，并设置合同文本签收记录。销售部业务员领用时需填写合同编码并签名确认，签订生效的合同原件必须齐备并存档。销售业务员因书写有误或其他原因造成合同作废的，必须保留原件交还合同管理档案人员。

合同档案管理人员负责保管合同文本的签收记录、合同分批履行的情况记录、变更、解除合同的协议等。销售合同按年、按区域装订成册，永久保存以作备查，亦可电子版存档。

四、销售部费用管理制度

为保障销售部门业务正常开展，促进销售业务人员与客户关系的维系，同时为合理使用资金，加强成本管理，制定本制度。

销售费用是指销售部为保证各级销售部门的业务正常开展而必须支出的费用，主要包括个人费用、地区公用费用、交际应酬费用和业务费用。其中，个人费用主要是指销售人员出差的差旅费、交通费、通讯费、银行手续费；公用费用主要是指地区办事处的房租、物业、水电、通信、办公用品等费用；交际应酬费用是指销售人员为开展业务，必须发生的零星的花费，包括与客户共进工作餐、带给客户的随手礼等；业务费用是指企业为开展销售业务，组织公关活动所发生的费用。

个人费用的预算，由地区办事处、各级销售经理每年指定日期以前充分考虑本部人员的销售任务和出差情况，预算到人、到月、到每一费用项目（差旅费、交通费、通信费、银行手续费），并由销售总监审核汇总；财务部于每年指定日期以前根据财务要求进行整体预算。

公用费用具有一定的稳定性，每年指定日期之前由地区办事处上报预算，并由销售总监审核汇总；财务部根据历史数据、地区办事处租房合同等资料进行预算。

交际应酬费用的预算，由地区办事处、各级销售经理每年指定日期以前根据销售任务、企业政策制定，并预算到人（实际由部门掌握）、到季度，并由销售总监审核汇总；财务部于每年指定日期以前根据财务要求进行整体预算。

每年指定日期以前由地区经理对本地区本年度预备组织的各类公关活动费用进行预算，并由销售总监审核汇总；财务部于每年指定日期以前根据财务要求进行整体预算。

各级销售经理公关费用预算，每年指定日期以前由各级客户部按照项目进行，并由销售总监审核汇总；财务部于每年指定日期以前根据财务要求进行整体预算。

每年指定月份的总经理办公会上，与会人员就由销售总监提交的预算草案和由财务部制定的预算草案进行讨论，讨论通过后由总经理审批并报财务部执行。

费用预算需要调整的，应于半年度工作会议前，由财务总监和销售总监协商调整销售费用预算，经总经理批准后在半年度工作会议上宣布调整后的预算。

个人费用中的通信费、银行手续费、市内交通费按标准执行。差旅费的使用采取先申请后花费的程序。地区办事处销售人员的差旅费，由销售人员向地区负责人提出申请，地区负责人审批后到财务备案。各级销售经理（总部）的差旅费向销售总监申请，销售总监审批后到财务备案。销售总监的差旅费向总经理申请，总经理批准后到财务备案。

预算内的公用费用，由地区负责人签字审批后转财务部报销。超预算的公用费用，由地区负责人签字，总经理审批后转财务部报销。

地区办事处所属销售人员的交际应酬费，由地区经理统一掌握，报销时由地区办事处负责人签字后到财务报销。各级销售经理（总部）的交际应酬费由使用者向销售总监提出申请，销售总监审批后使用。交际应酬费在报销时，由申请时的审核审批人签字确认。

地区公关费用实行先申请、后使用的原则，由地区负责人提出申请，销售总监审批；遇有大金额、预算外的，报请总经理审批。总部销售部公关费用实行先申请、后使用的原则，由销售经理提出申请，销售总监审批；遇有大金额、预算外的，报请总经理审批。

报销时，由申请时的审核审批人签字确认。

五、投标管理制度

为进一步规范投标工作管理，明确投标流程和职责，提升本企业中标率，制定本制度。本制度适用于本企业销售部、市场部、技术部等相关部门。

销售部关于投标的职责包括：（1）及时更新、汇总、整理行业信息，了解客户招标需求；（2）销售部自己跟进的项目提出投标申请，负责最终报价的确定和现场投标。

市场部关于投标的职责包括：（1）负责企业投标项目购买招标文件；（2）在拿到招标文件2日内召开与市场部、技术部标前评审会，在参会前编写《投标管理表》并标注资质要求及废标项；（3）参加标前会并提出投标可能存在的风险以及扣分项，负责发起标书编制及时间节点要求；（4）负责支付项目投标保证金；（5）负责市场部分编写并对标书市场部分内容负责；（6）负责标书完整性及废标项检查；（7）负责标书打印、胶装、盖章签字及封标。

技术部关于投标的职责包括：（1）参加标前会议并提出投标中存在的技术问题；（2）负责技术部分编写并对标书技术部分内容负责。

市场部在拿到招标文件2日内发起组织标前评审会议，销售部、技术部安排人员参加。在标前评审会议前，销售部将招标文件发给市场部及技术部，市场部、技术部拟定内部评审意见并落实相关风险，在标前评审会中提出。相关参会部门应该在标前评审会前，仔细研读招标文件，提出问题，并积极与销售沟通，如有未解决事项，可在标前评审会中集中讨论。标前评审会确认投标方案及所有重要偏差，并做好会议记录。市场部、技术部在会议上明确标书完成时间节点，原则上不晚于开标前两日，销售部明确报价时间。

市场部编写所有市场部分内容并准备相关资质文件和原件；技术部编写所有技术部分；财务部提供相关企业财务信息；销售部出具最终报价。投标文件在递交前需经过部门内部人员审查，部门经理审查，市场部经理负责综合审查，相关审查通过后签署确认单存档。

市场部组织负责现场投标工作。投标结果确定后，市场部负责结合投标结果分析总结，撰写总结报告进行存档；市场部负责投标保证金追回等工作。投标结束后由市场部进行相关文档的整理及归档。

为提高投保文件编写质量，在保证标书不存在编写质量的前提下，对于中标项目，企业根据相关部门人员的付出程度给予适当奖励；如出现废标情况，根据责任原因，对相关责任部门进行处罚。

六、应收账款管理制度

为加强企业流动资金管理，及时回收账款，提高企业资金周转效率，降低呆账、坏账的损失，制定本制度。

企业对应收账款采取事前、事中、事后全面管理。财务部为应收账款管理部门，负责协助业务部门对主要客户进行资信分析，核对客户的应收账款余额，向业务部门反馈客户的欠款结算情况，督促应收账款责任部门催讨未收款项。销售部门为应收账款的直接责任部门，销售部门指定具体责任人负责跟踪、催收应收账款，防止和减少坏账损失。业务部门应在市场部门的协助下，对主要客户进行全面的资信调查、分析和评估，建立客户信用档案，按照企业信用评级标准对客户进行评级，并报业务副总经理审批。

资信调查时，应通过银行、商业合作伙伴、同行等多渠道全面了解客户的情况，包括企业负责人、经营状况、资产状况、现金充裕程度、以往信用记录、银行或同业信用评价、付款态度、是否有担保品等各方面。

在每一次交易完成或发生其他影响客户信用的情况时，业务部门应及时更新客户信用档案。如需调整客户信用评级，应说明理由，报财务部和分管副总经理审批。

企业对客户授信实行分级审批决定制，明确不同赊销额度、折扣率或信用期，分别由部门主管、业务副总经理、总经理审批决定。

销售货物后，责任人应监控合同的履行情况，及时回笼账款，具体要求如下：（1）发货后，责任人员应及时与客户联系，确认到货情况。（2）责任人员应根据客户以往信用状况和本次交易情况进行应收账款安全性分析，并制定账款催收计划，报部门主管审批。整个催收过程应与法务部门及时沟通，会商并适时调整催收计划。（3）责任人员应按账款催收计划积极催收账款，催收时应依法、依据进行，注意与客户保持良好的关系。每次催收的情况都要有详细的记录，以利于进一步分析、制定回款策略，并作为客户信用档案更新的依据。（4）责任人员应密切关注客户动向，发现客户出现非正常情况（如逾期不付、信用等级降级甚至申请破产）应及时上报，以便及早制定对策回收账款，最大限度减少损失。（5）各部门要定期检查销货收入资金回笼情况，对没有及时回收之货款，要登记造册，安排专人催欠。（6）财务部对到期应收账款，应当书面通知该账款责任人，由责任人负责催讨账款，并及时向财务部报告催款情况。（7）应收账款实行每月报告制度，报告内容包括欠款单位、欠款数额、欠款时间、经办人、是否发出催款书面通知等。责任部门应于每月指定日期前将上一个月的应收账款情况报财务部，由财务部汇总后报企业主管副总经理。（8）每个报告期末，财务部门应对应收款项余额进行账龄分析，更新客户信用档案，并督促相关责任部门履行催收职责，加快资金周转。

催讨账款时，应注意与客户加强沟通，找出账款拖欠的原因。对于有证据表明确实因资金周转临时紧张的客户，责任人员应经责任部门主管同意，与之订立还款计划，限期结清。还款计划须经报送财务负责人、业务副总经理批准。

债务人发生严重支付困难，并在可预见的未来相当长时间内仍将持续，通过法律诉讼仍可能无法收回时，允许责任部门以物资抵债方式收回欠款，但应经法务部门和财务部门会审，必要时聘请律师事务所提供专业法律意见，并形成书面报告，按企业审批程序报经批准后方可实施。

对屡次追讨无果、恶意拖欠的客户，应当在诉讼时效期间内依据合同的规定向法院提起诉讼或者向仲裁委员会提起仲裁。采取法律手段催讨欠款的，由销售部提出请求，会同法务部制定方案，报企业总经理办公室决定。因责任人的故意或过失导致应收账款超过诉讼时效而丧失诉权的，由经办人承担法律责任。

责任人收到货款后，应于当日填写收款日报一式四份：一份自留，三份交财务部。收取支票的，责任人应当审核支票记载的金额、发票人的图章、发票的年月日、付款地等项目是否齐全清晰、金额是否大写等。如果支票不符合规定，应当要求对方更换。

应收账款到账后，财务部门应当及时销账。应收账款发生折让或退货时，应填写折让证明或退货单，由财务部门按照规定进行账务处理。当应收账款确认无法收回时，应报送财务部门，由总经理核准后，方能冲销应收账款。经依法诉讼并强制执行后仍无法收回的债权部分，应取得法院生效裁判文书，交法务部门保管并至财务部门备案。终结本次执行后，责任人应时刻关注债务人的财产状况，若发现债务人的财产线索，应依有关规定及时报法务部门申请人民法院恢复执行。

财务部门应做好日常往来账款的核对及对账记录工作。可根据客户业务规模分类进行，年度终了时全面核对，对核对中发现的差异应会同责任部门查明原因，及时处理，对企业债权的安全性实施有效监督和管理。

因债务人停产、破产等原因无法收回的应收款项时，责任部门应会同财务部门对该等坏账形成的时间及成因作出详尽的分析，明确责任阶段及责任部门，对相关责任人给予必要的处罚，同时做好账销案存的记录。

企业按期对应收账款和其他应收款提取坏账准备金。当应收账款被确认为坏账时，应根据其金额冲减坏账准备金，同时转销相应的应收账款金额。坏账的审批按财务部门的相关规定进行。

部门人员调动或离职等，部门经理必须监督其业务款项的回收及移交，必须填写移交清单一式四份（一份交财务、一份部门留存、移交人接受人各执一份），移交人、接受人、监交人及财务部相关统计人员均应签字，并报财务备案。接受人应核对账单金额及是否经过客户确认。

企业对回款迅速或因积极追讨，使企业避免可能发生的坏账损失的人员和部门，实施额外奖励。对于应收账款逾期收回或发生坏账负有责任的人员和部门，严肃追究责任。

第七章 企业合规建设规范文本

> ### 概　要
>
> 　　本章介绍的规范文本是结合合规实务经验制作的构建企业合规管理体系时常用的工具性文件，能够有效控制合规体系建设进程和效果，实现合规体系建设文件化管理，以期对律师以及企业实操有所助益。

一、企业合规尽调清单

　　本调查清单是风险识别与评估的基础性资料，企业应当尽可能收集并提供书面文件。

　　一、战略管理

1. 全套工商登记内档；   ☐

2. 企业现行所有规章制度；   ☐

3. 历次与投资者签订的投资协议、对赌回购协议（如有）；   ☐

4. 企业获得的各项许可、资质证书、荣誉证书等；   ☐

5. 企业曾受处罚的决定书、裁定书（如有）；   ☐

6. 股东决议、董事会决议、管理层决议。　　　　　　□

二、劳动人事

1. 公司组织结构（必须注明部门负责人、部门人数）及人员结构表（包括年龄、学历、工作年限、资质、背景调查等）；　　　　□

2. 公司招聘和录用管理流程（如有）；　　　　　　□

3. 企业参加社会保险情况；　　　　　　　　　　□

4. 现用劳动合同格式文本；　　　　　　　　　　□

5. 商业秘密和竞业限制协议、培训协议（如有）；　□

6. 一份备案过的车间工人劳动合同以及其上下班打卡记录；　□

7. 员工手册。　　　　　　　　　　　　　　　　□

三、财税管理

1. 近三年度审计报告；　　　　　　　　　　　　□

2. 上一年度资产负债表、利润表、现金流量表；　　□

3. 销售费用、管理费用、财务费用明细表；　　　　□

4. 应收账款账龄分析及坏账准备明细表；　　　　　□

5. 应收账款询证函；　　　　　　　　　　　　　□

6. 应收账款、其他应收账款、预付账款明细表；　　□

7. 资产减值准备计提方法；　　　　　　　　　　□

8. 现金日记账、银行存款日记账；　　　　　　　　□

9. 税收优惠批准文件；　　　　　　　　　　　　□

10. 财务管理制度、会计核算管理制度；　　　　　□

11. 税收管理制度、税收优惠政策及金额；　　　　□

12. 纳税申报表。　　　　　　　　　　　　　　□

四、资产管理（含知产）

1. 企业固定资产台账；　　　　　　　　　　　　□

2. 固定资产折旧政策及折旧明细表；　　　　　　　□

3. 固定资产维修、更新、处置情况表；　　　　　　□

4. 存货盘点表； □

5. 资金贷款合同、抵押合同、担保合同； □

6. 企业投资决策程序、投资管理办法、投资协议； □

7. 技术研发记录存档（完整的）； □

8. 知识产权管理流程及责任分工； □

9. 专利证书； □

10. 商业秘密保护方案 □

11. 委托第三方加工保密协议或物理保密措施； □

12. 技术合作开发的权属约定和验收标准。 □

五、产品运营

1. 公司产品、服务宣传资料； □

2. 企业质量管理制度； □

3. 现有生产安全、质量、技能等培训制度； □

4. 现有生产安全问题应急预案； □

5. 产品质量检测流程； □

6. 现行行业标准及企业标准（如有）； □

7. 消防安全制度（何时进行消防检查、如何检查、检查频率）； □

8. 员工佩戴个人防护用品制约制度（何时应该穿戴什么）； □

9. 机器风险识别表格（如有）。 □

六、供应管理

1. 公司最近两年采购合同台账和前十大供应商合同； □

2. 公司采购合同制作、审核、备案流程； □

3. 采购部门规模及分工； □

4. 供应商调查表； □

5. 供应商资质证明材料； □

6. 招标程序和规范文件； □

7. 供应商选择评审程序； □

8. 供应商报价表与市场价格比对表；　　　　　　　□

9. 质量部提供的来料检验单；　　　　　　　　　　□

10. 仓库物流部对外发货整个流程图及相应单据记录图；□

11. 物流外包材料；　　　　　　　　　　　　　　　□

12. 物流登记表。　　　　　　　　　　　　　　　　□

七、销售管理

1. 公司最近两年销售合同台账和前十大客户合同；　□

2. 售后纠纷解决预案；　　　　　　　　　　　　　□

3. 公司销售合同制作、审核、备案流程；　　　　　□

4. 公司现行销售模式；　　　　　　　　　　　　　□

5. 对于合同分类的指导性规定；　　　　　　　　　□

6. 合同审批流程的规章制度；　　　　　　　　　　□

7. 一个竞标项目全过程的全部书面材料；　　　　　□

8. 客户维护相关的制度、售后服务制度、销售绩效制度等。□

说明：

1. 需要贵企业尽量提供本清单所列项目；

2. 报告出具皆以企业提供材料为准，未提交之材料则视为没有；

3. 本清单资料提供截止时间：20××年×月×日

电子件请发送至邮箱：×××

二、现场访谈提纲

现场访谈（合规调研阶段）			
访谈目的			
访谈对象		访谈对象职务	
主谈人		主谈人职务	
其他访谈人员		记录人	
访谈时间		访谈地点	
预计访谈时长			
访谈提纲（示例）： 1. 请问您在企业所在部门及担任的职务？ 2. 您的岗位职责和权限？ 3. 您的部门现行制度有哪些？ 4. 制度是否均得到执行？ ……			
访谈计划制定人		制定时间	
访谈计划审批人		审批时间	

三、现场走访记录表

评估事项	企业生产车间工艺流程、操作规范
走访人	
时间	
走访范围	
被走访人员	

走访记录（示例）：

1. 车间采用全自动化设备；

2. 车间环境噪声大、温度较高，劳动环境较差；

3. 部分操作岗位操作环境温度很高，存在安全隐患；

4. 车间主任介绍操作流程，但没有在车间内部看到相关流程介绍和操作规范；

……

走访总结：

四、企业内部调查问卷

致全体员工：

感谢您为企业经营发展所作出的努力和贡献。随着企业的不断发展，市场环境的不断变化，为了适应新环境立足长远发展，企业需要不断对经营状况进行全面的分析和评估。企业的发展和变革需要全体职工的参与和支持，同时也关系到员工的切身利益。您的合理建议将在对企业的整体状况作出准确评估和判断过程中提供价值，将得到充分重视体现在最终的调整方案中。希望每一位员工重视本次调研工作，客观全面地填写这份问卷。

总经理：

年　月　日

调查问卷填写说明：

1. 调查问卷的内容仅用于企业内部分析，您的任何意见和建议我们都会保密，并且保证不会影响您的职业发展。

2. 您的意见或建议如果没有涵盖在本次问卷调查问题之中，可以另行提出，不局限于调查问卷的问题。

3. 如果答卷空间不够，可以附页。

4. 如果您在回答问卷时有任何疑问，可以随时与合规管理部联系，或者与某某律师事务所联系。

一、员工个人背景（如果是匿名调查，仅需填写该部分最后项）

姓名：

学历：

部门：

工作年限：　　　　　入职时间：

入职时是否经历背景调查程序：＿＿＿＿＿＿

二、战略问题

1. 您认为企业有清晰的战略吗？

a. 有，但不清晰　　　b. 没有　　　c. 相信有，但我不知道

d. 摸着石头过河

2. 企业领导进行过远景描述吗？

a. 知道，但我不认同　　　b. 听说过，很模糊

c. 偶尔听说过　　　　　　d. 从未听说

3. 您认为企业有一个明晰的战略规划和共同的远景对员工会起到什么作用？

a. 太有必要了，明确了企业和员工的发展方向，提高员工忠诚度

b. 有必要，激发士气　　　c. 无所谓，与我无关

d. 没必要，都是虚无缥缈的东西，不现实

4. 您认为企业的未来前景如何？

a. 会更好　　　b. 和以前差不多　　　c. 会变差　　　d. 说不清楚

5. 您认为企业目前明显的竞争优势是什么？

a. 人才优势　　　b. 管理优势　　　c. 文化优势

d. 成本优势　　　e. 没有优势　　　f. 其他＿＿＿＿＿＿

6. 您认为您所在的企业风险可能来自哪些方面（请按重要性排列）

a. 市场开发不力，销路不畅

b. 领导班子不愿冒风险，持保守态度，不思进取

c. 员工的职业素养和专业水平

d. 企业的风气和工作习惯

e. 缺乏创新和开拓精神，陈旧的模式难以摆脱，新的思维难以培育

f. 决策缓慢，执行不力

g. 其他_____

排序：_____

7. 您认为目前制约企业发展的主要因素是？

a. 缺乏大批骨干人才梯队

b. 员工未来预期不明确、激励不够、人心不稳

c. 企业长远目标不明确

d. 高层领导能力不够

e. 其他_____

三、组织结构管理问题

1. 您认为企业的组织管理框架清晰、分工明确吗？

a. 很清晰　　 b. 清晰，分工不明确　　 c. 分工明确，但执行不力

d. 不知道什么是组织管理框架

2. 向直接上级请示工作时，上级是否经常推诿或回避？

a. 经常　　 b. 一般　　 c. 偶尔　　 d. 说不清

3. 在与您相关的工作中，是否能充分行使建议权？

a. 经常　　 b. 一般　　 c. 偶尔　　 d. 说不清

4. 您认为企业的管理制度是否能够严格执行？

a. 是　 b. 基本上是　 c. 不是　 d. 不知道（注明原因）

5. 企业职能部门是否能很好地服务您所在的部门？

a. 非常好　　 b. 一般　　 c. 不好　　 d. 很不好

6. 企业在日常管理中，业务流程是否足够清晰流畅？

a. 非常好　　b. 一般　　c. 不太好　　d. 很不透明

7. 您的上司能准确、及时传达企业的政策和上级的指令吗？

a. 能正确、迅速　　b. 能正确传达，但迟缓

c. 经常出现偏差　　d. 不正确也不及时

8. 企业内部处理日常事务是否有序？

a. 非常有序　　b. 一般　　c. 混乱　　d. 一塌糊涂

9. 在您工作需要相关部门协助时，相关部门配合状况如何？

a. 很好　　b. 比较好　　c. 不好

d. 很差劲，比如_____部门经常难以配合

10. 是否经常出现多个领导向您分派任务的情况？

a. 经常　　b. 有时　　c. 偶尔　　d. 没有

11. 您认为制定的工作计划有用吗？

a. 非常有用　　b. 比较有用　　c. 不太有用

d. 基本没用　　e. 未制定过计划

如果您回答 c 或 d，您认为是什么原因：a. 走形式 b. 不切实际 c. 执行不力 d. 计划赶不上变化

12. 每个工作周期直接上级是否对工作能提出明确的要求？

a. 非常明确　　b. 比较明确　　c. 不明确　　d. 很模糊，不知所云

13. 您是否很明确自己的工作职责与权力？

a. 非常明确　　b. 比较明确　　c. 不明确

d. 很不明确，不知所措

14. 您的直接上级一般通过何种方式检查您的工作？

a. 定期书面汇报　　b. 非定期书面汇报

c. 定期口头汇报　　d. 非定期/随意的口头汇报

e. 其他_____

四、企业文化问题

1. 您认为企业是否有必要通过企业文化来引导企业发展？

a. 很有必要　　b. 可有可无　　c. 没有必要

d. 不知道什么是企业文化

2. 您认为企业需要什么样的企业文化？ _____

3. 您认为企业的人际关系？

a. 很好　　b. 比较融洽　　c. 较差　　d. 很差

4. 您希望所在的企业有什么样的价值取向（选出您认为最重要的3个，并按重要性排序，括号里填序号1、2、3）

（　　）优胜劣汰

（　　）团队精神

（　　）严守商业秘密

（　　）以人为本

（　　）客户至上

（　　）股东利益第一

（　　）人尽其才

（　　）服务社会

（　　）充分考虑员工利益

（　　）服务制胜

（　　）不断创新

（　　）其他_____

5. 您认为企业的领导风格是怎样的？

a. 非常民主　　b. 适中　　c. 官僚　　d. 专横

6. 上司给您分配的工作，您认为是出于什么？

a. 对我的信任和考验　　b. 正常的管理行为

c. 故意给我难堪和压力　　d. 绝对不怀好意

7. 上司分配给您的每一项任务，您采取的方式是？

a. 认真对待，精益求精，尽善尽美　　b. 完成任务就算

c. 能拖就拖，他不问我就不处理　　　d. 稀里糊涂，不当回事

8. 您认为现任企业高层管理人员的优势是什么？

a. 年富力强　　　b. 知识丰富　　　c. 开拓创新

d. 有凝聚力　　　e. 较强的管理能力

f. 工作效率高　　　g. 战略思维

h. 尊重人才　　　i. 其他_____

9. 您认为将您的建议递交给最高管理层会起到作用吗？

a. 很有意义　　　b. 比较有意义　　　c. 不太有意义

d. 没有实际意义

10. 下列哪种情形在企业比较常见？

a. 时间观念差　　　b. 没人愿意拍板决策

c. 职能部门服务意识不强

d. 注重绝对公平、不注重效率

e. 领导许诺多，兑现得少或迟缓

f. 领导经常交办事项但却不问结果

g. 上级的上级经常直接干扰自己的工作

h. 经常不知道应该向谁汇报

11. 您对企业管理层的信任度如何？

a. 逐步下降　　　b. 逐步增强　　　c. 没变化

d. 没有他们照样转

12. 您认为现任领导班子的劣势在于？

a. 决策优柔寡断　　　b. 缺乏经营能力/经验

c. 不能以身作则　　　d. 许多建议或待批的报告石沉大海

e. 不能独立决策　　　f. 没有个人魅力

g. 其他_____

13. 您认为下列哪 3 种方式最能够更好地提高您的积极性和创造性?

a. 收入提高　　b. 福利改善　　c. 职位晋升

d. 挑战性的工作　　e. 培训机会　　f. 领导认可

g. 其他＿＿＿＿＿＿＿＿

14. 如果您对企业的工作存在疑问,您将如何处理?

a. 找机会与直接上级交流

b. 与最亲密的同事私下交流

c. 找比较熟的企业高层领导交流

d. 说了也没用,发些牢骚泄泄火

e. 其他＿＿＿＿＿＿＿＿

五、人力资源问题

1. 您迫切需要哪方面的培训?

a. 企业文化　　b. 专业技能　　c. 资质认证

d. 管理知识　　e. 营销和服务　　f. 组织协调与沟通

g. 其他＿＿＿＿＿＿＿＿

2. 您是否愿意在本企业长期工作?

a. 非常愿意　　b. 愿意　　c. 走一步看一步　　d. 不太愿意

3. 假设让您重新选择工作,您认为下面哪 5 个因素比较重要?

a. 领导个人魅力　　b. 工作挑战性　　c. 职业稳定性

d. 企业名气　　e. 民主气氛　　f. 充分发挥自己才能

g. 收入水平　　h. 晋升机会　　i. 企业发展前景

4. 对您来说,目前的工作和岗位如何?

a. 很适合,并且有信心,有能力做好

b. 是我喜欢的工作,但自己能力有待提高

c. 不是我喜欢的工作,但我能做好

d. 不适合我,我正申请换岗

5. 您对工作紧迫性的感受如何？

a. 很紧迫　　b. 较紧迫　　c. 一般

d. 较轻松　　e. 很轻松

6. 您认为自己的能力是否得到了充分发挥？

a. 已尽我所能　　b. 未能完全发挥　　c. 没感觉

d. 对我的能力有些埋没　　e. 没有能让我施展的机会

如果选 d 或 e，您希望哪方面有所改进？ _____

7. 您的工作是否得到了领导及同事的认可？

a. 非常认可　　b. 较认可　　c. 一般

d. 较不认可　　e. 非常不认可

如果选 d 或 e，您希望哪方面有所改进？ _____

8. 您对目前的工资、奖金和福利是否满意？

a. 很满意　　b. 较满意　　c. 一般

d. 较不满意　　e. 不满意

9. 除薪酬外，您最看重什么？

a. 提高自己能力的机会　　b. 好的工作环境

c. 和谐的人际关系　　d. 工作的成就感

10. 您认为自己目前最大的问题是什么？

a. 没有提高自己能力的机会　　　　　　　b. 薪酬有待商讨

c. 人际关系不太和谐　　　　　　　　　　d. 工作没有成就感

11. 您如何看待企业给您调整岗位或临时交办任务？

a. 对我的信任和考验　　b. 正常的管理行为

c. 故意给我难堪和压力　　d. 不怀好意，认为我好欺负

六、开放式问题

1. 您对企业管理还有什么其他意见和建议？

2. 请您对企业与员工信息沟通方面提出意见和建议。

3. 请您对企业如何监督各项制度有效落实提供意见和建议。

五、企业外部调查信息搜集表

搜集目的	合规调研、风险识别	
搜集人		
搜集时间		
搜集过程		
研究对象	信息渠道	信息内容
行业分析		
行业政策		
企业基本情况		
竞争对手分析		
行政处罚信息		
诉讼信息		
上下游产业链		
主营产品或者服务		
涉及产品和服务相关法律法规		
……		
外部信息搜集总结：		

六、风险评估工作底稿

风险评估对象：＿＿＿＿　风险评估范围：＿＿＿＿　评估人：＿＿＿＿

评估工作过程：

1. 企业提供的材料清单。

2. 外部信息搜集汇总。

3. 评估内容涉及的法律、法规、规范性文件目录。

4. 企业制度缺失或者缺陷清单。

5. 企业制度缺陷或者缺失可能造成的法律后果（案例检索记录）。

6. 风险点罗列。

7. 结合风险点与法律法规等规定，对风险进行评估。

8. 工作日志

时间	工作内容与沟通记录

七、风险识别评估报告（律所版）

致_____公司：

本所针对贵司拟建立<u>企业合规制度相关事宜</u>，出具本合规风险识别报告（以下简称"本报告"），共包括以下三个部分：第一部分前言；第二部分正文；第三部分结论。

本报告为本所根据现有材料并经查阅公开资料信息所出具，部分内容仍有待进一步的细化。同时，如您对此报告有任何意见或建议，请随时向我们指出。

感谢您利用宝贵时间阅读此报告，我们将竭诚为您提供专业、高效和富有创造力的法律服务。

顺颂商祺

×× 律师事务所

20×× 年 ×× 月

目录（略）

一、前言

（一）本报告的调查范围和目的

本报告是基于××公司（以下简称"对象公司"）建立企业合规制度相关事宜，在审查了相关资料、文件的基础上进行的。

（二）本报告的调查方法

在本次调查过程中，本所律师的工作包括如下方面：

1. 审查企业提供的文件资料；

2. 参阅相关官方网站公开披露的信息；

3. 与企业主管现场访谈。

（三）本报告涉及的书面材料

本次调查报告涉及的材料（企业提供）（详见正文）。

（四）本报告出具声明

1. 本报告出具的前提是假定贵司向本所提供的书面材料、副本材料及其他材料均真实、准确、完整；相关书面文件中的全部签字、印章和戳记均真实、有效；所有文件的传真件及/或复印件均完整、真实，并同原件完全一致。

2. 截至本调查报告出具之日，上述材料所记载的客观事实均没有发生任何修改。

3. 基于前述前提，本所律师对贵司提供的资料文件进行审阅，并根据相关政府部门、司法机关网站等公众可见的公开信息资料和对相关情况进行调查、核实。本所律师在对以上资料文件和了解到的相关情况进行详细审阅和分析后，根据现行有效的相关法律、行政法规的规定，出具本报告。

二、风险识别评估报告

（一）基本情况

1. 现时企业工商登记信息

公司名称	
统一社会信用代码	
住所	
法定代表人	
公司类型	有限责任公司（自然人投资或控股的法人独资）
注册资本	
经营范围	
成立日期	
营业期限	
登记机关	
经营状态	在业

2. 股权结构

3. 关联企业

4. 诉讼、仲裁和行政处罚情况

（二）战略管理

1. 有关××公司

（1）企业概况

（2）企业发展战略

企业文化：

企业使命：

企业愿景：

企业精神：

管理方针：

（3）企业行业地位

（4）企业荣誉

（5）客户认可

2. 行业产业结构发展预测

3. 我们的建议

（三）劳动人事

1. 现状及评价

2. 风险点识别及法律依据

3. 风险应对

（四）财税管理

1. 现状及评价

2. 风险点识别及法律依据

3. 风险应对及法律依据

示例：

（1）重视财务管理制度建立

（2）健全税务管理制度

（3）建立健全内部审计制度

（4）完善审批手续，做到依法依规有依据

（五）资产管理

1. 现状及评价

2. 风险点识别及法律依据

3. 风险应对

（产品运营、供应管理、营销管理部分同上）

三、结论

（一）风险识别成果输出方法

企业风险重要性等级划分表

风险等级	对应的风险值范围	对应的区域
高风险	>15	红色
中等风险	[5，15]	黄色
低风险	<5	绿色

（二）风险识别成果输出

组别	风险描述	风险编号	发生可能	后果大小	风险值	风险等级
劳动人事	保密制度	LB01	3	4	12	中
	竞业限制	LB02	5	5	25	高
	其他劳资纠纷	LB03	3	4	12	中
财税融资	财务管理制度	AC01	3	4	12	中
	收支规范	AC02	5	5	25	高
	财务报告提供	AC03	3	4	12	中
	贷款用途	AC04	3	4	12	中
知识产权	职务发明	CP01	4	5	20	高
	著录缺项	CP02	4	5	20	高
	知产制度	CP03	4	5	20	高
产品运营	风险源评估、分级	PR01	2	3	6	中
	劳动防护	PR02	4	4	16	高
	消防	PR03	4	2	8	中
	内部培训	PR04	5	2	10	中

续表

组别	风险描述	风险编号	发生可能	后果大小	风险值	风险等级
供应管理	入库前质检缺项	SP01	4	3	12	中
	供应商调查真实性	SP02	3	5	15	中
	供应商评审小组组成和运行	SP03	3	5	15	中
	采购人员徇私舞弊	SP04	4	5	10	高
营销管理	销售管理	MK01	4	5	20	高
	售后服务管理	MK02	3	4	12	中
	顾客满意管理	MK03	3	4	12	中
	销售管理绩效	MK04	3	4	12	中

注 （1）劳动人事（labor）简称 LB；财税融资（accounting）简称 AC；知识产权（capital）简称 CP；产品运营（product）简称 PR；供应管理（supply）简称 SP；营销管理（marketing）简称 MK。

（2）本书仅列举部分风险内容，请结合企业实际情况增删。

（三）持续性风险应对计划

合规风险应对计划表

风险编号	风险名称	风险等级	风险期望值	风险规避	风险补偿	负责人
LB01	保密制度					
LB02	竞业限制					
LB03	其他劳资纠纷					
AC01	财务管理制度					
AC02	收支规范					
AC03	财务报告提供					
AC04	贷款用途					

风险编号	风险名称	风险等级	风险期望值	风险规避	风险补偿	负责人
CP02	著录缺项					
CP03	知产制度					
PR01	风险源评估、分级					
PR02	劳动防护					
PR03	消防					
PR04	内部培训					
SP01	入库前质检缺项					
SP02	供应商调查真实性					
SP03	供应商评审小组组成和运行					
SP04	采购人员徇私舞弊					
MK01	销售管理					
MK02	售后服务管理					
MK03	顾客满意管理					
MK04	销售管理绩效					

注：风险规避，是指在风险发生前做好防护应对；风险补偿，是指风险发生后及时止损，尽可能减少损失。

八、评估报告反馈表

战略管理反馈意见	
劳动人事反馈意见	
财税管理反馈意见	
资产管理反馈意见	
生产运营反馈意见	
供应管理反馈意见	
营销管理反馈意见	
行政管理反馈意见	
企业法务部门意见	
企业合规部门意见	
外部机构专家意见	
董事长（总经理）意见	

　记录人：　　　　　　　　　　　　　时间：

　反馈人签名：

九、合规制度建设工作计划表

合规管理体系建设推进计划跟进表

文件编号	类别	制度内容	责任人	开始日期	结束日期	时间进度分解表											
						1	2	3	4	5	6	7	8	9	10	11	12
XX-XX-01	合规组织体系	合规管理组织结构及职责															
XX-XX-02	风险防范体系	风险识别与评估制度															
XX-XX-03	风险防范体系	风险防范报告制度															
XX-XX-04	合规支持体系	领导支持承诺制度															
XX-XX-05	合规支持体系	合规管理权限支持制度															
XX-XX-06	合规支持体系	合规文化建设制度															
XX-XX-07	合规支持体系	合规记录资料管理制度															
XX-XX-08	合规监控体系	合规控制指引															
XX-XX-09	合规监控体系	内控监管制度															
XX-XX-10	合规监控体系	内控评价制度															

续表

文件编号	类别	制度内容	责任人	开始日期	结束日期	时间进度分解表											
						1	2	3	4	5	6	7	8	9	10	11	12
XX－XX－11	合规应对体系	合规完善和持续改进制度															
XX－XX－12	合规应对体系	违规调查制度															
XX－XX－13	合规应对体系	违规问责制度															
XX－XX－14	行政管理类	印章保管制度															
XX－XX－15	战略管理类	战略分析															
XX－XX－16	劳动人事类	招聘管理流程															
XX－XX－17	财税管理类	会计核算制度															
XX－XX－18	资产管理类	投资管理制度															
XX－XX－19	生产运营类	安全管理制度															
XX－XX－20	供应物流管理类	仓储物流管理制度															
XX－XX－21	营销管理类	品牌推广制度															

十、合规制度实施反馈表

姓名		所在部门	
职务		入职时间	
岗位权责			
合规制度实施反馈意见			
1. 对企业合规制度是否充分理解			
2. 合规制度是否全面，有无补充			
3. 合规制度要求与业务活动是否匹配			
4. 合规制度与业务活动是否存在冲突			
5. 合规制度是否得以认真执行			
6. 企业采取哪些方式确保合规制度执行			
7. 合规制度执行中存在的主要问题			
8. 目前哪些行为与合规制度不相符			
9. 合规制度执行中的接受程度			
10. 对合规制度改进和完善的建议			

十一、企业合规报告模板（律所版）

致_____公司：

为贵公司打造合规计划之目的，××律师事务所接受贵公司委托，对贵司及其下属公司现有的各项管理制度和经营活动进行风险识别和评估。在此基础上，帮助贵司建立符合监管要求的合规管理制度并有效实施，为贵司构建合规管理体系提供支持。根据贵司提供的资料，本所律师充分开展尽职调查，结合现有法律法规、政策性规范文件以及道德标准的基础之上，出具本报告。

特别说明：

1. 本报告的前提是贵司提交的资料是真实、准确、完整的，所有的复印件与其原件一致；贵司相关人员向本所律师作出的有关事实陈述、声明、保证均为真实、准确的，不存在虚构、隐瞒的现象。

2. 本报告是以贵司提供的资料为主进行调研，结合外部搜集信息为辅，报告的全面性和完整性会受到获取资料的限制。因此，本报告对报告所列资料之外的事件以及可能出现的法律关系没有涵盖。

3. 本报告是以××年××月××日为基准日，根据在此之前已经存在的事实和国内外现行有效的法律、法规和政策文件出具。如有新的事实、新的材料或者新的法律法规及政策文件出台，本报告不再适用，应当及时对相关内容进行修改和升级。

4. 本报告内容是本所对贵司打造合规计划的建议和看法，可能影响贵司的经营决策。贵司仍应当保持应有之审慎态度，不应将该报告作为结论性政策，在相关问题上，贵司仍应充分研讨、咨询后予以确认。

5. 本报告目的是为贵司打造合规计划提供建议，仅限贵司使用。本报告被用于其他目的以致贵司损失的，本所不承担任何法律责任。

一、本报告主体的基本情况

1. ××律师事务所简介

2. 出具本报告的项目组成员

3. 出具本报告工作时间轴

二、本报告对象公司基本情况

三、本报告目的和范围

四、本报告出具依据

1. 对象公司提供的资料

2. 项目组外部搜集的资料

3. 法律、法规、政策性文件

4. 道德标准和规范

五、基本事实调查经过描述

六、风险识别评估过程与结果描述

七、合规管理体系建设成果交付（建立哪些制度以及建立目的描述）

八、合规管理体系运行反馈描述

九、改进措施及合规管理体系完善升级

十、报告总结

十二、持续合规自查工作表

自查项目	检查要点	检查结果
机构与制度	组织结构是否权责明确	
	合规管理组织结构是否建立	
	合规管理制度是否健全	
	各部门管理制度是否健全	
	不相容岗位权责是否分离	
环境变化	与企业经营相关的国家政策、法律法规是否发生变化	
	国内外政治因素及市场环境是否发生变化	
	企业经营方针和经营范围是否发生变化	
	企业高级管理人员是否发生变动	
	是否存在突发事件与企业经营相关	
职能作用	股东会是否依法召开以及决策事项是否符合议事规则	
	董事会是否依法召开以及决策事项是否符合议事规则	
	监事会是否依法召开以及决策事项是否符合议事规则	
	董事会是否履行职责	
	监事会是否履行职责	
	董事会、高级管理人员是否有支持合规管理体系建设的行动	
制度执行	合规文化建立措施是否持续进行	
	合规内控评审是否定期进行	
	内控评审是否查出违规行为	
	内控评审出的违规行为是否及时整改	
	未能评审出违规行为的评审过程是否符合规定	
	企业是否接到员工反馈违规行为	
	整改后的违规行为是否再次出现	

十三、企业合规实施计划表

合规计划	工作内容	开始时间	完成时间	责任人
合规发布				
合规培训				
合规监督				
合规评价				
违规问责				
完善与持续改进				
合规调查				

后　记

　　掩卷思忖，看案头灯光延伸至窗外。院里树影婆娑，漫天星河于我是多么触不可及而又如此迫近的存在。此时更深夜静，无人事烦扰，亦无车马喧嚣，唯园中树木微风草虫，室内清茶灯盏书稿，温暖相伴，回首频思忆。

　　起笔仲夏，终稿于暮秋时节。炎夏逝而秋凉至，躬身习作已数月余。本书缘起于一次交流会议，我偶然与企业家们谈起合规话题。与会企业家大多对合规价值有所了解。在谈到创建企业合规体系的具体过程时他们建议，能否形成一套行之有效的企业合规建设"说明书"，以期在实践中有据可循。会后，我立刻与本书的另一位主编王灿林律师谈起此事。犹记得那是七月的一个下午，王律师波澜不惊地听我兴奋地谈论着著书构想。少顷，王律师总结道"行"。三日后，王灿林律师带着千字著书结构放在我面前，依旧是水波不兴。我想，这便是传说中的宝藏男孩吧。我们立刻着手修改完善著书结构，浑然不觉已是日落时分。

　　回首二十余载律师生涯，多少案件，依旧意难平。那些曾怀抱初心创业的企业家们，从默默无闻到一朝成名风头无两，再到银铛入狱身陷囹圄，人生起伏恍如南柯一梦，令人唏嘘。奥古斯特·孔德曾说过，知识不是预见，但预见是知识的一部分。那些发生过的悲剧都无一例外有着前人的教训。对此，我们团队重点考察了现代企业合规建设中常见风险点并加以整理罗列，以期帮助企业认识风险、应对风险。

当然，本书不会是我们团队行进的终点。我常常和团队的小伙伴们谈起作为律师的成就感与使命感。人的一生，数十载漫漫长夜和那些或晴朗或阴沉的白昼过去之后，我们给岁月留下了什么？是那些重复乏味的生活点滴出现，还是用鲜明有力的热情给自己的人生打上深深的烙印？惟愿秉持法律之信仰，牢记奋斗之使命，有一分热就发一分光！这也是我们写书的初心。

天又黎明。清晨第一缕阳光照进院里方才看清，苹果树已结下小小的果实。

张志华
于山柳湖风间